教育史研究の最前線

創立60周年記念

II

教育史学会●編

六花出版

はしがき

　教育史学会は 1956 年 5 月 3 日に東京学芸大学で開催された創立大会によって発足し、2016 年の同じ日に創立 60 周年を迎えた。本書はこの創立 60 周年を記念して編纂したものである。

　2006 年の創立 50 周年を機に本学会は『教育史研究の最前線』を刊行した。今回のものはその続編の意味をもつが、編集方針に若干の変更を加えている。50 周年の『教育史研究の最前線』では、教育史学の各領域の現状や課題を検討したが、あえて萌芽的先端的な研究をも取り上げて、教育史研究の新しい展開の可能性にも論及した。「公教育と宗教」「教育における公共性」「身体と教育」「子ども・家族・教育関係の社会史」「教育のメディア史」「識字と読書」「「モノ」「コト」と教育」といった章を立てたのは、その編纂趣旨によるものである。

　今回は、21 世紀に入ってから現在までに刊行された「図書」を対象にして、教育史の研究動向を描くことを編纂の趣旨とした。1990 年代頃から大学院での研究の成果をまとめて博士の学位を取得し、それを図書として刊行することが一般化している現状をふまえ、図書という形で表現された教育史研究の動向を捉えることにしたのである。

　本書の編纂にあたり、2000 年以降に刊行された数百点にも及ぶ教育史関係の図書のリストを作成し、それをさまざまな角度から分類した。そして比較的多くの図書が出版されているテーマや領域を選びだし、それを章として立てることにした。このようにして設定されたのが本書の 10 章である。

　第 1 章から第 3 章までは日本固有のテーマによって立てた章である。本学会の会員に占める日本教育史研究の専攻者が増加した（かつては多かった西洋教育史の専攻者が減少した）結果として、日本関係の図書の刊行が圧倒的に多く、その結果として日本固有のテーマが多く浮上することになった。

i

第4章は東洋教育史固有の、第5・6章は西洋教育史固有のテーマの章である。章としては便宜的に「東洋」「西洋」として区切っているが、内容は、その「東洋」、「西洋」（ヨーロッパ）という枠組み自体を拡大ないし相対化する研究動向を明らかにしたものとなっている。

　第7章以降の「ジェンダーと教育」「高等教育史」「教員史・教員養成史」「ナショナリズムと教育」は、日東西の枠組みを超えて研究の蓄積が進展したテーマである。現代の教育史研究の大きな流れを形成している部分であり、50周年の『教育史研究の最前線』でも章を立てたテーマでもある（「ナショナリズムと教育」は「教育における公共性」をほぼ継承）。

　各章・各節の書き方などは章の編集担当者や各執筆者に大きく委ねた。各章あるいは各節の内容は執筆を担当した会員の著作である。しかし同時に、全体の統一性やバランスを確保するため、編集委員が各章の編集担当となって、執筆者間の調整にあたった。

　本書が教育史を学ぶ人にとってのわかりやすい入門書に、教育史以外の方が教育史研究の現状を理解するためのわかりやすいガイドブックに、そして、本書で明らかにした教育史研究の動向やそれをふまえて指摘した課題が今後の教育史研究の道しるべの一つになることを期待したい。

2018年4月

教育史学会60周年記念出版編集委員会

目次

第1章 前近代日本教育史 — 1

第1節 古代・中世教育史 — 鈴木 理恵 3

1. 文字文化 3
2. 子ども史 5
3. 教育・学問 7
4. 書物（受容）・読書 8
5. 諸道 8

第2節 子ども史、地域教育史および識字などに関する研究 — 木村 政伸 9

1. 子ども史研究 10
2. 寺子屋（手習塾）研究 12
3. 地域教育史研究・地域文化史研究 13
4. 識字・メディア研究 15

第3節 教育思想と藩校・私塾に関する研究 — 川村 肇 18

1. 教育思想史研究 18
2. 藩校・私塾研究 23
3. 文化史研究 25
4. 共同研究・共同著作 26

第2章　日本の近代学校教育 —— 33

第1節　教育制度政策史と教育の社会史 —— 柏木　敦　34

1. 制度政策史　34
   - （1）総説的事項
   - （2）個別問題研究
2. 教育の社会史——識字研究　41

第2節　学校の設立と子どもの就学
——教育の制度・政策を相対化する研究史 —— 坂本　紀子　46

1. 学校と地域社会——各種学校、中学校、幼稚園　47
2. 学校と地域の人びと——地域の中の学校史　48
3. 子どもの就学と不就学　50

第3節　近代学校教育の相対化 —— 宮坂　朋幸　52

1. メディア（史）の視点　52
2. 学習歴・社会移動への着目　54
3. 人間形成史・言説史　55

第4節　新教育運動と戦時下の教育 —— 清水　康幸　59

1. 新教育運動の研究　59
2. 戦争と教育　63

第3章　戦後日本教育史 —— 米田　俊彦　71

第1節　1950年代の教育行政史研究 —— 72

1. 1950年代前半の政治過程と教育行政制度——徳久（2008）　73

2. 1954年のいわゆる教育二法の制定——藤田・貝塚（2011）　74
   3. 地教行法の制定——本多編（2003）・三上（2013）と樋口（2011）　76
      （1）本多編（2003）・三上（2013）
      （2）樋口（2011）
   4. 勤務評定研究の現状　80

第2節 | 地域に関する戦後教育史研究 ———————————— 86

   1. 戦後地域教育計画に関する研究の進展　87
   2. 地域研究の方法上の到達点——小林（2014）　90
   3. 都道府県教育史の戦後編の刊行　95
      （1）刊行状況
      （2）戦後教育史の時期区分

第4章　東アジア植民地教育史 ———————————— 103

第1節 | 台湾植民地教育史 ———————————— 北村　嘉恵　105

   1. 植民地社会の様態・植民地支配の動態　106
   2. 資料の「出土」と整理・保存・共有化　109
   3. 「「二項対立図式」批判」の隘路を超えて　110

第2節 | 朝鮮植民地教育史 ———————————— 佐野　通夫　111

   1. 植民地教育政策の把握　112
   2. 植民地教員への着目　114
   3. 植民地における教科への着目　115
   4. 学校以外の場　116

第3節 | 中国植民地教育史 ———————————— 新保　敦子　119

   1. 占領下の日本人・日本語に関する教育　119

2. 新しい資料の発掘による研究の進展　120
   3. モンゴル人・朝鮮人　121
   4. 占領下の回教工作（回民）　123
   5. 今後の課題　123

第5章　ヨーロッパ教育史 ──────── 山名　淳　129

第1節　「ヨーロッパ」の捉え直し ──────── 132

第2節　統治と保護への新たなまなざし ──────── 135

第3節　教養論の再興 ──────── 138

第4節　構成物としての歴史と史実 ──────── 141

第5節　意味世界の歴史を読み解く教育思想史 ──────── 143

第6章　欧米の新教育 ──────── 宮本健市郎　151

第1節　教育思想史研究 ──────── 153

第2節　教育思想史から教育社会史へ ──────── 156

第3節　教育方法史・教科教育史 ──────── 161

第4節　ナショナリズムと新教育 ──────── 168

第7章　ジェンダーと教育 ─────────── 175

第1節　日本における近代教育とジェンダー ─────── 井上惠美子　178

1. 学校種ごとの研究の深化　178
2. 「少女」「子どもと母親」「手芸」をめぐる表象　179
3. 小学校女性教員研究の前進　181
4. 小括　182

第2節　東洋における近代教育とジェンダー ─────── 李　　正連　184

1. 「新女性」の登場　184
2. 女性の日本留学　186
3. 植民地教育とジェンダー　187
4. 女性の高等教育　188
5. 在朝日本人女性の役割　189
6. 小括　190

第3節　西洋における近代教育とジェンダー ─────── 野々村淑子　192

1. 女子教育の展開と教職・福祉職──トランスナショナル史へ　193
2. 生（生命・生活）の科学史とジェンダー　196
3. 男性、ジェンダー、セクシュアリティと教育史　196
4. 小括　197

第8章　高等教育史 ─────────────── 201

第1節　西洋高等教育史研究の現状と展望 ─────── 松浦　良充　202

1. 本節の課題と検討の前提　202
2. 学会シンポジウム・特集等における動向　204

3. 対象国・地域別の特徴　205
    (1) アメリカ
    (2) ヨーロッパ
4. 地域横断型問題史の興隆　208
5. 課題と展望　209

第2節　日本高等教育史研究の展開　　　　　　　　　吉川　卓治　212

1. 戦後大学史　212
    (1) 2000年までの到達点
    (2) 戦後改革のイニシアティブ
    (3) 大学教育への外的要求と内的変容
2. 学術研究体制史　215
3. 高等教育機関と地域の関係史　217

第3節　アジア高等教育史研究の展開　　　　　　　　今井　航　219

1. アジア高等教育史研究の可能性　219
2. アジア高等教育史研究の位置　220
3. アジア高等教育史研究の傾向
    ――外来性／土着性／多様性の各視点　221
4. 課題――アジア高等教育史研究の果たす役割は何か　224

第9章　教員史・教員養成史　　　　　　　　　　　　229

第1節　日本教育史における教員史・教員養成史　　　山田　恵吾　230

1. 第二次大戦後の教員養成史・教員史の進展と課題　231
    (1) 教員の養成・研修に関する研究
    (2)「戦後派教師」への着目
2. 全国・地方教育会史の開拓　235

3. 多様な教員輩出経路の解明——中等教員を中心とした 237

4. その他 239

第2節　東洋教育史における教員史・教員養成史 ———— 一見真理子 242

1. 戦前・戦時下の日本とアジアとの教育関係史から 243

2. 中国人研究者（留学生）による研究から 244

3. 東アジアの教師教育研究交流の中から 246

4. 東南アジアを含む比較教育学研究から 247

5. その他の新たな動向と課題 248

第3節　西洋教育史における教員養成史・教員史研究 ———— 渡邊　隆信 251

1. 教員養成史 251

（1）制度史研究の再開

（2）ジェンダーの視点

（3）新教育期の教員養成

（4）思想史と実践史の動向

2. 教員史 256

（1）社会史、ライフヒストリー、ジェンダー

（2）教員運動史の新展開

3. 全体的傾向と課題 258

第10章　ナショナリズムと教育 ———— 263

第1節　日本におけるナショナリズムと教育 ———— 駒込　武 264

1. 2000年以前の内外における研究動向 266

（1）丸山思想史学と講座派マルクス主義の影響

（2）ナショナリズム論をめぐるパラダイム転換

2. 「天皇制と教育」をめぐる研究動向 269

　　　　(1) 教育勅語と国民道徳
　　　　(2) 帝国議会と不敬事件
　　　　(3) 天皇崇拝の道具立て
　　　　(4) 戦後改革と教育勅語
　　3. 「民族／民俗的多元性と教育」をめぐる研究　277
　　　　(1) アイヌにとっての日本
　　　　(2) 沖縄人意識の行方
　　　　(3) 民俗という裂け目
　　4. 残された課題　282

第2節　東洋（中国）におけるナショナリズムと教育 ── 世良　正浩　285

　　1. 学堂楽歌運動とナショナリズム　285
　　2. 1920年代におけるナショナリズムの高揚とキリスト教学校　288
　　3. 教育救国から愛国主義教育へ　290

第3節　西洋におけるナショナリズムと教育 ── 遠藤　孝夫　294

　　1. 国民国家形成と学校教育の関わりに関する研究　294
　　2. 国内少数民族のナショナリズムと教育に関する研究　298
　　3. ナチズムと教育に関する研究　301

凡例

1. 章・節により注記があるものとないもの、図書・論文の表題を本文に記載した書き方を採用したものと記載しない書き方を採用したものがあるが、すべて執筆者の判断によるものである。ただし、章または節の末尾に、その章または節で取り上げた図書・論文のリストを必ず付した。
2. 原則として日本において刊行されたものを検討対象としたが、執筆者の判断により、一部の章・節では外国で刊行されたものを含めた。
3. 各文献一覧においては、各文献は「あいうえお」順に配列した。

第1章

前近代日本教育史

はじめに

　隣接諸分野へと視野を広げることにより、より正確な研究動向を把握するに至るということは、とくに前近代教育史研究において著しい。主として2000年以降に刊行された著書に注目することから研究動向を導き出そうとする今回の試みでも、そうした前提に立って検討対象を広く読み込むこととした。

　古代・中世に関して対象とされた著書は54点に及んだが、その内訳をテーマ別に分類すると、①文字文化16点、②子ども史9点、③教育・学問2点、④書物（受容）・読書8点、⑤諸道19点という結果になった。文字文化に関する研究が深められたこと、諸道に関する研究の蓄積がこれまでと同様に多いことが明らかであり、子ども史研究も従来からの蓄積を受けていっそうの展開がみられた。また、各時代の書物・読書研究の進展はこの古代・中世研究にも及んでおり、領域として無視することはできなかった。この他、学問と教育に関する着実な成果も生み出された。

　古代・中世については、以上の五つのテーマに即して動向をみていくことにした。

　近世以降に関しても研究成果は多く、対象とされたのは57点である。テーマ別の内訳は、①子ども史研究6点、②寺子屋（手習塾）研究3点、③地域教育史研究・地域文化史研究5点、④識字・メディア研究13点、⑤教育思想史研究10点、⑥藩校・私塾研究12点、⑦文化史研究5点、⑧共同研究・共同著作3点という結果であった。近世においても、文字文化から派生する問題についての研究が進み、識字・メディア研究に分類されるテーマでの成果が豊富であり、今後のさらなる展開が期待されるところである。戦前から研究蓄積の多い藩校・私塾研究、教育思想史研究の領域では、新たな分析視角による研究の波動を受けた動向が生まれつつあることが確認された。地域との多面的な結びつきを志向する教育と文化に関わる問題を解明しようとする地域教育史研究・地域文化史研究でも、注目するべき成果を含む層の厚さが認められた。子ども史研究の領域では、子ども期に関する論争が生じるほどに、多様なアプローチがなされている。総じてこの20年近くの間に、在来の研究のあり方を問い直すことから生み出された研究の成果がみられた領

域では、当然のことながら後続する研究に刺激を与え、さらなる充実した成果が生まれている。

（大戸安弘）

第1節
古代・中世教育史

　古代・中世に関しては、教育史研究者による出版物がきわめて少ないので、歴史学や国文学の研究領域に範囲を拡大した。したがって、教育史的観点から研究されているものに限らず、学問・文化の伝承、人間形成などに関連するものであれば教育史研究に資すると判断して取り上げた。

1. 文字文化

　前世紀に続いて古代の文字と言語に関する研究が活発である。その背景には膨大な出土資料の存在がある。1999年末までに全国360カ所から20万2494点の木簡が出土したとされる（木簡学会編『日本古代木簡集成』2003：解説 p.33）。とくに長屋王家と二条大路からあわせて10万点を超える木簡が出土したことは研究の画期となった。木簡のほかにも墨書・刻書土器、漆紙文書、金石文などの蓄積は、歴史学のみならず考古学、国語学、国文学などの分野から関心を集め、今世紀に入り多くの研究成果として結実してきた。古代史研究者による個別の専門書が数多く出版されたのはもちろんだが、平川南ほか編『文字と古代日本』（全5巻、2004〜2006）や上原真人ほか編『列島の古代史6　言語と文字』（2006）などの論集が刊行されたことは特筆される。『文字と古代日本』は、支配、流通、神仏などとの関わりにおいて文字の占めた位置を考察している。とくに第5巻「文字表現の獲得」には、佐藤信「漢字文化の受容と学習」や新井重行「習書・落書の世界」など、文字の習得に関する論考が収められている。佐藤は、7世紀の地方豪族による漢字文化・儒教の主体的受容が、8世紀前半に地方官

衙への漢字文化浸透を可能にし、早期に中央集権国家体制を確立させることにつながったとする。新井は、習書の目的が書体の習得にあったと論じている。下級官人がどのように文字を習得したかという問題については、高田時雄編『漢字文化三千年』(2009)でもその第二部を「木簡が語る漢字學習──役人は漢字をどう學んだか」にあてて、中国や朝鮮半島の識字教育に関する４本の論文を掲載している。日本を対象とした渡邊晃宏「日本古代の習書木簡と下級官人の漢字教育」は、習書の内容を、『論語』や『千字文』を主とする典籍・法令、文例集、もともと木簡に書かれていた文章、和歌などに分類し、習書木簡への出現頻度が高い文字が『千字文』中の文字と重なることを指摘する。

　古代日本の文字文化に関する近年の研究の特徴として、東アジアのなかに位置づけ、中国や朝鮮半島との関係においてとらえようとする傾向が強いことがあげられる。その背景には中国や韓国での文字資料出土例が増えたことがある（朝鮮文化研究所編『韓国出土木簡の世界』雄山閣、2007。橋本繁『韓国古代木簡の研究』吉川弘文館、2014）。日本は漢字文化を朝鮮半島経由で受容した。そのため、朝鮮半島との関係に注目した研究が進み、三上喜孝『日本古代の文字と地方社会』(2013)、国立歴史民俗博物館・平川南編『古代日本と古代朝鮮の文字文化交流』(2014)、国立歴史民俗博物館編集・発行『文字がつなぐ──古代の日本列島と朝鮮半島』(2014)、国立歴史民俗博物館・小倉慈司編『古代東アジアと文字文化』(2016)などが刊行された。

　国語学や国文学の研究領域においても文字表記の研究が進んだ。沖森卓也の『日本古代の表記と文体』(2000)や『日本古代の文字と表記』(2009)がある。矢田勉『国語文字・表記史の研究』(2012)は、のちの平仮名書いろは歌による教育に近いあり方が平安後・末期に存在したことを指摘している。浅野敏彦『平安時代識字層の漢字・漢語の受容についての研究』(2011)は、平安時代の識字層が受容した漢語について分析し、仏教、律令制度、建物に関係するものが多かったことなどを指摘する。また、漢字使用の具体相を考察し、識字層の常用の漢字を特定することを試みている。岸田知子『空海の文字とことば』(2015)は、中国哲学を専門としながら漢字文化に関心を持つ筆者によって書かれたものである。

　文字論や史料論の進展は、音声言語などを含む情報伝達全般への関心も高め

ている。渡辺滋『古代・中世の情報伝達——文字と音声・記憶の機能論』(2010)は、幅広い分野の研究成果に依拠しながら、古代・中世の日本社会では文字情報よりも生きた人間の記憶を重視していたと主張している。藤田勝久・松原弘宣編『古代東アジアの情報伝達』(2008)の後半には日本の情報伝達に関する6本の論文を収録するが、大平聡「日本古代の文書行政と音声言語」は古代の文書主義行政の背後に豊かな音声言語の世界が広がっていたことを指摘する。湯沢質幸『古代日本人と外国語——東アジア異文化交流の言語世界』(2010増補改訂版)は、東アジアのリンガフランカとしての中国語を、古代日本人がどのように学び、習得していたのかといった問題を、呉音・漢音・唐音といった音に注目しながら追っている。

2. 子ども史

　子どもの歴史的研究が一書の形を成して出版されるようになったことは、子ども史がひとつの研究領域を形成したことをうかがわせる。森山茂樹・中江和恵『日本子ども史』(2002)、田端泰子・細川涼一『〈日本の中世4〉女人、老人、子ども』(2002)、斉藤研一『子どもの中世史』(2012 (2003 初版))、柴田純『日本幼児史——子どもへのまなざし』(2013) などがある。『日本子ども史』は、縄文時代から現代までの子どもの通史である。『女人、老人、子ども』は、中世の子どもの遊びや教育について触れている。『子どもの中世史』は文学作品や絵画史料などを駆使して、中世の子どもの諸相を描き出している。貴族から庶民まで広がっていたアヤツコと呼ばれる行為（新生児〜幼児の段階の額に「犬」字を書く）が魔除けを期待しておこなわれたものであったことや、懸守り・背守りなど多種多様な御守りが子どもの健やかな成長を願う大人の思いが託されたものであったことなどをあげている。いっぽうで、人身売買の対象となって労働に使役される子どもの過酷な状況を記述している。このように子どもを大切に育てる行為と、捨てたり売買する行為が矛盾なく両立していたのが中世社会だと斉藤はとらえている。『日本幼児史』は、捨子が日常的におこなわれ幼児への関心が低かった古代・中世から、子どもを保護するようになった近世への変化の背景に、人々の世界観の転換——神仏にすべてをゆだねる生き方から、

人の主体性を重視する生き方へ──を指摘する。

　服藤早苗によって平安時代の貴族層の子ども研究は大いに進展をみた。服藤の編著による出版物として、『生育儀礼の歴史と文化──子どもとジェンダー』(2003)、『平安王朝の子どもたち──王権と家・童』(2004)、『女と子どもの王朝史──後宮・儀礼・縁』(2007)、『平安朝の父と子──貴族と庶民の家と養育』(2010) などがある。服藤は、生育儀礼や童殿上の研究を通じて、平安王朝の子どもの実態解明に迫る。産養・着袴・成女式などの生育儀礼から、人びとの子ども認識や子どもの成長を願う心性を読み取ろうとしている。着袴については、その数カ月前に実父母が死亡しても服喪規定が適用されずにおこなわれていることから、子どもは人と認識されていなかったと導き出している。成女式については、10世紀末に着裳へと変容したことに注目している。頭髪を覆うのは成人男性のみの可視的表象であって、そこから外れる女性を人とみなさない認識のあり方を示すものと意義づけている。童殿上については、宇多朝に成立したことや、昇殿をゆるされた殿上童が年中行事に参列して将来に備えて見習いをする期間であったことを明らかにした。服藤らの研究によって、上級貴族の生育状況や父親による子弟の社会化の具体相、貴族社会の子ども観が明らかになりつつある。服藤は、子どもは生物学的な成長過程としての存在から、大人の身分や家格のなかで認められる存在へと変化したと指摘する。

　子ども史研究、とくに古代・中世の庶民層の子どもについては、史料的制約から実証的研究が難しい。これまで時代がさかのぼるほど民俗学的成果に依存する傾向があったが、服藤や柴田は、民俗学が提唱してきた「子どもの聖性」を検証する必要性や、史料に即して子どもの実態を解明する必要性を主張している。史料的制約を克服するためには、斉藤が指摘するように、「文献史料、絵画史料、文学史料、考古史料、さらには民俗史料（民俗事例）など、さまざまな史料群の中に断片的に窺い知ることのできる子どもの様相を、できるだけ多く相互に関連付けることによって、「中世の子ども」の存在を明らかにしていくほかはないであろう」(斉藤2012：p.259)。山田康弘によれば、近年「子供の考古学」や「子供の人類学」がひとつの研究動向を形成しつつあるという（山田2014：p.87）。山田自身も『老人と子供の考古学』(2014) において、埋葬形態や骨・土器・土偶などの出土物にもとづいて、民俗学の成果を参照しつつ、縄文時代

の子どものライフヒストリーを描き出している。今後もより学際的な子ども史研究が必要となってくるだろう。

3. 教育・学問

　高橋秀樹編『婚姻と教育』(2014) は、婚姻、親子・親族の部のほかに、教育の部を設けて6本の論文を収めている。丸山裕美子「律令国家の教育と帰化人（渡来人）」は、律令国家成立期の教育は帰化人（渡来人）に依存していたが、天平期に一般公民から才能ある者を求めるように方針転換したとする。豊永聡美「王朝社会における貴族と舞」は、貴族にとって舞が職能や栄達に結びつくようになるに伴い、それぞれの家で子弟の貴族社会へのデビューを前に舞の習得が図られるようになるとする。仁木夏実「儒者の家における家説の伝授」は、藤原北家内麿流を扱っている。横内裕人「権門寺院の教育」は、鎌倉時代の東大寺における学僧教育について、師資間の対面式伝授や、院・房を単位にした師資のグループ教育といった特徴を抽出して、これらを「中世的談義教育」と名付けた。真鍋淳哉「戦国大名の教育・教養」は、小田原北条氏を例として、戦国大名が中国古典籍や『源氏物語』などの学問を修め、和歌・蹴鞠・連歌などの教養を身につけていたと述べる。川本慎自「足利学校の論語講義と連歌師」は、足利学校では第七代庠主の時代に、漢学以外にも和歌や連歌にまつわる知識が伝えられていたことを指摘する。

　菅原正子の『日本中世の学問と教育』(2014) は、庶民から、武士、公家、天皇に至るまで、諸階層の人びとが具体的にどのような学習を行っていたかについて、成人男性のみならず女性や子どもも対象に網羅的に扱っている。第Ⅰ部「中世の基礎教育」では、イエズス会士史料をもとに一般庶民のリテラシーが高かったと主張し、興福寺多聞院で手習いを学んだ庶民層の存在を指摘した。また、武士階級の学習内容を玉木吉保の自叙伝『身自鏡』をもとに追跡している。第Ⅱ部「学問と学者」では、天皇の侍読の学問分野が中世のあいだに紀伝道から明経道へと変化したことや、足利学校の学問の本質が儒学にあったことを確認している。第Ⅲ部「貴族たちの学習」では、公家階級の中院通秀・三条西公条や女房・女官たちが知識や教養を身につけた実態について具体的にまとめて

いる。第Ⅳ部「絵巻物、お伽草子と学習」は、絵巻物やお伽草子が教育や学習に使われたことを論じている。

4. 書物（受容）・読書

　書物や読書にも関心が寄せられている。関連するものに、五味文彦『書物の中世史』（2003）、小川剛生『中世の書物と学問』（2009）、牧野和夫『日本中世の説話・書物のネットワーク』（2009）、小和田哲男『戦国大名と読書』（2014）などがある。

　とくに、書籍の受容に関する研究書が目を引いた。榎本淳一編『古代中国・日本における学術と支配』（2013）の第二部「日本における学術の受容と展開」は、中国・朝鮮から日本に学術書（とくに中国における儒学・史学）が流入した経緯や、流入後の学術書が日本に与えた影響について、政治支配との関係から解明することを主眼にしたものである。9世紀末に成立した『日本国見在書目録』を分析した論文など5本が収められている。水口幹記『日本古代漢籍受容の史的研究』（2005）は、ロジェ・シャルチエの読書論を古代史研究に援用したものとして注目される。従来の受容研究が漢籍の影響に注目してきたのに対し、本書では漢籍（『天地祥瑞志』や『五経正義』）を選び取った読者の読書の視点を導入して検討している。高田宗平『日本古代『論語義疏』受容史の研究』（2015）では、古代における『論語』注釈書について、何晏『論語集解』とともに皇侃『論語義疏』も広範に利用されていたことを明らかにしている。ほかに王小林『日本古代文献の漢籍受容に関する研究』（2011）がある。

5. 諸道

　諸道に関する研究書としては、以下のようなものがある。紀伝道の儒者を扱ったものに、井上辰雄の『平安儒者の家──大江家のひとびと』（2014）と『嵯峨天皇と文人官僚』（2011）、伊藤慎吾『室町戦国期の公家社会と文事』（2012）がある。2002年が菅原道真没後1100年にあたったことから、菅原道真や天神信仰に関する研究書の刊行が相次いだ。藤原克己『菅原道真と平安朝漢文学』

(2001)、和漢比較文学会編『菅原道真論集』(2003)、波戸岡旭『宮廷詩人　菅原道真──『菅家文草』・『菅家後集』の世界』(2005)、谷口孝介『菅原道真の詩と学問』(2006)、今正秀『摂関政治と菅原道真』(2013)、滝川幸司『菅原道真論』(2014) などがあり、桑原朝子『平安朝の漢詩と「法」──文人貴族の貴族制構想の成立と挫折』(2005) も道長を中心とする文人貴族を扱っている。なかでも滝川の『菅原道真論』は、700 頁を超える大著である。滝川の道真論は「詩臣」をキーワードとし、道真が宮廷詩宴での詩作によって国家に仕える「詩臣」を自認していたとする。道真と同時代の詩友について詳細な伝記考証を加え、彼らが詩人ではあっても「詩臣」に該当しないことを示すことによって、「詩臣」を標榜した道真の特異性を浮かび上がらせている。天神信仰については、河音能平の『天神信仰の成立──日本における古代から中世への移行』(2003) や『天神信仰と中世初期の文化・思想』(2010)、真壁俊信『天神信仰と先哲』(2005)、竹居明男編著『天神信仰編年史料集成──平安時代・鎌倉時代前期篇』(2003)、武田佐知子編『太子信仰と天神信仰──信仰と表現の位相』(2010) などがある。

　陰陽道については繁田信一『陰陽師と貴族社会』(2004)、天文・暦道については湯浅吉美『暦と天文の古代中世史』(2009)、音楽については荻美津夫の『古代音楽の世界』(2005) や『古代中世音楽史の研究』(2007) などが出版された。

（鈴木理恵）

第2節
子ども史、地域教育史および識字などに関する研究

　2000 年以降の近世教育史研究の動向について、大きくまとめると二つの動向が指摘できよう。一つは、伝統的なフィールドである藩校、手習塾（寺子屋）、郷校などの学校・学校制度史に基礎を置いた研究の比重が軽くなったことである。もう一つは、第一の傾向とは逆に新しい分野やフィールドを対象とした研究の隆盛である。子ども史研究はすでにそれ以前から盛んになりつつあったが、

太田素子、沢山美果子などによって大いに進展をみた。また、地域教育史という分野が以前からあった地方教育史研究と相まって、豊かな成果を生み出している。さらに、メディアへの注目から、伝統的な教育史研究では視野に入っていなかった事象を教育という視点でとらえ直すことにつながった。その典型が識字研究であり、書籍・読書の研究である。

　これらに共通することは、藩政文書や地方文書などの行政事務を記録した文書に加えて、旧家に残る日記、万覚書、書簡などの家文書を中心とした一般民衆の生活実態を反映した史料の発掘である。こうした家文書の中から史料的価値がある記述をみつけるためには膨大なエネルギーと古文書解読および読解能力が必要とされる。こうした研究が着実にその成果を上げつつあるその背景には、1970年代から盛んになった民衆史研究や、ヨーロッパで盛んになった社会史研究の方法や成果などがあると考えられる。日本の民衆史研究と欧米の社会史研究に刺激を受けた研究者が、顧みられることが少なかった史料群を丹念に読み解くことで、新しい研究領域が広がってきている。

1. 子ども史研究

　中内敏夫が『新しい教育史——制度史から社会史への試み』を刊行したのが1987年である。また塚本学の『生きることの近世史——人命環境の歴史から』（平凡社、2001）に代表されるような日本史研究における生や性、あるいは子どもへの注目も、高まっていた。こうした新しい研究課題と研究方法論の提起と軌を一にして、日本の子ども史研究は深まり、太田素子、沢山美果子らを中心に着実に成果を上げてきた。太田と沢山は、それぞれ似た研究方法を採っているが、藩政文書や家文書などへの比重の置き方が若干異なり、また研究対象とする地域の違いもあって、それがぞれぞれの研究の個性を形作っている。

　2000年以降に限ると、沢山の『性と生殖の近世』（2005）、『江戸の捨て子たち——その肖像』（2008）、『江戸の乳と子ども——いのちをつなぐ』（2017）などの一連の著作がまずあげられる。『性と生殖の近世』では、近世を中心としながらも近代へつながる性・生殖へのさまざまな形での権力統制や社会規範、その中で生きる女性の「産む」ことの諸相、さらには産む結果の一つとしての捨て

子をめぐる性と生殖のありようを論じている。『江戸の捨て子たち――その肖像』では、捨て子に注目して近世社会における子ども観、あるいは家族観について論じている。その中で、子を捨てる親の論理、子どもを拾い育てる親や地域の論理が丁寧に叙述されており、子どもを守ろうとする観念とそうするためにはあまりに脆い家族の結びつきがあったことが指摘されている。『江戸の乳と子ども――いのちをつなぐ』は、女性（母）と子どものつながりのありようを、乳（母乳）というユニークな視点からまとめたものである。人工乳などが未発達の近世において、子どもの育ちに重要な要素であった母乳をめぐる社会のシステムを丁寧に掘り起こしている。また母乳をどう確保するかだけでなく、現代と比べて相当長期にわたる授乳という行為の意味も検証するなど興味深い研究である。

　子ども史の分野でとりわけ注目される成果は、太田素子『子宝と子返し――近世農村の家族生活と子育て』(2007) であろう。これは、太田がそれまで蓄積してきた研究をまとめたもので、教訓書などの刊本に加えて、日記、祝儀簿、宗門人別改帳などの膨大な一次史料を用いて近世農村部の子育て・子殺しの実態を明らかにした。太田は、とくに奥会津の角田家文書の中に「子返し」の事実を確定し、その背景と子殺しの歴史的な意味を検証したが、これは研究史上の大きな成果といえよう。あるいは、生育儀礼の類型をもとに、多様な子育ての考え方やあり方が存在したことも示した。この太田の研究は、日記を中心とする家文書を使用するなどの社会史的方法により、民俗学と教育史学をつなぐ架橋となるものとして注目される。こうした成果は、太田の『近世の「家」と家族――子育てをめぐる社会史』(2011) にも反映している。

　その一方で、太田が著書で引用しまた多くの教育学者が言及している「七歳までは神のうち」という子ども期のとらえ方について、柴田純が『日本幼児史』(2013) で批判を加えている。柴田は、古代からの服忌令を検討し、幼児が絶対責任無能力者であったことを指摘しながら、一方で「七歳までは神のうち」という観念が一般化していることについて批判する。この批判に関しては、これまでも複数の研究者からの批判的な検討がなされているところでもあり（たとえば福田アジオ「民俗学と子ども研究――その学史的素描」『国立歴史民俗博物館研究報告』54、1993）、今後の検証がまたれるところである。

2. 寺子屋（手習塾）研究

　先に述べたように、近年学校・学校制度史研究の数は多くない。そうした中で、藩校、私塾に関しては後述するとして、寺子屋（手習塾）関連の成果は少ないながらも順調に積みあがっている。

　梅村佳代『近世民衆の手習いと往来物』(2002) は、『日本近世民衆教育史研究』(梓出版社、1991) の続編ともいうべきものである。まず、志摩国の栗原家寺子屋について、門人帳を詳細に検討し、寺子の学習過程を丁寧に掘り起こした。さらには、栗原家の教育活動について、明治初期にいたる経緯を明らかにし、その歴史的性格を論じている。次いで、奈良教育大学所蔵の往来物と近世書籍、それに加えて奈良地域に存在する「地往来」の分析を通して、近世民衆の手習いの実態と社会的な意味、さらに奈良地域の特色を検討したものである。ほかにも、伊勢国四日市地域の「筆子塚」の研究なども加えて、近世民衆の読み書き計算の学習の実態に迫ろうとしている。

　往来物の研究としてはほかに仏教教育という独自の視点で切り込んだ木村政伸「仏教教育の場としての手習塾――往来物の分析を中心に」があるが、本論文を含む久木幸男編『仏教教育選集2　仏教教育の展開』(2010) も注目される。本欄の枠を超えるが、本書についても触れておきたい。本書は、教育史学会に大きな足跡を残した久木幸男の遺作となったが、日本の精神世界の中核でもあった仏教に焦点を当てて、古代から近世までの主要な仏教教育を追求したものである。仏教教育の多様な形態、たとえば僧侶の教育・修業の組織やその内容（小山田和夫「『山家学生式』十二年籠山修業制度の成立とその後」、高山有紀「中世興福寺の『会』と『講』――南都寺院社会における学侶の養成」）、武士・民衆への教育・布教の方法と内容（竹内明「浄土教の興隆を支える僧俗の学習とその支援――『他阿上人法語』に見える武士を中心に」、澤博勝「近世社会における仏教教化活動と民衆――越前真宗の事例を中心に」）、寺院等の固定した施設内での説教・教育の一方での遊行・遊歴（宮城洋一郎「綜芸種智院の世界」、大戸安弘「仏教教育としての遊行の位相」）、さらには性差の問題（籠谷眞智子「女性の仏教修得の軌跡――近世仏教の礎」）など、本書の扱うテーマは幅広い。近年教育史研究において仏教への関心が薄れている現状に、一石を投じたものといえるが、古代に始まり、中世、近世へと展開

していく日本の仏教教育の大河の如き流れを骨太に提示した論集として特筆すべき内容を有する。編者による全体の序論に加えて各部に「序説」を配置することにより、単なる論文集のレベルを超えて巨大なスケールで全体像をダイナミックに描きながら、近代への見通しまで論じる編者の研究基盤の奥行きの広さと底深さとには圧倒されるものがある。

　石山秀和『近世手習塾の地域社会史』（2015）も、江戸および江戸近郊の手習塾の実態を中心として詳細に検証している。これまでも多くの手習塾研究がなされてきたが、比較的農村部あるいは地方の手習塾が多かった。本書のように江戸および江戸近郊という都市部の手習塾の研究として、貴重なものである。オーソドックスな教育内容や師匠の分析に加えて、行いのよろしくない門人の分析を通して見えてくる勉強嫌いの子どもとその子に悪戦苦闘する師匠の記録や、あるいは戦後建立の「筆子塚」の存在、さらには曲亭馬琴の作品から当時の読み書きの社会的意味を探るなど、注目すべき点も多い。

　ここで取り上げた2著は、手習塾や往来物に焦点を当てたものであるが、手習い学習そのものについては、次にあげる地域教育史研究や識字研究でも多面的に取り上げられており、その意味で手習塾研究は新しい段階に至ったといえるかもしれない。

3. 地域教育史研究・地域文化史研究

　近年盛んになった研究として、地域教育史をあげることができる。

　古くは佐藤秀夫の問題提起（「地域教育史研究の意義と課題」『教育学研究』43巻4号、1976）、そしておそらく「地域教育」を冠した最初の単著花井信『近代日本地域教育の展開──学校と民衆の地域史』（梓出版社、1986）などを経て、木村政伸『近世地域教育史の研究』（2006）が出た。木村は、学校類型ごとの研究を批判し、地域に存在する多様な教育と学びを構造的に把握することを提唱した。主に筑後・浮羽地域を対象とした研究では、手習塾、私塾、地域外の私塾を関連させて検証し、浮羽地域の多様な水準の教育と学びが関連しあって変容していることを明らかにし、その基盤に「分限教育論」があることを提唱した。また唐津藩域の研究を通して、漢学をはじめとする学問と文芸が密接に関連し、

また特定の学び舎をもたない学びの場が「塾」として成立していたことを明らかにし、近世の「学校」観に変更を加えた。

　民衆の学びを地域の社会的政治的経済的構造と結び付けてその性格や意味を問う視点は、八鍬友広『近世民衆の教育と政治参加』（2001）でも明らかにされていた。本書では、一揆訴状が手習いの教材とされた事例を詳細に検証することを通して、民衆の政治意識の形成と政治参加について論じている。一揆訴状という権力者・支配者にとっては好ましからざる内容を、子どもたちの学習教材としていたことを掘り起こした貴重な研究である。一揆訴状を手習いの教材としたことは、訴訟時の文章の範例として学ぶという実務的目的と、百姓たちが自らの抵抗や主張の歴史を学ぶという二点が考えられる。手習いが、学習者である農民の主体形成に関わった諸相を、多様な角度から検討した労作である。

　その後、地域教育史研究は、後述する地域の文化史研究と共鳴しながら、後に文化史研究で触れる杉仁の成果も出ている。一方、近世後期から明治維新期までを視野に入れた地域教育史研究も相次いだ。鈴木理恵『近世近代移行期の地域文化人』（2012）、池田雅則『私塾の近代　越後・長善館と民の近代教育の原風景』（2014）や塩原佳典『名望家と〈開化〉の時代──地域秩序の再編と学校教育』（2014）など、視点を少しずつ変えながら発展している。

　鈴木理恵の著書は、安芸国山県郡壬生村の神職井上家に残された史料を主に使い、「地域文化人」という新しい概念を提示して、三代にわたって当地で展開された学習、教育、さらには文化的活動を掘り起こし、歴史的意義を検討したものである。「地域文化人」とは、地方にいて風雅に遊ぶ「文人」ではなく、自ら獲得した文化的能力や資本を使って人と地域の多面にわたる結節点としての役割を果たそうとした人物としてとらえられる。研究方法論的特徴としては、膨大な量の井上家文書を徹底的に読み込み、日記や書簡などをも縦横無尽に使ったことがあげられる。すでに子ども史研究でも触れたが、社会史研究の重要な史料として日記などの日常的な些細な事実の記録を読み起こすことがなされており、後進の指標となるであろう。また、地域内外の人的ネットワークへの着目や、蔵書の形成への注目など新しい研究動向にも目配りが行き届いている。

　池田と塩原の著作については、主に近代で扱うべきであろうが、近世的教養を身に付けた地域の人材がその地域の教育や産業などの課題に向き合うことが

全国的にみられる中で、その具体的な諸相について、池田は新潟の、塩原は長野の事例を詳細に検討している。新しい時代の地域的な課題に対して、近世的教養によって武装した指導者層がどう立ち向かっていったのか、近世教育史の視点からも注目すべき研究成果である。

4. 識字・メディア研究

　近世日本の識字率が高かったという「俗説」に関して、長い間具体的な数字によってその俗説を検証しようという試みがなされてきた。しかし、ヨーロッパの社会史研究の成果に比べれば、使用できる史料の制約を克服することは難しかった。すなわち、ヨーロッパの識字率推定の史料としてしばしば用いられる結婚時のサインに相当する文書史料が前近代日本にないからである。すでに早くから、近代以降の聞き取り調査の結果や、門人帳などを使った手習塾への就学率の推定から識字率を割り出す方法など、さまざまな文献史料から識字率を推定することが試みられてきたが、なかなか決定的なものはなかった。それは、手習塾への就学率の推計の難しさや、そもそも多様な文字を持つ日本語の読み書きをどのレベルで判断するかという疑問など、おおくの課題を克服できなかったためでもある。

　そうした状況において、木村政伸の小論（「近世識字研究における宗旨人別帳の史料的可能性」『日本教育史研究』14、1995）は、大きな刺激をもたらし、ルビンジャー著、川村肇訳『日本人のリテラシー　1600-1900年』（原著 *Popular Literacy in Early Modern Japan*, 2006、訳著 2008）へと研究が進展した。ルビンジャーの論述は、都市と農村、農民と町人、上層民から下層民までなど広範囲に及び、扱う時代も中世から明治期まで及ぶ。また、ルビンジャーは早くから花押などの署名の史料的価値に着目していたが、木村の研究成果をにらみつつ、人別帳の署名以外にもさまざまな署名史料を博捜し、近世日本人の識字の状況を考察した。こうした、先行研究では見過ごされてきた史料への着目に加えて、従来手習塾の就学率をそのまま識字率に措定していたことの安易さへの批判など、日本の研究者にとって根本的な内容を含む刺激的な内容が多い。このルビンジャーの大著は、日本におけるリテラシー研究の理論と史料論に大きな前進をもたらした。

一方、読み書き能力の向上が近世社会の中でどのような意味を持つのかという課題に対しては、70年代から盛んになった民衆史研究の中で青木美智男ら多くの研究者によって議論されてきたが、前出の八鍬友広『近世民衆の教育と政治参加』が、一揆訴状が教材化した事例を検証する中で新しい視点を出している。

　さらに、大戸安弘を代表とし、木村、八鍬に加えて梅村佳代、太田素子、川村肇、鈴木理恵らによって構成された科研グループは、これまでの識字に関する研究の成果として、『識字と学びの社会史——日本におけるリテラシーの諸相』(2014)を出した。古代から近代までを含み、地域、対象階層、研究史料など、多様な各論文は、副題のようにリテラシー問題の諸相を浮かび上がらせている。この中で、鈴木は平安貴族の中に非識字者がいたことを明らかにし、平安貴族にとっての識字能力の意味を検証した。大戸と木村は、中世の民衆の真宗信仰およびキリスト教信仰とのかかわりから、地域文化と識字能力の在り方を検討した。さらに、梅村、八鍬、太田、大戸は、近世農民および商人の識字問題を、近江、若狭、会津、武蔵の各地域の状況の中で検討した。最後に、川村は、和歌山県を事例に近代以降の民衆の識字能力の水準を、新たな史料をもとに論じている。

　読み書き問題は、歴史学の分野でも注目されており、松塚俊三・八鍬友広編『識字と読者——リテラシーの比較教育史』(2010)も出された。本書は、欧米、日本、インドと国や地域も多岐にわたり、時代も多様な対象を扱っている。本章での課題からいえば、横田冬彦が、「日本近世上層町人における〈家〉の教育」と長友千代治「日本近世における出版と読書——読書層の拡大と出版の変移」があげられるが、ほかにも八鍬友広の「明治期日本における識字と学校——国民国家とリテラシー」が注目される。

　読み書き問題に限らず、教育を語る際にメディアの問題は不可分である。このメディアに注目し、新しい教育史像を築こうという試みも注目される。その試みをそのままサブタイトルにしたのが辻本雅史らの研究『知の伝達メディアの歴史研究——教育史像の再構築』(2010)であり、この路線をさらに進化させたのが辻本の単著『思想と教育のメディア史——近世日本の知の伝達』(2011)である。この流れの中に、後に触れる高野秀晴『教化に臨む近世学問』(2015)も位置づけられよう。

辻本は一連の著作の中で、教育を「知の伝達」ととらえ直すことで学校教育に回収されない教育の新たな歴史像を再構成することをめざしている。それはまた、伝達媒体に関して文字を中心とするものから、声、身体などまで拡張することによって、これまで等閑視されたものへ着目するきっかけとすることでもある。こうした課題に沿って、『知の伝達メディアの歴史研究——教育史像の再構築』では、前近代に限っても八鍬友広が往来物について論じ、鈴木理恵が近世後期における旅について、梶井一暁が近世僧侶をメディアとしての視点から、それぞれ論じている。鈴木や梶井の論考からは、近世民衆が在住する地域外から情報を得るメディアという視点が垣間見える。『思想と教育のメディア史——近世日本の知の伝達』では、辻本のメディア史論が具体的に展開されており、素読という学習方法が持つ「テキストの身体化」という論点が示され、また石門心学における「語り」をメディアの視点から論じている。こうした視点は、多くの研究者に新たな刺激を与えており、たとえば『識字と学びの社会史——日本におけるリテラシーの諸相』に所載されている木村の潜伏キリシタンの研究などは、その一例である。

　このメディアという視点と文化史という分野が融合したところに、書籍・書物・出版史研究と「読書・読者」研究が盛んになってきた。たとえば、鈴木俊幸『江戸の読書熱——自学する読者と書籍流通』(2007)、杉仁『近世の在村文化と書物出版』(2009)、前田勉『江戸の読書会——会読の思想史』(2012)、鈴木健一『浸透する教養——江戸の出版文化という回路』(2013)、今野真二『戦国の日本語——五百年前の読む・書く・話す』(河出書房新社、2015)、さらには〈シリーズ本の文化史〉に収められた横田冬彦編『読書と読者』(2015)、鈴木俊幸編『書籍の宇宙』(2015)、若尾政希編『書籍文化とその基底』(2015) が出た。とくに若尾 (2015) には、日本教育史を専門とする研究者から、梅村佳代が民衆の手習と読書について、八鍬友広が往来物と書式文例集について、鈴木理恵が教育環境としての漢学塾について咸宜園とその系譜塾を中心に、寄稿している。これらの書籍・出版史研究は、多くは日本史研究者によって取り組まれたものであるが、教育史研究とも切り結ぶ分野でもあり、今後も拡大深化していくことが予想される。

(木村政伸)

第3節
教育思想と藩校・私塾に関する研究

1. 教育思想史研究

　本節で担当する教育思想史および藩校・私塾の分野の全体に関わって新しい問題と歴史像を提起した研究書が、2012年の前田勉『江戸の読書会——会読の思想史』である。前田は思想史研究の土台の上に教育史研究の成果も取り入れながら、ロジェ・カイヨワ等の「遊び」の研究に示唆を得て、儒学の教育に近世初期から取り入れられた会読が、カイヨワ等の指摘する「遊び」の要素を備えた学習の方法として非常に大きな役割を担ったと主張した。会読については辻本雅史が藩校の教育方法として素読や講釈などとともに一般向けに紹介していたが（『「学び」の復権——模倣と習熟』1999）、前田の研究は儒学の学習方法としてきわめて斬新な観点から意味づけ直している。

　前田は科挙がない日本、すなわち儒学を学ぶ実利的な意味が希薄な日本で儒学が学ばれた意味を会読の遊びの性格に見出す。その会読には相互コミュニケーション性、対等性、結社性という三つの原理があったとした上で、その会読の三原理に基づいてサロンのような場が形成されたことを指摘し、それを近世の自由な結合と理解する。遊びとしての会読が江戸時代に生まれたことを突き止めた前田は、仁斎、徂徠、宣長らや蘭学における会読のあり様を検討するとともに、適塾、咸宜園などの私塾、佐賀、金沢、熊本などの藩校や昌平坂学問所で行われた会読を意味付けていく。他方で会読が孕む競争性（読みの正しさの競い合い）の持つ、「切磋琢磨」と「追い落とし」という、性格の両側面をみつつ、その力点の置き方によって教育の場における現れ方の違いをも視野に入れている。

　幕末に至って会読は、水戸学、松陰や小楠などにみられるように政治的談義を含むものとなり、明治初期民権期に全盛を迎えるととらえられている。たとえば五日市憲法を生み出していった明治初期の学習会にその継承された姿が見

出されている。そしてこの会読の歴史に幕を下ろしたのは、次の時期の上から教え込む修身教育であり、立身出世主義だったとしている。

　次いで 2016 年に前田は『江戸教育思想史研究』を上梓し、会読と背中合わせになっている「教化」の方法としての講釈を、会読と対比させながら検討した。前田は前著同様江戸初期から明治初期までを通して叙述し、素行、蕃山、益軒、春台、平洲、淡窓らの言説にも検討対象を広げている。民衆の教育が扱われていない点で、社会の全体を包摂するものではないけれども、前著と併せて前田は、従来の類型的な近世教育史叙述に置き換えてダイナミックな歴史叙述を提示した。

　身分制の社会である江戸期の教育は、身分によって学ぶ中身や方法に大きな違いがあったことはいうまでもない。とすれば、ここに提示された儒学の学ばれ方を主題とする歴史像と民衆教育史像とを総合して、どのような近世教育史の全体像が描けるだろうか。とくに幕末期に少しずつ広がった儒学学習の位置づけや理解が課題になろう。また、近世から明治維新を越えて近代初期までを見通している点も特筆される。未だ教育史では、そうした見通しをもち時代を跨いで叙述した研究は多くない（とくに近代側から越境した研究として荒井明夫編『近代黎明期における「就学告諭」の研究』(2008) や、塩原佳典『名望家と〈開化〉の時代──地域秩序の再編と学校教育』(2014) は、数少ない成果である）。これは 80 年代前半から指摘されていながら果たされない、教育史研究の克服すべき課題である。

　ところで、前田の研究の背景になっているのは、一国史を越えて、テキストを東アジアの中で読むという行為に対する反省と思索の広がりと深まりであり、それが日本史研究全体に刺激を与えているが、近世の教育思想史にも影響が大きい。たとえばそれは、「訓読」をめぐる研究の進展を強く促した。代表的なものに中村春作他編『「訓読」論──東アジア漢文世界と日本語』(2008)、同『続「訓読」論──東アジア漢文世界の形成』(2010)、辻本雅史他編『経書解釈の思想史──共有と多様の東アジア』(2010)、中村春作編『東アジア海域に漕ぎだす 5　訓読から見なおす東アジア』(2014) などがある。

　儒学と教育という点では、2007 年の眞壁仁『徳川後期の学問と政治──昌平坂学問所儒者と幕末外交変容』がある。眞壁は、政治的主体の育成に果たした「政教」の機能を、丸山真男に倣い、「政治的正統性」legimiatus と「教義の

正当性」orthodoxus との結合と考えるなど、分析概念の精緻化をはかった上で、従来ほとんど顧みられなかった自筆稿を含む写本類等の資料を駆使しながら昌平坂学問所の儒者古賀家三代（精里、侗庵、謹堂）が、幕府の「対東アジア外交」と明治初期の「対西洋外交」を、いわば媒介する位置にあって、その外交政策に参与していた姿を浮き彫りにした。叙述は主として思想的検討に当てられ、昌平坂学問所の教育活動に関する叙述は多くはない。しかし儒学の傾向として「限定的なテクストにのみ関心を終始せず、主体的に学び、知見を拡充させ、経験世界の事象へと関心を開いていく学問としての側面」や、「朱熹の経書解釈を字句どおりには踏襲しなかった」面などが指摘されている。これらのことは、川村肇が民衆の間にみられる儒学の方向として指摘したこと、すなわち従来の儒学の枠を超えて思想が展開されていること、それが政治的主体形成と関連していることの指摘と重なっており、その身分や立場を超えた類似性が注目される（川村肇『在村知識人の儒学』1996）。なお、眞壁のこの研究もまた、東アジアに日本の歴史を位置づけていく研究動向の中から生まれてきたものである。

　2010年の山本正身『仁斎学の教育思想史的研究――近世教育思想の思惟構造とその思想的展開』は、汗牛充棟の仁斎学研究を中心とした儒学思想史研究を、教育思想の面から大きく進展させた。山本は近世の教育遺産を近代からの視点ではなく、近世に内在した教育への関心や視点から掘り起こすことを企図して、朱子学と仁斎学に注目する。そして近世教育に関する従来の教育学の言説（中内敏夫など）を注意深く検討して、西洋由来ではない近世の教育概念を「人間の成長を助成する営み」と定義した。

　山本は、朱子学派、仁斎や東涯、徂徠の資料を丁寧に読み込んだ上で、朱子学と仁斎学の教育に対する基本的な思想構造を解明した。それによれば、朱子学の教育思想は「性」「道」「教」三者の関係を基本とし、①「人間形成の基因」は内在的な「性」に求められる（性善説）、②その「性」と外在的な「道」とは本来的に連続の関係にある（性即理）、③「性」と「道」との本来的連続関係は、現実的には（気質・人欲によって）阻害されているので、その関係を取り戻すために「教」が必要とされる（復初説）、という基本構造を持ち、日本の朱子学派たちにも継承された。山本はこれを「三角形的思惟構造」と命名する。その構造のなかで「性」＝「理」を強調する朱子学に対して、仁斎は「教」＝孔孟の教説を

重視し、徂徠は「道」＝礼楽を重視することを対比的に示している。また、朱子学、仁斎学、徂徠学の三者について、この「性」「道」「教」のどれに重みづけを与えるのかを主題とする思想的葛藤を教育思想の基本と考えた場合、全体としては「人間形成の基因」として各人の「内」にあるもの（「性」）から、各人の「外」にあるもの（「道」）へとその重みづけが移行される過程であった、と近世中期までの儒学教育思想史を描き出した。

　ところで、本書の副題にあるように山本の関心は思惟構造とその思想的展開に集中しているために、抽象度の高い概念の検討に費やされており、仁斎の教育の実際に即した営為の分析になってはいない。本書が描き出した構図の中に、仁斎（また徂徠ら）の教育実践が分析通りに位置づくのか、といったことを含めて、今後の研究の展開が期待される。

　なおこの分析過程で山本は、仁斎学の「教」を、「性」に率う（したが）という前提を通して成長主体の自立性を担保するものであり、「道」に由るという前提を通してその自律的営為に普遍的価値を担保しようとする意味があることを指摘し、前田（2012、2016）の会読のもたらす主体性との共鳴を予感させている。

　2015年の高野秀晴『教化に臨む近世学問』は、従来の石門心学研究とは一線を画した研究書である。本書は教化のありように焦点づけられて編まれ、石門心学の江戸思想史における位置づけや、他の諸学、諸宗教との関連などを導線としながらも、教化が必然的に生み出すさまざまな問題を描き出すことに集中している。また、教えるという行為そのものの成立を問題の俎上にのぼせている点で、際立った特徴を持っている。高野は囲い込まれた学校という場の成立以前における近世は、学ぶ意思を前提としておらず、教化の側面が顕在化していると考え、学問が成立／拒否される現場に立ち会おうとする。

　高野は第一部で石門心学前史を扱い、貝原益軒、河内家可正、職分論を説く言説――常盤潭北（民家分量記）、西川如見（町人袋）、上河宗義（商人夜話草）――と談義本（当世下手談義、教訓続下手談義など）を素材としている。高野は深谷克己の研究に依拠しつつ、職分論を「公」の役に立つか否かという観点から身分を分節化した「物差し」だと把握して、その物差しが有用性を生み出すその反対側に有用性のないものを必然的に生み出してしまう関係性を指摘する。つまり社会的に有用な職分を有する「公民」としての自覚を受け手に求めれば、そ

れを自覚しない者を疎外してしまうことになる、いわば「江戸教化のパラドックス」とでもいうものを鮮やかに示してみせた。

　第二部では梅岩、堵庵、義堂らを扱う。梅岩に関しては従来あまり取り上げられることがなかった『斉家論』を分析し、第一部で検討された「町人の学問」が、「赤裸にはなれない人々」のための学問であったとすれば、梅岩の学問はそうした世俗を、聖賢の道に合致するように改めさせようとする学問だとして、そのベクトルが逆向きになったことを指摘する。それとともに、その根源にある「二度の梅岩の悟りの体験」を共有しようとしない者の心の耳には届かない教えだとする。続いて梅岩の継承者たちが検討の俎上にのぼせられる。教えを説く営みに問題性を感じ取っていた梅岩の教えは、それにもかかわらずその弟子たちによって、まったく逆に教えを説く営みにより広められていくことが問題視される。高野は、梅岩と堵庵の立場の違いに目を向け、師に及ばぬ不器量な堵庵は梅岩の教えを「無造作なる心安き」教えととらえなおし、道話を用いて卑俗に語ることを重視したと指摘する。そしてそのことを、教えを向ける相手を町家の「文盲」などに「限定」したものと把握し、辻説法など不特定多数を相手とする教化方法をとらなかった堵庵の姿勢を、梅岩の講釈との違いと考えている。

　高野の研究の背景には教育史をメディアという側面から考える辻本雅史『思想と教育のメディア史――近世日本の知の伝達』(2011)などの研究があり、それは先に指摘した一国史を超えようとする大きな研究動向の一部でもある。

　以上のほか宮川康子が『富永仲基と懐徳堂――思想史の前哨』(1998)に続いて2002年に『自由学問都市大坂――懐徳堂と日本的理性の誕生』を出版し、懐徳堂と大坂の知識人たちの知的営為を描き出した。前著で宮川は富永仲基が徂徠批判を通じて獲得した「誠の道」という、いわば変哲もない当たり前にも思われるこの道は、人間の認識そのものを対象化し、そこに学の基礎を据えるものであったと積極的にとらえた。また懐徳堂の儒者たちは仲基の言語論を継承して、朱子学的思惟体系を組み替え、朱子学とは違った合理主義的な思惟を確立しようとしていたと指摘した。その研究成果の上に、宮川は大坂の民間で活躍した自由な思想家たちが展開した思想的営みは、儒学を普遍化する方向に進み、蘭学を含めたさまざまな学を、普遍化した儒学の思想枠組みの中で理解

しようとしたものだと把握した。しかしながら、天保以後強まる外圧の下、東洋と西洋という二分法による分断が進み、儒学は時代遅れのものとなっていったとしている。本書には懐徳堂の教育についての記述は多くはないものの、学問の自由こそが学問を豊かにするという、洋の東西を問わぬ真理がその叙述に脈打っている。またその自由への着目は、会読の自由を指摘する前田（2008、2016）と響き合っている。

2. 藩校・私塾研究

　2001年の本山幸彦『近世国家の教育思想』は、近世全体を通覧する教育史通史が欠落していたのを埋めることになった。ただし「国家の思想」とあるように、幕藩権力や支配層である武士層の教育思想を、とくに藩校の設立の趣旨などから読み取っているもので、私塾や民衆教育にはほとんど言及していない。また根拠資料としては『日本教育史資料』を活用しているが、叙述の基礎となっている日本史や教育史研究の成果は辻本雅史の『近世教育思想の研究——日本における「公教育」思想の源流』（1990）など、一部の研究を除いておおよそ1960年代までのものである。

　2007年、熊澤恵里子は『幕末維新期における教育の近代化に関する研究——近代学校教育の生成過程』で静岡（沼津兵学校）と福井（藩校明道館）を主たるフィールドとしながら、学校の近代化過程を丁寧に描き出した。また維新期の大学校問題にかかわって国学の果たした役割に注目した。

　熊澤は大学をめぐる国学、漢学、洋学の争いの実相を、「平田家資料」（とくに銕胤嫡男の延胤の覚書等）を用いながら明らかにしつつ、①平田派は「和魂万国才」を標榜し、漢学や洋学を否定してはいなかったこと、②国学者と洋学者は連携して漢学者たちを一掃しようと動いたこと、③平田派と津和野派は黄泉の国をめぐる学説論争で割れていたのであって、政治的な分裂ではなかったこと、④銕胤は大学に関して積極的な動きを示してはいなかったこと、などを明らかにしている。さらに大学本校で一回だけ執行された学神祭について、前時代との決別を示すため釈奠を行わなかったこと、国・漢・洋の三学を統合する学神を案出しようとしたこと、しかしながらその時間的余裕がなく、平田派の発想

の借り物の域を出ないまま、結局大学本校の終焉を迎えたことを指摘している。そして大学において近代的な学問を発展させていくためには、伝統的な宗教的祭祀にこだわる学神祭そのものを廃止することは、必要な一階梯だったとしている。

同時期の日本史の分野では、宮地正人が精力的に研究成果を発表してきた。『歴史のなかの新選組』（2004）や、『歴史のなかの『夜明け前』――平田国学の幕末維新』（2015）など、従来の研究対象が新撰組や国学にまで広げられると同時に、『幕末維新変革史』（上下、2012）で新たな維新期の歴史像を提起してきた。叙上の熊澤の研究は宮地の研究と共同した成果である。

2011年の沖田行司『藩校・私塾の思想と教育』は、一般の読者に向けて「個性的な「士風」を持った藩」の藩校等（薩摩造士館・熊本時習館・会津日新館・岡山花畠教場および閑谷学校・福岡修猷館および甘棠館・米沢興譲館・仙台養賢堂・対馬小学校および思文館・佐賀弘道館・土佐致道館・水戸弘道館・長州明倫館・昌平坂学問所）、「師弟の学びと教えという独特な教育関係を築き上げた」私塾（藤樹書院・懐徳堂・古義堂・鈴屋・蘐園社・咸宜園・適塾・洗心洞・松下村塾）を紹介している。

私塾研究では森川潤が2013年に『青木周弼の西洋医学校構想』を発表し、萩藩の西洋医青木周弼（1803～1864）の主として萩藩医学校での活動を、山口県文書館所蔵文書を中心に駆使しながら丹念に追った。第一章では、萩藩の藩政改革に成果をあげた村田清風に推薦されて藩医に登用され、医学のみならず藩政改革と連動した西洋技術導入の基礎たるべく、オランダ語教育にも力を入れ、兵器学や海防策にも活躍したことを記している。第二章では、好生館において青木周弼が会頭役に任ぜられ、その運営に関与し始めたところから始まり、周弼が弟研蔵とともに萩藩全域で初めて行った種痘（牛痘）とその成果を論じる。第三章では、周弼が御側医に任ぜられ、藩主に近接して外国勢力に対する藩の政策決定にも関与していった経緯が述べられる。好生館内に西洋学所という軍事技術研究所を設置し、医学教育との役割を分担しつつ、西洋学所で両者に共通するオランダ語の基礎課程を学習するよう整備したが、実際には好生館へ進むものが少なく、兵学への傾斜を強めていった。周弼は村田蔵六（大村益次郎）を萩藩に登用するよう働きかけ、その蘭学は人的にも兵学への橋渡しをすることになった。医学教育の点では、漢方医学を排除するのではなく、西洋医学の

基礎課程として位置づける姿勢をとり続けたとされている。

　広瀬淡窓の咸宜園に関する著書も目を引く。2002年に深町浩一郎『広瀬淡窓』、2008年に海原徹『広瀬淡窓と咸宜園――ことごとく皆宜し』、2016年に高橋昌彦『廣瀬淡窓』の三冊が出版されている。このうち海原（2008）は膨大な塾生名簿を検討の俎上にのぼせ、名高い月旦評、三奪法と消権について詳しい分析のメスを入れ、その活用の実態に迫った。さらに弟子の「南柯一夢抄録」を用いて学習活動の具体的な姿を明らかにした。子弟の紹介ルートや受講費用、就学のスタイルも検討されている。また寄宿舎生活で噴出した問題とその解決の方向などを究明し、完成して固定的なイメージで語られてきた咸宜園を、ダイナミックな姿で描き直したということができよう。高橋（2016）は咸宜園の漢詩と淡窓の著書を多く紹介している。

　2016年の梅渓昇『緒方洪庵』は吉川弘文館の人物叢書の一冊だが、軍事史、お雇い外国人や緒方洪庵などの日本近代化研究に従事してきた著者が、一般向けに洪庵と適塾について詳しく解説している。巻末には適塾門下生の名簿が都道府県別に整理されて掲載されている。

　なお、藩校と私塾のいくつかについて、前田勉（2012、2016）が扱っていることは冒頭に記したとおりである。

　この他、洋学の研究では、日本史分野で1998年に青木歳幸が『在村蘭学の研究』を出版し、これまで解明されてこなかった地方の洋学の実態解明に進み、青木が中心の一人となって組織された幕末佐賀藩の科学技術編集委員会が2016年に『幕末佐賀藩の科学技術』（上巻：長崎警備強化と反射炉の構築、下巻：洋学摂取と科学技術の発展）を上梓している。

3. 文化史研究

　文化史の研究では、杉仁が2001年に『近世の地域と在村文化――技術と商品と風雅の交流』、2009年に『近世の在村文化と書物出版』を出版した。杉は養蚕をはじめとする経済的なネットワークと、それに付随していった俳諧の文化を「在村文化」という概念で把握し、それが全国の津々浦々まで広がっていったことを実証的に描き出した。杉は粘り強い追究によって、資料の中にある

俳号とその本名とを結びつけることに成功し、従来その存在は知られていたが、十分活用されてこなかった俳句に関する膨大な資料を使いこなして新たな境地を開いたのである。その成果に立って杉は村落文化を、漢学を頂点とした階層構造を持つものだととらえている。

こうした文化のネットワークについては、揖斐高が2001年に『江戸の詩壇ジャーナリズム──『五山堂詩話』の世界』、2009年に『江戸の文人サロン──知識人と芸術家たち』を上梓し、漢詩文のネットワークや文人たちの地方遊歴（漢詩論評誌『五山堂詩話』）とそのサロン的な活動（漢詩社や木村蒹葭堂など）を魅力的に描いている。前述前田（2012、2016）の指摘と共鳴している。

2004年、竹下喜久男は『近世の学びと遊び』でこれまでの氏の研究をまとめているが、そこで重視された視点は、学習機関の存在する地域からの視点と、遊びも含めた文化の視点であった。後述する郷学論争に関連した論文も、本書中に収録されている。

4. 共同研究・共同著作

21世紀を前にして1960年代から90年代の教育史を含めた日本史研究の状況をとらえなおし、新たな研究の展望を切り拓くことを目的として、主要な論文を収録した「展望日本歴史」シリーズに、青木美智男・若尾政希編『近世の思想・文化』（2002）が登場した。本書は「近世国家・社会の成立と思想」「近世後期の国家・社会と思想」「近世の子ども・教育・老い」「近世の出版・読者・芝居」の章立てで、21本の論文とそれらに対する各章ごとのコメント、70年代以降の文献リストが、思想と文化に分けて掲載されている。

2007年の横田冬彦編『身分的周縁と近世社会5　知識と学問をになう人びと』は、身分制度に縛られた社会という江戸時代像を覆すべく、日本史研究者の間に1990年から組織された身分的周辺研究会の『身分的周辺』（1994）、『シリーズ近世の身分的周辺』（全6巻、2000）に続く成果で、全9巻のうちの1冊である。知識・学問の担い手を扱った本巻では、「儒者」「講釈師」「神学者」「俳諧師」「都市文人」「本屋」などが取り上げられ、編者が執筆した「書物をめぐる人びと」を冒頭におき、巻末に取り上げられた人びとの往来を含む日記を分析する「知

識と学問を担う人びと」が配されている。

　2011年、幕末維新期学校研究会（以下、幕研）は『近世日本における「学び」の時間と空間』を出版した。本書は1996年の同『幕末維新期における「学校」の組織化』を継承するものである。また、幕研とメンバーがほぼ重なる幕末維新期漢学塾研究会は2003年に『幕末維新期漢学塾の研究』を上梓している。いずれも科学研究費を使った共同研究によるものであるが、基本的には個別のモノグラフを集積したものである。

　以上の所収論文のうち、幕研（2010）の入江宏「郷学論」は、郷学に関する近世教育史研究史を整理した論考である。入江は史上に残る寺子屋起源論争（石川謙、高橋俊乗）、郷学論争（津田秀夫、石島庸男、竹下喜久男ら）を検討の俎上にのぼせながら、近世教育機関の「公共性」について考察を深めた上で、「近世的郷学」と「維新期郷学」の二つの概念を分け、資料に基づいてその違いを実証的に示した。こうした視点はすでに入江の「研究動向と問題点・近世Ⅰ」（『講座日本教育史』第2巻「近世Ⅰ／近世Ⅱ・近代Ⅰ」1984）に述べられていたが、その後の久木幸男・山田大平（「郷学福山啓蒙所の一考察」1989）や川村肇の整理（1996）を超えて、郷学という学術用語を、決定的に精緻化したものである。今後この郷学概念を基礎にして近世教育史研究は進められていくことになるだろう。

（川村肇）

おわりに

　以上、古代・中世では五つのテーマに絞り、近世においては八つのテーマから夫々の研究動向を俯瞰してみた。隣接諸分野の研究成果を積極的に読み取ることが、前近代教育史研究の正確な動向を把握することになることは、「はじめに」で述べたとおりであるが、その結果として古代・中世および近世のいずれの時代の教育史研究もたしかな歩みをみせていた。『教育史学会40周年記念誌』（1997）で指摘された20世紀末までの前近代教育史研究の充実した状況は、テーマごとの内実の変動はあるものの、総体としては引き継がれていることが明らかになったといえる。

　概括してみると、前近代教育史研究においては、これからも丹念な史料調査

や史料の読み込みに基づいた精緻な研究が生産されていくものと思われる。それは大いに期待を込めて見守りたいのであるが、こうした研究を担っている研究者の層を年代ごとに追ってみると、一抹の不安が生じてくるのも事実である。とりわけ肝心な教育史研究者の世代交代が順調に進んでいるとはいえないことが気がかりである。20年前、30年前の若手・中堅の研究者も元若手の年代となってくると、その後を引き継ぐことになる世代の研究者の層の薄さは否定することができない。近年の教育史学会大会を振り返ってみても、前近代の分科会が成立しないどころか、前近代に関する研究発表が皆無という大会が続くことも珍しいことではなくなってきている。教育史学会大会での研究発表は大学院生を中心とする若手が担うという傾向があることからすれば、これは深刻な事態というべきであろう。限られた時間内でまとめられたコンパクトな成果が量産される傾向が強い時代に、史料調査やその解読に困難を感ずることの多いテーマは敬遠されるのであろうか。教育史研究即近現代学校史研究という状況に今以上に傾斜することは、教育史像の一面しか捉えることのできない硬直化した研究状況を招来することになりかねない。根源的な地平からの思考を要する前近代教育史研究に挑戦する若手研究者の登場が期待される。

（大戸安弘）

● 第1章 文献一覧

● 古代・中世

浅野敏彦（2011）『平安時代識字層の漢字・漢語の受容についての研究』和泉書院
伊藤慎吾（2012）『室町戦国期の公家社会と文事』三弥井書店
井上辰雄（2011）『嵯峨天皇と文人官僚』塙書房
井上辰雄（2014）『平安儒者の家――大江家のひとびと』塙書房
上原真人（ほか編集委員）（2006）『列島の古代史6　言語と文字』岩波書店
榎本淳一（編）（2013）『古代中国・日本における学術と支配』同成社
王小林（2011）『日本古代文献の漢籍受容に関する研究』和泉書院
小川剛生（2009）『中世の書物と学問』山川出版社
沖森卓也（2000）『日本古代の表記と文体』吉川弘文館
沖森卓也（2009）『日本古代の文字と表記』吉川弘文館
荻美津夫（2005）『古代音楽の世界』高志書院
荻美津夫（2007）『古代中世音楽史の研究』吉川弘文館

小和田哲男（2014）『戦国大名と読書』柏書房
河音能平（2003）『天神信仰の成立——日本における古代から中世への移行』塙書房
河音能平（2010）『天神信仰と中世初期の文化・思想』文理閣
岸田知子（2015）『空海の文字とことば』吉川弘文館
桑原朝子（2005）『平安朝の漢詩と「法」——文人貴族の貴族制構想の成立と挫折』東京大学出版会
国立歴史民俗博物館・平川南（編）（2014）『古代日本と古代朝鮮の文字文化交流』大修館書店
国立歴史民俗博物館（編）（2014）『文字がつなぐ——古代の日本列島と朝鮮半島』国立歴史民俗博物館
国立歴史民俗博物館・小倉慈司（編）（2016）『古代東アジアと文字文化』同成社
五味文彦（2003）『書物の中世史』みすず書房
今正秀（2013）『摂関政治と菅原道真』吉川弘文館
斉藤研一（2012）『子どもの中世史』吉川弘文館
繁田信一（2004）『陰陽師と貴族社会』吉川弘文館
柴田純（2013）『日本幼児史——子どもへのまなざし』吉川弘文館
菅原正子（2014）『日本中世の学問と教育』同成社
高田宗平（2015）『日本古代『論語義疏』受容史の研究』塙書房
高田時雄（編）（2009）『漢字文化三千年』臨川書店
髙橋秀樹（編）（2014）『婚姻と教育』竹林舎
滝川幸司（2014）『菅原道真論』塙書房
竹居明男（編著）（2003）『天神信仰編年史料集成——平安時代・鎌倉時代前期篇』国書刊行会
武田佐知子（編）（2010）『太子信仰と天神信仰——信仰と表現の位相』思文閣出版
谷口孝介（2006）『菅原道真の詩と学問』塙書房
田端泰子・細川涼一（2002）『〈日本の中世4〉女人、老人、子ども』中央公論新社
波戸岡旭（2005）『宮廷詩人　菅原道真——『菅家文草』・『菅家後集』の世界』笠間書院
平川南（ほか編）（2004〜2006）『文字と古代日本』（全5巻）吉川弘文館
藤原克己（2001）『菅原道真と平安朝漢文学』東京大学出版会
服藤早苗・小嶋菜温子（編）（2003）『生育儀礼の歴史と文化——子どもとジェンダー』森話社
服藤早苗（2004）『平安王朝の子どもたち——王権と家・童』吉川弘文館
服藤早苗（編）（2007）『女と子どもの王朝史——後宮・儀礼・縁』森話社
服藤早苗（2010）『平安朝の父と子——貴族と庶民の家と養育』中央公論新社
藤田勝久・松原弘宣（編）（2008）『古代東アジアの情報伝達』汲古書院
真壁俊信（2005）『天神信仰と先哲』太宰府天満宮文化研究所
牧野和夫（2009）『日本中世の説話・書物のネットワーク』和泉書院
三上喜孝（2005）『日本古代の文字と地方社会』吉川弘文館
水口幹記（2005）『日本古代漢籍受容の史的研究』汲古書院
木簡学会（編）（2003）『日本古代木簡集成』東京大学出版会
森山茂樹・中江和恵（2002）『日本子ども史』平凡社

矢田勉（2012）『国語文字・表記史の研究』汲古書院
山田康弘（2014）『老人と子供の考古学』吉川弘文館
湯浅吉美（2009）『暦と天文の古代中世史』吉川弘文館
湯沢質幸（2010）『古代日本人と外国語——東アジア異文化交流の言語世界 増補改訂』勉誠出版
和漢比較文学会（編）（2003）『菅原道真論集』勉誠出版
渡辺滋（2010）『古代・中世の情報伝達——文字と音声・記憶の機能論』八木書店

● 近世

池田雅則（2014）『私塾の近代——越後・長善館と民の近代教育の原風景』東京大学出版会
石山秀和（2015）『近世手習塾の地域社会史』岩田書院
揖斐高（2001）『江戸の詩壇ジャーナリズム——『五山堂詩話』の世界』角川書店
揖斐高（2009）『江戸の文人サロン——知識人と芸術家たち』吉川弘文館
海原徹（2008）『広瀬淡窓と咸宜園——ことごとく皆宜し』ミネルヴァ書房
梅溪昇（2016）『緒方洪庵』吉川弘文館
梅村佳代（2002）『近世民衆の手習いと往来物』梓出版社
太田素子（2007）『子宝と子返し——近世農村の家族生活と子育て』藤原書店
太田素子（2011）『近世の「家」と家族——子育てをめぐる社会史』角川学芸出版
大戸安弘・八鍬友広（編）（2014）『識字と学びの社会史——日本におけるリテラシーの諸相』思文閣出版
沖田行司（2011）『藩校・私塾の思想と教育』日本武道館
木村政伸（2006）『近世地域教育史の研究』思文閣出版
熊澤恵里子（2007）『幕末維新期における教育の近代化に関する研究——近代学校教育の生成過程』風間書房
今野真二（2015）『戦国の日本語——五百年前の読む・書く・話す』河出書房新社
沢山美果子（2005）『性と生殖の近世』勁草書房
沢山美果子（2008）『江戸の捨て子たち——その肖像』吉川弘文館
沢山美果子（2017）『江戸の乳と子ども——いのちをつなぐ』吉川弘文館
塩原佳典（2014）『名望家と〈開化〉の時代——地域秩序の再編と学校教育』京都大学学術出版会
柴田純（2013）『日本幼児史』吉川弘文館
杉仁（2001）『近世の地域と在村文化——技術と商品と風雅の交流』吉川弘文館
杉仁（2009）『近世の在村文化と書物出版』吉川弘文館
鈴木健一（2013）『浸透する教養——江戸の出版文化という回路』勉誠出版
鈴木俊幸（2007）『江戸の読書熱——自学する読者と書籍流通』平凡社
鈴木俊幸（編）（2015）『シリーズ〈本の文化史〉書籍の宇宙』平凡社
鈴木理恵（2012）『近世近代移行期の地域文化人』塙書房
高野秀晴（2015）『教化に臨む近世学問』ぺりかん社
高橋昌彦（2016）『廣瀬淡窓』思文閣出版

竹下喜久男（2004）『近世の学びと遊び』思文閣出版
辻本雅史（編）（2010）『知の伝達メディアの歴史研究——教育史像の再構築』思文閣出版
辻本雅史他（編）（2010）『経書解釈の思想史——共有と多様の東アジア』ぺりかん社
辻本雅史（2011）『思想と教育のメディア史——近世日本の知の伝達』ぺりかん社
中村春作他（編）（2008）『「訓読」論——東アジア漢文世界と日本語』勉誠出版
中村春作他（編）（2010）『続「訓読」論——東アジア漢文世界の形成』勉誠出版
中村春作（編）（2014）『東アジア海域に漕ぎだす5　訓読から見なおす東アジア』東京大学出版会
幕末維新期学校研究会・髙木靖文（2010）『近世日本における「学び」の時間と空間』渓水社
幕末維新期漢学塾研究会・生島寛信（編）（2003）『幕末維新期漢学塾の研究』渓水社
「幕末佐賀藩の科学技術」編集委員会（編）（2016）『幕末佐賀藩の科学技術〈上〉長崎警備強化と反射炉の構築』岩田書院
「幕末佐賀藩の科学技術」編集委員会（編）（2016）『幕末佐賀藩の科学技術〈下〉洋学摂取と科学技術の発展』岩田書院
久木幸男（編）（2010）『仏教教育選集2　仏教教育の展開』国書刊行会
深町浩一郎（2002）『広瀬淡窓』西日本新聞社
前田勉（2012）『江戸の読書会——会読の思想史』平凡社
前田勉（2016）『江戸教育思想史研究』思文閣出版
眞壁仁（2007）『徳川後期の学問と政治——昌平坂学問所儒者と幕末外交変容』名古屋大学出版会
松塚俊三・八鍬友広（編）（2010）『識字と読者——リテラシーの比較社会史』昭和堂
宮川康子（2002）『自由学問都市大坂——懐徳堂と日本的理性の誕生』講談社
宮地正人（2004）『歴史のなかの新選組』岩波書店
宮地正人（2012）『幕末維新変革史（上）（下）』岩波書店
宮地正人（2015）『歴史のなかの『夜明け前』——平田国学の幕末維新』吉川弘文館
本山幸彦（2001）『近世国家の教育思想』思文閣出版
森川潤（2013）『青木周弼の西洋医学校構想』雄松堂書店
八鍬友広（2001）『近世民衆の教育と政治参加』校倉書房
山本正身（2010）『仁斎学の教育思想史的研究——近世教育思想の思惟構造とその思想的展開』慶應義塾大学出版会
横田冬彦（編）（2007）『身分的周縁と近世社会5　知識と学問をになう人びと』吉川弘文館
横田冬彦（編）（2015）『〈シリーズ本の文化史〉読書と読者』平凡社
リチャード・ルビンジャー、川村肇訳（2008）『日本人のリテラシー1600-1900年』柏書房
若尾政希（編）（2015）『〈シリーズ本の文化史〉書籍文化とその基底』平凡社

第2章

日本の近代学校教育

はじめに

　本章は、日本教育史のうち、明治から戦前期までの時期を対象とする。ただし従来ありがちな時期区分で分担するという構成はとらず、テーマないし研究視角を問う観点を軸とすることとした。というのは、近年の日本教育史研究においては時期や領域を問わず、1970～80年代に蓄積されてきた研究の到達点やその枠組み自体を相対化し、新たな視角からの研究が進展しつつあるからである。

　そこで、第1節では教育制度政策史を中心に、史料研究や史料論の新たな進展を確認し、また教育の社会史研究の到達点を再確認することをめざした。第2節では膨大な蓄積のある学校の設立や子どもの就学をめぐる新たな観点に注目し、今後の学校史研究の方向性を見定めることをめざした。第3節は長らく論点となってきた「学校中心」史観を相対化し、学校の枠組みを超えた人間形成史そのものに迫ろうとする研究動向の特徴を明らかにすることをめざした。第4節はとりわけ論点の多い新教育運動および戦時下の教育に焦点化し、従来の研究枠組みの見直しを図ろうとする動向を明らかにしようとするものである。

（清水康幸）

第1節
教育制度政策史と教育の社会史

1. 制度政策史

　『日本近代教育百年史』（国立教育研究所編1973、以下『百年史』）は総勢78人の執筆者により、近世末期～戦後まで、初等・中等・高等教育、教員養成、社会教育、特殊教育、産業教育等の各領域の通史的叙述、資料の水準をつくった。久木幸男は、それまでの制度政策史が「法律・勅令・省令などの考察に止まっ

ていたのに対し、本書はその実際の運用状況を、官庁通達や行政解釈、そして地方・学校関係史料を駆使して明らかにしようとしている」とし、このことは「こんごの制度政策史の進むべき一方向を示唆するもの」としている（『教育学研究』第42巻第3号、1975）。以降『百年史』の精緻化、またその乗り越えが展開した。各領域の蓄積は厚いが、各領域の研究状況についてはそれぞれの章の作業に譲り、ここでは2000年以降の研究を「総説的事項」と「個別問題研究」と二つの分類軸を設けて動向を整理する。

(1) 総説的事項

　1990年代までの総括的成果として米田俊彦編（2013）が出た。2013年に至って「代表的」と判断された、1960年代から90年代にかけて執筆・刊行された論文・刊行書（その主要部分）が収録されているものである。「教育制度改革」というテーマに限定はされるものの、米田による巻末の解説と文献目録により制度政策史研究の流れが概観でき、また所収論文解題では当該論文によって示された研究到達点や、関連領域の研究動向をも知ることができる。

　また佐藤秀夫（2004〜2005）が刊行された。同書も収録されている論考はおおよそ1990年代までに蓄積されたものであるが、佐藤が残した多岐にわたる個別論考はもとより、今日なお教育史研究の基礎史料として活用されている諸史料集の解説・解題などが収録されている。これらの諸成果は、批判するにせよ乗り越えるにせよまた活用するにせよ、今なお生命力を持っている（後述する学制、学制布告書をめぐる研究動向の端緒も含まれている）。

　研究の根本ツールである事典と法令集も編まれた。久保義三ほか編（2001）は、海後宗臣編『日本近代教育史事典』（平凡社、1971）に続く専門事典である。対象時期は1920年代から90年代末となっており、アジア・太平洋戦争後期に関しては『日本近代教育史事典』と重複するものの、当然ながら叙述は最近の研究到達点を踏まえたものになっている。各テーマの「総説」および各項目の叙述は1920年代以前の事柄を含むところも多い。また資料編に収められている情報も有用なものがコンパクトにまとめられていて便利である。アジア・太平洋戦争前期の法令レファレンスとしては『明治以降教育制度発達史』（龍吟社、以下『発達史』）、『近代日本教育制度史料』（講談社、以下『制度史料』）が長く用い

られてきたが、新しく体系化・配列された法令集として米田俊彦（2009）が出た。内閣制度発足からアジア・太平洋戦争敗戦後に至るまでの、各領域の法令の制定から改廃の過程が一貫した形で系統的に配列されていることが『発達史』『制度史料』とは異なる点であり、対象の時期区分に再考を促すものとなっている。『発達史』や『制度史料』との対応などが示されている上、それらにおいて十分ではなかった法令の検索利便性もあり、法令集と法令目録との性格を併せ持っているという点は特筆すべきである。随所の「補記」も見落としがちな事柄に対する注意喚起となっていて有用である。なお『発達史』『制度史料』に収録されている法令の関連資料、通牒類は本書の収録範囲に入っていないので、三者の有機的活用が広がることが望まれる。

　『百年史』には幼児教育が個別領域として設定されていなかったが、湯川嘉津美（2001）によって、今日の到達水準がつくられた。日本の幼稚園教育成立を近世〜近代にまたがって思想的・制度政策的経緯が明らかにされた。幼児教育・幼稚園に関わる海外の教育情報受容の過程および幼稚園の成立過程を解明することを軸としつつ、各地の幼稚園の受け止めや実態も明らかにされている。「成立史」ゆえ、叙述は1890年代で区切りがつけられているが、本書によって近代日本の幼稚園が学校教育制度史に関係づけられ、現在の幼児教育史研究の枠組みがつくられたといえる。

　近代以降の学校設置や就学促進は、教育に関わる行政制度・体制の整備確立と不可分の関係にある。この点を検討する近代日本教育行政史研究は、新たな概念や史料を用いながら、近代日本の教育行政制度がその位置づけを得て、行政の方法を確立してゆく過程を見直す研究が蓄積されている。

　河田敦子（2011）は近代日本における教育行政制度の成立を地方行政制度との関連づけ、両者を構造的に捉えようとするものである。1880年代の地方行政制度改革と町村の教育事務の性格変化、教育事務の国政事務化の過程を明らかにしているが、行政制度成立の中で作用する「権力」が住民の日常生活の中でどのように受け止められ、また両者の相互作用によって権力と住民との双方が変容してゆく過程を「教育行政制度の形成」とみる。

　湯川文彦（2017）は学制期から教育令期に至る時期を対象に、国および地方における教育行政制度の形成・成立過程を明らかにする。日本史プロパーの湯

川は、「教育」行政を従来の教育史研究にはなかった視点からまとめあげ、学制から教育令への転換など教育制度および行政に込められた制度政策担当者の狙いを、政治史的手法と教育史研究で視野に入ることのなかった資料によって明らかにする。また「教育」の枠に収まらない、日本の政治システムの形成過程の総体から教育政策の特質を明らかにしている点が特筆されよう。湯川が「新史料」として紹介、駆使する資料は1968年にすでに学界に紹介されていた。学制百年を目前にしたこの時期に世に出た資料が2010年代に入るまで教育史研究の対象となっていなかったことに複雑な思いがする。

　河田、湯川文彦の研究はいずれも中央における政策意思決定に関わる史料、また中央の政策を受け止め、かつそれを変容させてゆく地方のありようを示す史料を広く用いながら課題を検討しており、結果としてより深く制度政策と地方の実態との相互作用を明らかにすることに成功している。中央の制度政策史と地方（地域）教育史とが分化していた観の強い『百年史』の段階とは異なった研究視点・水準が示されているといえる。

(2) 個別問題研究

　日本の近代学校教育制度の端緒である「学制」をめぐって大きな論争が展開された。竹中暉雄（2013a）に対して湯川嘉津美（2013a）が疑義を呈し、竹中とほぼ同時に「学制」研究を進めていた湯川と竹中との間で展開されたものである。日本最初の近代総合教育法令である「学制」が対象であることだけでなく、従来の研究で用いられてきた基礎史料の位置づけや解釈、府県文書の読み取り、その他使用史料の解釈や提示方法をめぐる、日本近代教育史研究史上きわめて重要な論争であったことから、紙幅を割いてやや詳しく紹介しなければならない。

　竹中（2013a）は、教育史概説書、通史書や諸史料集などにみられる「学制」の制定・公布に関わる記述が「あまりに区々」であるため、「学制」研究の際に依拠する史料、それにより読み取れる「学制」の公布日、発令主体などについて見直した。論争の途上で取り上げられた事柄は多岐にわたるが、ここではこの論争の根本となる部分だけ取り上げる。竹中は研究上、原典としてレファレンスされる対象としての「学制」は、制定当時に作成された公的記録・実務文

書である『布告全書』を「正文」として拠るべきであり、「学制」は太政官布告第214号によって、8月2日発令、公布された、とする。8月3日「頒布」とするのは、「学制五十年」における文部省の役割を強調する表現を踏襲した（している）にすぎない。学制布告書の「制定された法令」のスタイルとしては「原資料」である太政官布告が掲載された『布告全書』の通り、片仮名書き・ルビ無しの文書が「正文」であり、よく知られている平仮名書き・ルビありのスタイルは、文部省によってそのように「改竄」されたものである、という。

　それに対して湯川は竹中本の書評（2013a）で「論証の手続きに問題がある」と指摘した。湯川は『布告全書』の性格を明らかにした上で、『布告全書』を根拠とすることの問題性、「学制」の公布過程、「学制」正本の位置づけなどに関わって、新史料の発掘、一次史料の検討の不足を指摘する（これに対する反論は竹中2014）。この書評に続いて湯川は、自身も「学制」研究として湯川（2013b）を発表した（これに対する竹中の「論評」（竹中2013b）が同時掲載）。湯川は『布告全書』は「学制」の「正本」たり得ない、学制布告書は太政官布告として8月2日に公布され（ただしこの段階で地方に配布された形跡は目下のところない）、府県には文部省第13号および第14号とともに印刷され、8月3日付けで頒布された、とする。また学制布告書は文部省における作成段階から漢字・平仮名表記であったことを示し、『布告全書』が漢字片仮名表記なのは、記録書体の統一が図られたからであって、「正本」の表記とは別のことであると竹中の『布告全書』＝「正本」説を退ける。

　もとより概説書や史料集の日付を一定化することを目的として、そのための「正本」に言及した竹中と、学制布告書の作成・公布過程の史実検証を包括的な史料批判とそれらの綜合によって歴史的文書としての「正本」とその史的意義を明らかにし「事実の確定」を行おうとした湯川とでは、同じ「学制」を対象としていても、課題意識の出発点の段階で相当大きな開きがあるし、そもそもの検証の目的も深度も異なっている。

　竹中が『布告全書』に依るべきとする理由は「（「学制」の――柏木）原本がない以上、発令後に刊行された太政官正院外史局編纂の法令集、つまり『布告全書』に収録されたものに依拠せざるをえない」、したがって「制定された法令としての「学制」の発令主体、発令日、号数、表記様式については、太政官外史局

が編集した『布告全書』に拠るほかない」(竹中2015b) としているところにその視点が端的に表れている。竹中は『布告全書』を法令の「正確な」レファレンスとして位置づけているのである。

　これに対して湯川 (2013b) は『布告全書』には不正確な記述や誤記もあること、法令原本を正しく反映させたものではないことから、史実を確定するための史料としては不十分であるとし、学制布告書の作成から頒布に至るまで、作成された時・作成された場・作成した者をより明確にし、「一次史料」の深度をさらに深めた検証を行う。「大隈文書」所収の学制布告書案が平仮名書き、ルビ付きであること、「文部省学制原案」(国立公文書館蔵) 中の学制布告書案が漢字・平仮名書きで、内容的に両者はほぼ変わらないこと、それが文部省によって8月3日に府県に頒布されたとし、またその微細な版の相違を示し、最終的な「正本」は文部省による誤謬訂正後のもの、とした。

　湯川書評・竹中反論、湯川論文掲載・竹中論評はほぼ同時並行的に進み（したがってそれぞれの執筆時期も併行している）、やりとりの中で竹中の事実誤認が明らかになるなど内容がしだいに複雑化し、そのためにこの論争の経過と結果とについて、第三者が読み取りにくくなっている面がある。しかも繰り返すが両者は同じ学制布告書を検討対象としているものの、その目的とするところの次元がそもそも異なっている。しかし総括すれば、史的事実の明確化、関連史料の読み解きに関しては湯川が正確であり、結果として竹中の事実誤認も明らかになった。また論争の過程で湯川の指摘に対する竹中の応答がかみあわないままに新たな「疑問」が積み重ねられてしまっているところが見受けられる。その結果、竹中 (2015a) が湯川の指摘を「研究者のモラル」「(史料の) 無断使用」に関わる問題があるかのように表してしまったが、これについては日本教育史研究会世話人一同 (2016) が、竹中による湯川反論の受け止めとその表現が不的確であったことを確認した。

　従来の学制研究は、中央の公文書や政策関与者の資料に依拠して一定の到達点をみたが、この論争によって改めて通説の見直し、従来「一次史料」と位置づけられていたものの再検討、中央だけでなく地方所在の資料を含めて検討する必要性など、従前の研究を越える段階に到達していることが明確になったといえる。

第1節　教育制度政策史と教育の社会史

学制布告書への注意を喚起したのは寺﨑昌男編（2000）における「なぜ学校に行くのか」という問いであった。同書は上記の問いを「誰よりも子どもたち自身にとって普遍的な切実さを持つ疑問」として捉え、「学校に通う」という行動の前提となる「国民的合意」の論理を、「学制布告書」「就学告諭」の中に見いだそうとする。この問題意識を引き継いだのが、荒井明夫ほか編（2008）であり、ここで行われた「学制」「学制布告書」をめぐる研究は、先の竹中、湯川の研究動向の起点となったと言ってもよい。いわゆる「就学告諭」と呼ばれる文書は「学制」の前後、全国各地で作成され、研究書や自治体教育史でもしばしばみることができるが、どのような形式の、あるいはどのような時期に作成された文書を「就学告諭」と定義できるかといったことについては明確にされていなかった。本書は全国にみられる「就学告諭」を、多数の研究者を組織した共同研究により悉皆調査・収集し、それらを作成時期や形式、内容から比較検討し、「就学告諭」の指摘役割を明確化しようとするというスケールの大きい研究である。本書によってこれまで断片的に触れられるにとどまっていた「就学告諭」が400以上も確認され、作成・分布状況や内容の相違および共通点・類似点などが明らかになり、検討枠組みや時期区分など、新たな研究水準を示したが、同時に多数の研究者による共同研究のゆえか、方法論上の課題も残した。その後、続刊川村・荒井編（2016）も出た。いずれも巻末に収録された翻刻史料、収集・確認した「就学告諭」のリストは今後の研究の大きな礎石となるものである。

　日本の中等教育史研究は1980年代に入ってから本格化し、90年代に入ってその成果が刊行されてきた。「中等教育」が含むところは多様だが、2000年以降における中等教育制度政策史領域の到達点として三上敦史（2005）、鳥居和代（2006）を取り上げなければならない。なぜならば両者は従来「学校教育」の範疇として捉えられなかった教育のあり方を・見方を新たに教育史研究の対象として位置づけた画期的研究成果といえるからである。

　三上（2005）は、従前の研究が夜間中学の正格化されていく過程を明らかにしていたのに対し、中学校程度の夜間授業を行う教育機関にまで対象を広げ、広く「中等学校程度」の教育に対する青年層の教育経験を明らかにしたという点に大きな意義を見いだすことができる。従来の制度政策史では的確に位置づけることが困難であった戦前期夜間中学というありよう、そして学習者の学び

のありようを、中央および地方の公文書、地方新聞、学校沿革誌、関連する証言を字義通り徹底的に調査・駆使することによって明らかにしている。巻末の参考資料も見落とすことのできない本書の学的貢献である。

鳥居（2006）は、「学校教育」という本章の範囲には入らないと受け止められるかもしれないが、学校から逸脱した青少年への教育意識を深く検証した本書は、むしろ「学校教育とは何か」「教育とは何か」という問題を学校外の教育から逆照射する。少年法の成立過程、校外教護・補導の実態と展開、青少年を取り巻く「規律（化）」と教育との関わりが透徹した視点と明確な枠組み設定によって検討される。学校から「逸脱」した青少年への対応の流れの中で、学校教育の社会的役割や性格が形作られていく過程を描きながら、「処罰」と「教育」との関わりの検証を通じて「教育」そのものの意味を問い直す。従来、教育史の対象となりにくかった青少年層への働きかけを、明晰な論理構成と実証により教育史の中に位置づけている。

これらの諸研究を端的に総括すれば、(1) 2000年までに一般化した時期区分、法令把握の見直し、(2) 制度政策の展開をその受け手や社会のありようとの動的関係として描く、(3) そのための基礎概念、基礎資料、定説の見直し、(4) 従前用いられることのなかった資史料類の発掘や活用の進展、といったこととしてまとめることができよう。

なお「被仰出書」「渙発」といった言葉、また1890（明治23）年小学校令を「改正小学校令」としたり、1900年（第三次）小学校令によって義務教育無償制が成立あるいは確立されたと表現したりするような2000年に至るまでにその妥当性が繰り返し問われた叙述・表現がいまだに研究上、散見されることは惜しまれる。

2. 教育の社会史——識字研究

「教育の社会史」は『教育史学会40周年記念誌』での位置づけを超えて当たり前に用いられるようになっている。2000年代に入り辻本・沖田編（2002）が編まれ、「教育社会史」による日本教育史通史が示された。同書では「学校史に収斂していくのではない教育の社会史・文化史」を「制度としての近代学校を

相対化」するものとする、「歴史の文化システムの一環として教育を捉える」、「(教育に関わる)具体的な事実や実態」を示す、といったことを方針として掲げている。その上で「「人間形成」という視点に立って、歴史的社会をみなおす作業を「教育の社会史」として捉えてみたい」(「序」)と提言する。なお同書に対する大林正昭の書評(『教育学研究』第70巻第2号)は「教育の社会史」の対象、範疇についてはいまだ「従来の教育史」との違いが不明瞭であると指摘する。同書では近代に関しては「立身出世と近代教育」(森川輝紀)、「移民教育と異文化理解」(沖田行司)、「植民地支配と教育」(駒込武)の三章が割かれている。

　また木村元編(2012)は日本社会の中で学校教育制度が「起動」するという枠組みを設けることによって、1930〜40年を日本の社会のなかで学校教育制度が「人間形成の方式として社会のなかに定位し始めた時期」として捉える。従前から教育の社会史は制度政策史が定着させてきた時期区分の見直しを迫ってきた。本書もその視点を持ちながら、従来社会史が距離をとってきた学校教育制度政策の見直しを試みる。

　いずれにしろ教育の社会史の対象は当然ながら広大だが、本節では近代学校制度と「社会」の関わりおよび対比に関わる領域として、識字研究の成果に注目したい。制度政策史は学校教育制度と人々の接近を視覚化する際には、よく知られた就学率という数値を用いる。これに対し教育の社会史が人々における学びとの接近性を明らかにするために用いるのは識字率である。学校教育制度によって提供される「学力」への近接ではなく、日常生活・社会生活との緊張感において習得する能力に注目するのである。識字率に関しては佐藤秀夫、久木幸男らが明らかに社会史を意識してその重要性を1980年代に指摘している。制度政策史が用いていた就学率は算出方法がはっきりしており、また全国的な把握が可能であるのに対して、識字率に関しては根拠となる史料が断片的かつ一貫性のないものにならざるを得ず、その定義や算出方法については検討が続けられていた。今日にあっても「識字」の概念は多様である。

　そうした中で「日本人の識字率は高かった」という言説が従来一般に広がっていたが、ルビンジャー(2008)はそうした"定説"を覆し、日本人の識字能力は階層や居住地期によって相当のばらつきがあったこと、近代学校制度が発足して以降も「数十年後まで」各地で非識字者が存在したことを指摘した。

また八鍬（2003）は上述のように「識字」が多様な概念を含む中で、「自己の姓名を記し得る」ことを推測できる史料から「自署率」に注目する。残された史料は断片的とはいえ、「自署率」を設定することにより、従来読み書き能力については壮丁教育調査により特定の年齢層のみ明らかにしうる段階から、ある特定の地域の幅広い年齢層の識字状況を推定することが可能になる。八鍬は山口県那珂郡の郡役所文書に残された自署率調査から、自署率には大きな地域差があること、また対象地域の職業構成と自署率との相関関係を検討した結果、地域差の背景には自署率と商業・職工との関係が推測できることを指摘する。続いて八鍬（2010）は上記の自署率と社会的要因の研究をさらに進めたもので、山口県那珂郡で1894年に行われた調査、岡山県で1894年に行われた調査に基づき、自署率と就学率との関係を検討する。その結果、那珂郡のデータからは自署率と就学率との間には有意な相関はみられないこと、自署率との相関は就学率よりも職業や身分との間に強くみられること、また就学率は児童の家の職業や世帯の識字率とはほとんど関係がみられないことなどを指摘し、岡山県のデータからは自署率と就学率との間に一定の相関が見られること、自署率と職業や身分との関係が、若年層ほど弱まることなどを指摘している。八鍬のこれらの論考により、近代識字状況を検討するための公的資料や各地域の文書等の史料状況や到達点を知ることができる。

　川村肇（2014）は和歌山で発見された資料に基づいて、明治7年前後の識字状況を検証している。本論で注目すべきは、用いられている史料が、姓名自署能力、より実用的（「文通可能」）な識字能力といった、より具体的な識字の程度が判明するものであるということであり、かつ調査対象者が「男女の合計で一万人を超え」たものという点にある。また調査の枠組み設定も「書けるか」「書けないか」だけではなく、「文字を知っている」かどうかのデータ、文字を書けた場合でも自己の姓名を書ける程度なのか、あるいは文通までできる程度なのかということまで調べられており、先述した「識字」概念の多様性を相当程度克服した形で「識字」の程度を知ることができることは特筆すべきことである。本論では「非識字層」「姓名等自署層」「実用的識字層」という三階層を設定し、その程度の状況や地域分布、男女差を明らかにしており、実用的識字層は全体の約一割以下が「普通」であること（女子は五分にも満たない）、男女の差が著し

く「その能力の差は圧倒的である」こと、実用的識字層が多い村と文字を知っている層が多い村は必ずしも一致しないこと、姓名自署程度の文字教育は主として男性を対象になされていた可能性があることなどを具体的に示している。

かつて識字率は前近代の教育普及程度を図る指標として注目された。近代以降も限られた資料をもとに言及されることはあったけれども、主だった追究の対象とはならなかった。しかし上記の諸研究に代表される近年の識字研究は、具体的な人々の学び──人々が身につけたもの──のありようから近代学校制度の普及過程を吟味するツールへと成熟しつつある。また識字と社会的要因、学校教育と相関関係を視覚化する方法論に関しても、八鍬、川村の論考は参照軸となると思われる。

小括

本節の結びとして、冒頭に示した『百年史』の乗り越えに関わって、久木幸男が指摘していた「(百年史が) 自ら残した課題にとりくむ際の手掛かり」である史料の問題、「学校中心の制度史という枠」を念頭に、2000年代の動向を三点、指摘しておく。

第一に教育史研究の史料の広がりである。本節で取り上げた学制布告書を巡る論争を踏まえれば、「太政類典」「公文録」はもはや『百年史』、そして1990年代までと同じ水準で「一次史料」と位置づけられるものではなくなった。これに関連して、日本近代教育史料大系（1994〜2016）が完結し、「太政類典」「公文録」「公文類聚」を俯瞰することができるようになった。すでに国立公文書館所蔵史料がデジタル化され、全国からアクセスが可能になったとはいえ、教育史研究者によって校閲され、改めて作成された目次・目録が付された紙媒体の史料を手に取ることのできる意義・利便の画期性は大きい。したがってこれらの史料の閲覧・確認が容易になった今日こそ、改めて全体を吟味し、新たに史料としての位置づけをして史的事実の再構成をする段階に達しているといえる。

また国立公文書館、国立国会図書館所蔵史料のデジタル化と公開、各地の図書館や資料館における所蔵データのオンライン化が急速に進んだ。それによって史料の範囲も拡大し、より各地域や対象に踏み込んだ史料によって実態の検

証が行われるようになっている。先の「一次史料」の検証にも地方史料は不可欠であろう。

　第二に「教育」「学校教育」を捉える際の視点の拡大であって、それは以下二つの事柄から確認できる。一つは本節で取り上げた三上（2005）、鳥居（2006）に代表されるように、かつてであれば「学校教育」「教育」の範疇に入らなかった教育意思、あるいは教育的働きかけをどう捉えるかということ、もう一つはそれらを裏打ちするものでもあるのだが、「なぜ学校に行くのか」「何が「教育」なのか」といったきわめて原理的な問いに応える研究が蓄積されているということである。また先の点と関連するが、こうした課題意識の拡大に伴って、学校教育は制度政策史レヴェルでも実態史レヴェルでも、関与した現場の史料を丁寧に掘り起こすことが必要になっているし、そのために検討対象となる史料の範囲も、文部・教育行政以外の領域で作成されたものなども視野に入れることが一般化しつつある。

　第三に、第二の点と相応しているといえるのかもしれないが、かつてのように制度政策史研究と教育の社会史研究とを対置する見方は薄まり、むしろ両者は著しく接近していることが指摘できる。いわば広く「人間形成」という営み自体を視野に入れた興味関心に基づいて研究が展開されているのであり、近代教育制度や近代学校教育を裏打ちした社会レヴェルでの"学び"のありようや"教育"のイメージの書き換えが確実に進められているといえる。

●第1節　文献一覧

荒井明夫編（2008）『近代日本黎明期における「就学告諭」の研究』東信堂
河田敦子（2011）『近代日本地方教育行政制度の形成過程』風間書房
川村肇（2014）「明治初年の識字状況──和歌山県の事例を中心として」大戸安弘・八鍬友広
　　編『識字と学びの社会史』思文閣出版
川村肇・荒井明夫編（2016）『就学告諭と近代学校の形成』東京大学出版会
木村元編（2012）『日本の学校受容──教育制度の社会史』勁草書房
久保義三ほか編（2001）『現代教育史事典』東京書籍
佐藤秀夫（小野・寺﨑・逸見・宮沢編）（2004〜2005）『教育の文化史』1〜4巻、阿吽社
竹中暉雄（2013a）『明治五年「学制」──通説の再検討』ナカニシヤ出版
竹中暉雄（2013b）「論評」『日本教育史研究』第32号
竹中暉雄（2014）「湯川嘉津美氏による拙著『明治五年学制──通説の再検討』書評への返答」

『教育学研究』第 81 巻第 2 号
竹中暉雄（2015a）「大木喬任「父兄心得之事」に関する湯川嘉津美氏の所論について」『日本教育史往来』第 217 号
竹中暉雄（2015b）「明治五年「学制」の法令上の種別について──湯川嘉津美氏の説への疑問」『人間文化研究』(3)、桃山学院大学
寺﨑昌男編（2000）『日本の教育課題〈なぜ学校に行くのか〉』第 3 巻、東京法令出版
辻本・沖田編（2002）『教育社会史』山川出版社
鳥居和代（2006）『青少年の逸脱をめぐる教育史』不二出版
日本教育史研究会世話人一同（2016）「本誌二一七号掲載記事について」『日本教育史往来』第 220 号
日本近代教育史料研究会編（1994-2016）『日本近代教育史料大系』龍渓書舎
三上敦史（2005）『近代日本の夜間中学』北海道大学出版会
ルビンジャー（2008）『日本人のリテラシー　1600-1900 年』柏書房、川村肇訳
八鍬友広（2003）「近世社会と識字」『教育学研究』第 70 巻第 4 号
八鍬友広（2010）「明治期日本における識字と学校──国民国家とリテラシー」松塚俊三・八鍬友広編『識字と読書──リテラシーの比較社会史』昭和堂
湯川嘉津美（2001）『日本幼稚園成立史の研究』風間書房
湯川嘉津美（2013a）「書評　竹中暉雄著『明治五年「学制」通説の再検討』」『教育学研究』第 80 巻第 3 号
湯川嘉津美（2013b）「学制布告書の再検討」『日本教育史研究』第 32 号
湯川嘉津美（2014）「論評をめぐって　竹中暉雄氏による拙稿「学制布告書の再検討」の論評に反論する：一次史料による史実の検証から」『日本教育史研究』第 33 号
湯川文彦（2017）『立法と事務の明治維新──官民共治の構想と展開』東京大学出版会
米田俊彦編著（2009）『近代日本教育関係法令体系』港の人
米田俊彦編著（2013）『教育改革』（論集現代日本の教育史）日本図書センター

（柏木敦）

第 2 節

学校の設立と子どもの就学
──教育の制度・政策を相対化する研究史

　日本の近代における教育の歴史を省察すれば、政府による諸政策、とりわけ学校教育に関わる制度・政策が大きな役割を果たしてきた点が大きな特徴であることは否めない。それは、日本の近代国家・社会形成にあたっての特質の一

つでもあった。日本の近代教育史研究が、教育の制度や政策、学校教育を主たる研究対象としてきたのは、そうした特徴に規定されてのことであろう。

こうした研究においては、各地域に即した教育史研究も、もっぱら"中央"の客体として"地方"を位置づけ、"中央"の制度・政策の"浸透"あるいは"屈折"のありようを各地方にみるものが多かった（制度、政策を追認していく対象としての地方という見方、と言い換えてもよい）。そのような流れに対し、1970年代から、むしろ地域の教育実態から制度・政策を相対化してその特質を明らかにし、それらに関する通説的理解を問い直そうとする研究が現れはじめた[1]。

地域の教育実態とは、学校教育（内容）はもとより、学校の設置を求め（あるいは拒み）、その維持や子どもたちの就学、不就学に関わる地域の姿（人びとの営み）を含むものである。したがって地域教育史研究では、地域の中の学校、教育の捉え方や位置づけ方などの研究方法が主要な論点の一つとなった[2]。本節は、地域の実態から学校の設立、教育内容をめぐる人びとの関わりや、学校への就学・不就学などを主題とした研究を取りあげ、その成果と課題を整理する。

1. 学校と地域社会──各種学校、中学校、幼稚園

各種学校に焦点をあてた土方編（2008）は、土方を中心とする各種学校研究会のメンバーが、東京に設立された各種学校の具体像に迫ろうとしたものである。同書は、近世以来の連続性のなかにあった地域の人びとが、近代社会に対応するために各種学校を設立したことを教えてくれる。同書が明らかにした具体的な事例でいえば、各種学校が集中していた神田区には旗本・御家人層が多く、それら旗本・御家人層が子どもたちに対する進学志向を強く持っていたことがあげられる。また唱歌・音楽系の各種学校がキリスト教や上流層の女子の

---

[1] 仲（1964）らの「地方教育史」研究の特集に対して、片桐・田嶋（1975）が「地域教育史」を標榜し、その後、佐藤（1976）が中央の客体ではない「地域」の人びとの主体的な営為を明らかにすることを強調した。
[2] 歴史学研究でも、同時期に「地域」を対象とした研究がすすめられ、学校が地域の近代化の象徴であったことや、地方改良運動期において学校が地域再編成の基軸を担ったことを明らかにしている。そのような中で、教育史研究として地域をどのようにとらえ、学校を地域の中にどのように位置づけるかが課題となった。

教養に応えるために設立されたこと、当時の社会事情に対応して医師や看護師の養成が行われたことなどがあげられる。同書は、地域の各種学校の研究をとおして、人びとの近代社会の受けとめ方や対応の仕方、当時の地域社会の事情をも明らかにできることを提示した。

　神辺（2006）、（2013）および（2014）は、明治前期（1880年前後）に各府県に設立された中学校の形成過程を明らかにしようとしたものである。(2006)および(2013)は神辺の単著、(2014)は神辺のほか8人のメンバーが加わって、9県の中学校を分担したもので、この時期の日本国内における中学校のうち東日本と山陰の2府24県を対象とした。神辺らは、それぞれの府県・地域によって、中学校に対する受けとめ方や中学校に求めたものが異なり、設立主体や設立牽引者、設立維持費の調達方法に特徴があったことを指摘している。全書において、近世からの連続不連続、設立資金、教育課程（カリキュラム）など共通の分析軸で追究しているため各府県の事例を比較しやすい。明治前期の中学校の形成過程の解明を前進させた研究の一つである。

　永井（2005）は、幼稚園園舎を対象とし、1876年から1937年における国内16の園舎について、建築様式や設計および意匠と保育内容、方針および方法とを対照させながら、それらの歴史的変遷を明らかにしている。同書の直接の対象は園舎であるが、園舎の構造（遊戯室や保育室の配置）が保育の方針や内容、方法と密接に関わっていること、さらにはその背後にある地域との関係性の歴史的検証にも着手しようとした点に着目したい。

　これらの研究に共通するのは、制度の変遷や政策の動向をおさえつつも、単に地域における学校設立の過程を取りあげるだけでなく、それを支える社会的条件や背後に存在する地域社会の関わりを明らかにしようとしている点にある。こうした教育史研究においては、制度を制度としてのみ描く範疇を越え、そこに介在する社会の姿を描き出しながら、"中央"の制度・政策を地域の実際から相対化することが目指されたといえる。

2. 学校と地域の人びと──地域の中の学校史

　千葉・梅村編（2003）は、「地方化」され得ない「地域」の教育の歴史的意義の

解明を課題として共有したメンバーの共同研究である。同書は、「学制」が東北各県の人びとの生活実態や教育要求と乖離していたことや、福島県伊達郡の小学校の創設が県による小学校設立の施策よりも「有志」や民会によって早期に着手されていたことを明らかにした。さらに、埼玉県入間郡に創設された豊岡大学の講義内容が農村青年層の「教養」と深く関わっていたこと、などを明らかにしている。いずれも、地域の人びとが学校に主体的に関わろうとし、自分たちの生活に関わる課題として取り組んだことを明らかにしている。

　坂本（2003）は、地域社会の中に学校をいかに構造的に位置づけるかという方法的意識のもと、静岡県と長野県を対象に、地域において学校を主体的に設立、支持する基盤が、地主や名望家層から中農層へと段階的に移っていったことを明らかにした。そして学校に関する事項を決定する村会の場に、教育について議論する公共的空間が形成されていたことを指摘した。

　湯田（2010）は、1920年から30年代における神戸市都市部の「学制整理」に着目し、近代的学校校舎の設立過程における人びとの主体的な関わりを描き出した。その際、教育費に着目することで対象地域の人びとの「教育への価値志向」が把握できるとし、そこから「教育の公共性」が検証できると指摘している。

　荒井（2011）は、府県管理中学校の設立をめぐって、各地域において「地域的公共性」が形成されたこと、それが「国家的公共性」と対峙したことを明らかにし、両者の相克を描き出した。そして、府県管理中学校の設立に関わった人びとの「共同性」「公共性」が、「国家的公共性」に収斂する契機と過程も明らかにした。

　これらの研究に共通するのは、学校の設立・維持を地域の人びとの生活に位置づけ、教育費[3]などの具体的な問題を人びとの意識が反映されるものとして着目することをとおして、人びとが学校に主体的に関わる姿を描き出したことである。教育をめぐる人びとの公共的意識形成に着目し、"中央"の制度・政策をあとづけるものとは異なる方法で、日本の近代における人びとと学校、教育との関わりを明らかにしたといえる。

---

[3] 教育費への着目は、黒崎（1980）、花井（1986）などの研究成果を継承している。

3. 子どもの就学と不就学

　柏木（2012）は、小学校の就学期間に着目し、子どもたちが就学する（小学校に通う）という行為が人びとのライフサイクルの中に定着する過程を明らかにした。第1次小学校令下の温習科および第2次小学校令以降設置された補習科が、子どもが尋常科卒業後、就学のために時間を割くというライフサイクルの変容、就学動向の転換のメルクマールであったことを指摘した。

　尋常小学校に就学できない貧困な子どもたちの存在に着目した土方（2002）は、1900年以降、東京に公立・私立小学校、貧民学校という社会階層に応じた複数の初等教育機関があったことを明らかにし、尋常小学校ではない別種の教育機関の存在は、子どもたちの就学に対する「排除」であったと指摘する。そして、児童労働による不就学や別種の教育機関への就学に着目し、1923年に制定（1926年施行）された「工場労働者最低年齢法」を労働児童が尋常小学校という一種類の学校に通うことになる画期として位置づけた。

　戸田（2008）は、「貧困」な条件におかれた子どもたちのために秋田県に設立された仏教教派による「慈善学校」を対象にした。地域における「慈善学校」のありようをとおして、1890年代までの教育制度は貧困な子どもたちへの就学対策が不十分だったこと、それら「慈善学校」の設立が、1890年代以降に政府や県が就学促進事業に向かう要因の一つになったことを指摘している。

　水野（2003）は、これまで明らかにされなかった、河川港湾に回航する船中の生活者および海上家船漁民の子どもたちの不就学問題に焦点をあてた。そのような生活環境にあった子どもたちの学校教育に対する行政の取り組みが長期間遅滞し、1960年代に至るまで不就学の子どもたちが存在したことを明らかにした。そして船上で生活する人びとに陸地定住を促した要因に、子どもたちの学校への就学要請があったことを指摘している。

　土方（2002）は、尋常小学校卒業年齢12歳までの児童を工業的企業で労働させることを禁止した「工場労働者最低年齢法」を、労働児童が尋常小学校に通うことを可能にした画期と捉えた。しかし水野の研究は、1960年代におよんでも不就学の子どもたちが存在していたことを指摘している。子どもの不就学

については、工場労働児童以外の子どもたちの不就学の実態をさらに追究していく必要がある。

小括

地域の実態から、学校の設立、教育内容をめぐる地域（人びと）の関わりや学校への就学・不就学について検討した研究は、"中央"の制度・政策を相対化し、それとは異なる人びとと学校、教育との関わりを明らかにして、様々な成果を積み重ねてきた。しかし、地域が抱えていた教育課題の解明や、人びとの教育の歴史の捉え直しがどこまで達成されたかと問われれば、いまだ不十分であるといわざるを得ないだろう。

研究の切り口、視点が学校の設立過程に集中していることが、その一因ともいえる。研究の関心・対象を、学校教育と地域の文化形成や、教員の実践と地域社会との関係へと広げていく必要がある。そして子どもや人びとの生活実態そのものをさらに追究し、それと学校教育との関係、就学・不就学との関係を明らかにしていくことが今後の課題といえよう。

●第 2 節 文献一覧

荒井明夫（2011）『明治国家と地域教育──府県管理中学校の研究』吉川弘文館
柏木敦（2012）『日本近代就学慣行成立史研究』学文社
片桐芳雄・田嶋一（1975）「地域教育史の創造と研究の現状と課題」『国民教育』臨時増刊号、国民教育研究所、pp.244-261
神辺靖光（2006）『明治前期中学校形成史』梓出版社
神辺靖光（2013）『明治前期中学校形成史　府県別編Ⅱ　環瀬戸内海』梓出版社
神辺靖光編（2014）『明治前期中学校形成史　府県別編Ⅲ　東日本』梓出版社
黒崎勲（1980）『公教育費の研究』青木書店
坂本紀子（2003）『明治前期の小学校と地域社会』梓出版社
佐藤秀夫（1976）「地域教育史研究の意義と課題」『教育学研究』第 43 巻第 4 号、日本教育学会、pp.1-8
千葉昌弘・梅村佳代編（2003）『地域の教育の歴史』川島書店
戸田金一（2008）『明治期の福祉と教育──慈善学校の歴史』吉川弘文館
仲新（1964）「地方教育史研究の特集について」『教育学研究』第 31 巻第 3 号、日本教育学会、pp.1-2

永井理恵子(2005)『近代日本幼稚園建築史研究——教育実践を支えた園舎と地域』学文社
花井信(1986)『近代日本地域教育の展開』梓出版社
土方苑子(2002)『東京の近代小学校——「国民」教育制度の成立過程』東京大学出版会
土方苑子編(2008)『各種学校の歴史的研究』東京大学出版会
水野真知子(2003)「水上生活者の子どもと地域の学校」『地域の教育の歴史』川島書店、pp.113-141
湯田拓史(2010)『都市の学校設置過程の研究——阪神間文教地区の成立』同時代社

(坂本紀子)

第3節
近代学校教育の相対化

　教育史学会第60回大会(2016)のシンポジウムのテーマは「教育史研究の新たな船出——教育史研究はどこに向かうべきか」であった。国際シンポジウムを銘打った本企画の3人の提案者に共通していたのは、「「一国史」と「学校史」という枠組みから脱するべきである」という認識であった[4]。本章のテーマからみれば、とくに「学校史」からの脱却という指摘に注目しなければならないだろう。この指摘は、これまでの教育史研究の中心に学校(史)があったこと、また、学校(史)を相対化する教育史研究が「新たな船出」につながることを示唆しているからである。前者については本章の他節で検討されている。本節では後者、つまり学校を中心テーマとしない、もしくは学校(史)を相対化する視点・可能性をもつとみられる研究の動向を追う。

1. メディア(史)の視点

　前者のような研究を「近代学校中心史観」と呼び、2000年前後からその相対

---

[4] VAN STEENPAAL Niels (2017)「教育史研究の「新たな船出」を妨げる言葉」教育史学会機関誌編集委員会編『日本の教育史学』第60集、121頁

化の必要性を主張していたのは近世教育史研究者であった[5]。とりわけ辻本 (2011) に至って明確に「学校教育はほぼ飽和状態に入り、「学校教育の時代」は 20 世紀とともに、終焉に向かっている」と主張された。このような主張を可能にしたのが「メディア（史）」の視点である。

この「メディア（史）」の視点を、地域史研究に取り入れたのが塩原 (2014) である。塩原は、学校を「知の伝達」のメディアと見立てた辻本にならい、学校・新聞・博覧会を「開化」のメディア（媒体）と見立て、従来、別々に論じられてきた三事業を横断的に見通すことによって、地域における学校の存在を「開化」の一手段として位置づけなおした。その際、これら三事業を一手に担った主体として、名望家層に注目している。塩原は、名望家層を「政治・経済・文化など諸側面で近世より蓄積してきた力量をもとに、維新変革および「開化」に対応することで、名望を集めえた人びと」と再定義し、主に 3 人の名望家たち個々の「媒介する力量」や「媒介するという営み」の重層性を具体的に検討することによって、彼らの学校設立への関与は、たんに教育にかかわる理念や期待の次元のみで把握できる問題ではなかったと論じた。このような、近世から近代への移行期の地域における近代学校設立・維持の具体的な様相を踏まえて、本来的には多様であるはずの教育的営みを個々別々にとらえがちな現代の教育観に対し、再考を迫っている。

「メディア」そのものに着目し、その性質と役割を検討した研究として、菅原 (2013) が挙げられる[6]。辻本 (2011) は、「「知」の伝達機能において、学校は商業的マスメディアに完全に敗北していることに気づかねばならない」とも述べ、「学校」以外のさまざまなメディアを教育（史）研究の対象に据えることを求めていた。菅原は、教育関係雑誌とりわけ進学・学校情報としての教育情報を提供した進学案内・苦学案内、青少年向け雑誌、受験雑誌等のメディアを分

---

[5] 辻本雅史（1999）『学びの復権――模倣と習熟』（角川書店。2012 年に岩波現代文庫として再版）、沖田行司（2000）『日本人をつくった教育――寺子屋・私塾・藩校』（大巧社。のち、明治維新から現代までを加筆した『日本国民をつくった教育――寺子屋から GHQ の占領教育政策まで』（ミネルヴァ書房、2017）として再版）。
[6] 先行する研究として教育ジャーナリズム史研究会編（1986〜1993）『教育関係雑誌目次集成』第 I 〜IV 期（全 101 巻）、日本図書センター、菅原亮芳編（2008）『受験・進学・学校――近代日本教育雑誌にみる情報の研究』学文社がある。

析することによって、どのような情報が青年をインスパイアしたのかという問いに迫るとともに、青年の「学び」の全体的な構造の解明を目指した。本研究は、これまで、必要な部分のみを切り取る形で便利に利用されてきた諸雑誌の書誌的な研究、つまり「雑誌そのものの「顔」が見える」研究であることに加え、「学校に収斂されない学び」として「資格を志向する学び」に着目した点に特徴がある。教育関係雑誌が、高等教育における「官高私低」、「学歴主義」、上京や特定校への進学者の集中などの事態を伝え、広める役割を担ったであろうことが推察されるとともに、そこに掲載される学習情報を頼りに、正規の学校外で学習を続ける若者たちの姿が垣間見える。また、1920年代の「小卒後」の多様な進路系統が描かれた「全国学校系統一覧図」(『受験界』) は目を引く。

2. 学習歴・社会移動への着目

　明治以降に整備されていったフォーマルな学校や教育ではなく、ノンフォーマルな教育機関に着目したのが、池田（2014）である。池田は、学校重視の近代教育の成立過程を捉えなおす存在として長善館（「近代私塾」）を明確に位置づけ、現代の教育問題を捉えなおすきっかけとしての研究意義を強調した。とりわけ、ノンフォーマルな「学習歴」とフォーマルな「学歴」とを対比させ、前者を後者に従属させるような現代日本の教育文化の定着過程を、〈民の近代教育〉の視点から批判的に検討した。「近代私塾研究というひとつの領域が開かれた」[7]という面とともに、日記を主な史料とすることによって、個人の学習歴や「カリキュラム」（教師が設定する「教育計画」の側面に限らず、実践された結果・機能の側面も含む総体）を明らかにしたことも本書の意義といえる。二代目館主の長男である鈴木鹿之介の「カリキュラム重視の学習歴」は、現代の「学歴」のような垂直的接続だけでは捉えられない、水平的接続を含むものであった。このような「学び」の展開や彼を取り巻く人々との共同性が歴史的に明らかにされたことは、現在目指されている生涯学習社会における学校・学習者のあり方を展望することにつながる。

---

[7] 八鍬友広 (2015)「書評」日本教育史研究会『日本教育史研究』第34号、158頁

学習者たちの移動のなかでもとりわけ東京への移動（上京）に着目したのが、武石（2012）である。東京の私立中学校を研究対象にしているとはいえ、武石の関心は、日本の近代化の特質解明、とりわけ東京への地理的移動（上京）が近代化過程に与えた影響の解明にある。そのため、「学校」や「教育（的関心）」は少年たちが移動する要因、「東京の求心力」の要因として論述される。明治初期の東京の私立中学校は英語に強いことなど、その「予備校的役割」によって地方の少年たちの目標となったが、その後、全国各地の中学校でもそれを獲得できるようになると「受験準備の場」としての求心力を低下させ（一般校化）、その結果として上京が減少したこと、続く明治後期には半途退学者（学歴ルートの「正系」からこぼれ落ちた少年たち）や中学校就学の経歴をもたない者（中学校進学を望んでいながらも、何らかの事情で入学できず他の教育機関に甘んじていた者たち）の「敗者復活の場」となっていたこと、それゆえに小学校との結びつきよりも多種多様な中等教育機関との結びつきの方が強かったことなど、時代によってその役割を変化させた「傍系」学校や「傍系」ルートの姿が描かれた。このような「傍系」の姿は、「正系」中等学校や「正系」ルートの特徴をも浮き上がらせることになった。

3. 人間形成史・言説史

　学校などの「教える」側ではなく、「学ぶ」側を主体とした人間形成の有り様を描き出したのが、小山・太田（2008）である。各章が自叙伝を主な史料として、「人はどのように育ち、学んできたのか」を論述したところに本書の特徴がある。また、先行する小山（2002）は、子どもへのまなざしや子どもの教育に対する考え方の歴史的な変化を、学校教育だけでなく家庭教育に着目することによって説明するものであり、女性や家族の視点から学校教育を相対化し、近代教育の成立過程を見直す試みといえるだろう。

　もう一つの動向として注目されるのが、「修養」の研究である。修養研究部会（2012）は、これまでさまざまに論じられてきた「修養」を「主として学校教育以外の場所で、個々人が生きていくうえで、自発的に自分の精神と身体を律して他者とつながりながら自分を高め成長させていく力を身につけ、自由で個

性に沿った人間形成をはかるもの」と再定義し、多方面から検討した。歴史的な考察は、田嶋一担当の第2章(「修養の社会史(1)修養の成立と展開」)、第3章(「修養の社会史(2)修養の大衆化過程についての事例研究——講談社の出版事業をてがかりに」)、小室弘毅担当の第4章(「身体と修養」)、上野浩道担当の第6章(「精神と修養——修身科の登場から精神修養へ」)である。

田嶋(2016)は、上記第2章、第3章の成果も含めてまとめられた。田嶋は、近代社会特有の人づくりの概念である〈教育〉と、近代以前の、労働や生活の中に埋め込まれていた人づくり方策のありようである〈形成〉を区別した上で、近世から近代への移行期における〈形成〉と〈教育〉の歴史を、〈少年〉と〈青年〉の問題を主軸として社会史的な視点から解明することを目指した。「私たちの社会の次世代の養育についての観念や文化のありよう」を、三層(非文字社会が生み出した習俗としての養育文化、近代以前の文字社会やその周辺でつくりだされた多様な次世代養育文化、近代的な教育の知と技)の諸要素が複雑に絡み合って成り立っているものと把握して、日本社会における人づくり文化の多様性と重層性を、民俗学研究の成果も踏まえながら論じた。

和崎(2017)は、青年の概念の誕生と変容の過程を検討した。和崎は、〈青年〉を男子中等・高等教育機関が整備されていく中で期待と対処の眼差しを受けながら構築されてきた、近代学校制度の産物であったと論じる。とすれば、〈青年〉言説の分析は、間接的に「学校」を論じることにもつながる。

小括

以上の動向をみるだけでも、2000年以降の日本教育史研究が「学校史」だけではなかったことは明らかである。とすれば、先のシンポジウムの共通認識は、何を批判していたのだろうか。それは、学校を研究対象にすることに対する批判というよりも、教育を論じる際に学校を中心に置くこと、すなわち学校等の対象を分析する際の視点・方法に関する批判であり、2000年以降の具体的な研究動向に対する批判というよりも「かつての教育史の図式」[8]批判だったと考

---

[8] 教育史学会50周年記念出版編集委員会(2007)「はしがき」教育史学会50周年記念出版編集委員会編『教育史研究の最前線』日本図書センター、ii頁

えられる。

　教育史の研究対象として、学校を外すことはできない。「近代学校は、近代国家の制度的な枠組みに組み込まれた制度であり、教育学・教育史も成立史的にその枠を脱することはない」[9]とすれば、また、「学校制度が新たな歴史状況に適切に対応できない時代となっている」[10]のであればなおさら、今後も「学校史」研究は、教育史研究にとって重要な研究分野になるだろう。もちろん、その際に必要になるのは相対化の視点である。当然、「教育学に規定されない教育史研究の成果」や「生涯教育や学校以外の教育を含めた、教育を見る視野の拡大が必要」となる[11]。とりわけ宮坂（2007、2010）といった、社会教育研究における自己形成史研究の蓄積には注目する必要があるだろう。「そもそも社会教育研究の研究領域は、近代教育の制度化の軸である「学校」／「子ども」という対象の自明性から意図的に距離を置くことで成り立っている」[12]。社会教育研究において歴史的手法を中心とする研究の割合が年々増加し、「特に1990年代以降、日本の事例を対象とした論文の割合が高まっている」[13]のであれば、なおさらである。

　ただし、「学校」を相対的に捉える研究は、研究対象を「学校」以外の事柄にすることによってのみ可能になるわけではない。日本で初めての学区制小学校である番組小学校の特徴を、学校に残る史資料から明らかにした京都市学校歴史博物館編（2016）は「あとがき」（和崎光太郎執筆）で以下のように述べる。

　　学校は教育のためだけの場ではありません。番組小学校に代表されるように、学校は地域とともにあり、時代の最先端を行く建築や文化財を有

9　辻本雅史（2017）「教育史研究の「学際化」と「国際化」」教育史学会機関誌編集委員会編『日本の教育史学』第60集、113頁
10　同上
11　前掲、『教育史研究の最前線』ⅱ頁
12　久井英輔（2016）「社会教育研究における歴史的手法の「有用性」と「実践性」——カテゴリー、価値を相対化する知としてのあり方」日本社会教育学会編『社会教育研究における方法論』（日本の社会教育　第60集）東洋館出版社、66頁
13　前掲久井（2016）、62頁。久井は、社会教育研究に対して、歴史的手法によってもたらされる「相対化」の意義を述べ、「現在における社会教育のカテゴリー、価値の「相対化」につながる歴史研究の方向性」を示している（同、70頁）。すなわち、社会教育研究では、従来の「社会教育」研究を相対化するために、歴史（教育史）研究が求められているのである。

する場でもありました。つまり、教育史ではなく学校史とすることで、教育に限定することなく、学校のありのままの姿を語ることができるのです。

研究対象を「学校」からずらすのではなく、むしろ「学校」を直視してその歴史的役割をありのままに把握する。それが、「かつての教育史の図式」を相対化する視点を生み出す回路の一つとなり得ることが、ここで示唆されている。

●第3節 文献一覧

池田雅則（2014）『私塾の近代——越後・長善館と民の近代教育の原風景』東京大学出版会
沖田行司（2000）『日本人をつくった教育——寺子屋・私塾・藩校』大巧社（2017年にミネルヴァ書房から『日本国民をつくった教育——寺子屋からGHQの占領教育政策まで』として再版）
教育史学会編（2007）『教育史研究の最前線』日本図書センター
教育ジャーナリズム史研究会編（1986〜1993）『教育関係雑誌目次集成』第Ⅰ〜Ⅳ期（全101巻）、日本図書センター
京都市学校歴史博物館編（2016）『学びやタイムスリップ——近代京都の学校史・美術史』京都新聞出版センター
小山静子（2002）『子どもたちの近代——学校教育と家庭教育』吉川弘文館
小山静子・太田素子編（2008）『『育つ・学ぶ』の社会史——「自叙伝」から』藤原書店
塩原佳典（2014）『名望家と〈開化〉の時代——地域秩序の再編と学校教育』京都大学学術出版会
修養研究部会（2012）『人間形成と修養に関する総合的研究』野間教育研究所
菅原亮芳編（2008）『受験・進学・学校——近代日本教育雑誌にみる情報の研究』学文社
菅原亮芳（2013）『近代日本における学校選択情報——雑誌メディアは何を伝えたか』学文社
武石典史（2012）『近代東京の私立中学校——上京と立身出世の社会史』ミネルヴァ書房
田嶋一（2016）『〈少年〉と〈青年〉の近代日本——人間形成と教育の社会史』東京大学出版会
辻本雅史（1999）『学びの復権——模倣と習熟』角川書店（2012年に岩波現代文庫として再版）
辻本雅史（2011）『思想と教育のメディア史——近世日本の知の伝達』ぺりかん社
辻本雅史（2017）「教育史研究の「学際化」と「国際化」」教育史学会機関誌編集委員会編『日本の教育史学』第60集
VAN STEENPAAL Niels（2017）「教育史研究の「新たな船出」を妨げる言葉」教育史学会機関誌編集委員会編『日本の教育史学』第60集
久井英輔（2016）「社会教育研究における歴史的手法の「有用性」と「実践性」——カテゴリー、価値を相対化する知としてのあり方」日本社会教育学会編『社会教育研究における方法論』（日本の社会教育 第60集）東洋館出版社
宮坂広作（2007）『自己形成者の群像——新しい知性の創造のために』東信堂
宮坂広作（2010）『生涯学習と自己形成』明石書店

八鍬友広（2015）「書評」日本教育史研究会『日本教育史研究』第34号
和崎光太郎（2017）『明治の〈青年〉——立志・修養・煩悶』ミネルヴァ書房

（宮坂朋幸）

第4節
新教育運動と戦時下の教育

　本節では、1920年代から戦時期にいたる時期を中心に、内容としては新教育運動、戦時下の教育の2点に限定したい。

1. 新教育運動の研究

　日本における新教育運動（大正自由教育とも大正新教育とも呼ばれる）の研究はすでに膨大な蓄積がある。その先駆者である中野光（1968）は、日本の新教育運動について「主として大正期において、それまでの『臣民教育』が特徴とした画一主義的な注入教授、権力的なとりしまり主義を特徴とする訓練に対して、子どもの自発性・個性を尊重しようとした自由主義的な教育であり、そうした立場からの教育改造が一つの運動として展開されたことから、それはしばしば大正自由教育＝新教育運動とも呼ばれている」と特徴づけた。さらに中野は、「大正自由教育の歴史的な性格について、巨視的には帝国主義的発展段階におけるブルジョア民主主義的イデオロギーに支えられていた、という指摘が当を得ているとしても、そういう指摘のみを結論とするだけの研究では、今日的意義はうすい。……大正自由教育が教育方法の改革に果たした役割であり、そこにどのような遺産を確認できるか、ということである」と述べている。ここには当時（1970年前後）の新教育研究に向かう研究者の姿勢が端的に示されている。それは新教育を民主的教育の建設に向けた「遺産の継承」として研究するという姿勢である。ここから、たとえば海老原治善（1968）の「明治絶対主義教育のブルジョア的修正への指向と、より自由主義的な批判による民主主義化への可

能性を持つ二つの潮流」があったとする指摘のように、継承に値するものとそうでないものを腑分けするという発想が出てくる。他方で、中野は「自由教育におけるデモクラティックな側面がなぜ発展させられることなくファシズムの教育と結びついていったか」という新教育の後史にも目を向けている。この問いは、たんに新教育運動が時局の推移にどう対応したかという問題だけでなく、新教育そのものの内在的矛盾や限界、その歴史的性格を改めて射程に入れる必要を提起していた。

　その後の研究は全体として、個別の人物や学校での実践を対象に「児童中心主義」にもとづく教育方法面での革新的側面に焦点づけられたものが多く、時期的にも1920年代に集中していたと思われる。こうした研究動向に対し、小針誠（2015）が異議申し立てを行っている。すなわち、大正新教育の研究はこれまでの教育史研究の中で「やや特異な……特権的な位置づけを与えられてきた」とし、「否定的・批判的な評価があまり見られることはなく……むしろ積極的な評価がやや先行しているように映る」という。それは国家の教育と国民（市民）の教育を二項対立的に捉え、前者を悪玉、後者を善玉とみる「戦後教育学」の反映であり、結果として、佐藤秀夫が1972年に指摘した教育史叙述の「モザイク性」（明治期――制度政策中心、大正・昭和初期――新教育運動中心、昭和前期――抵抗の教育運動中心、戦時期――政策制度中心、戦後期――理念と教育運動中心）を生み出してきたという。そこで小針は、①大正新教育運動の「教えない教育」に孕まれる矛盾と、②国家主義や総力戦体制下の教育（国民学校）と新教育とを対立させて捉える「分断史観」を問題にし、教育活動そのものにつきまとう「権力性」や国家の権力性・政治性に対する無自覚が、実践者にも研究者にもあったと結論している。

　これらの指摘は概括的には理解できる。しかし、指摘されたような論点に対し、これまでの研究がおしなべて無自覚であったとは思えない。佐藤の「モザイク性」についても、かなり様相が変わりつつあるのではないか。児童中心主義が孕む問題や、新教育と国民学校との連続性に関する問題にしても、それなりの研究蓄積はある（むろん課題が多いことは否定できないが）。以下、近年の単著に限定して、新教育研究の動向を検討する。

　鈴木明哲（2007）は奈良女高師附属小学校における体育実践に焦点化し、

1919年から40年にいたる約20年間の実践を対象にしている。児童中心の体育実践が総力戦体制に向かう情勢の中でどのような模索と転回を遂げたかを克明に追究したものである。それは先行研究における大正自由体育が「ファシズムへと収斂した」との評価の妥当性を検証しようとするものであり、方法論的には思想・イデオロギーを中心に公刊物を分析するというより、学校内部資料をもとに実践分析に徹することで、その課題に応えようとしている。ここには「思想、イデオロギーの次元における限界性がそのまま被教育者に投影されていたのではなかったか」、「おそらく彼らの内部、つまり学校内では、児童中心と総力戦体制の矛盾という板挟みの中で様々な苦悩や葛藤が生じていたはずである」との問題意識があった。結論として鈴木は、大正自由教育の思想・方法原理が「転向」を経て「総力戦体制に収斂した」という先行研究の評価に対し、それ以前に自らの内的限界性ゆえに総力戦体制には適応できていなかったという論理を対置している。つまりは実践者の主観的意図と実践内容の齟齬に着目することで、「収斂」論は実践の内実を過大評価しているのだというのである。なお、資料論としては、思想・理念に関わる文書類と実践的模索を示す資料との関係が問われ、また実践の内実とそれが生徒に与えた影響との関係等が問われることになり、方法論的にも少なくない問題提起を含んでいるといえよう。

　実践者の「苦悩や葛藤」に着目し、大正新教育研究にナラティブ研究の手法を適用したのが浅井幸子（2008）である。浅井は1920〜30年代に活動した「児童の村小学校」の教師たちの「一人称の語り」を分析視角とすることで、教師としての「私」の内実、固有名をもった生徒との関わりや教室での出来事を分析し、これらが織りなして成立する「実践記録」の意味を追究している。三カ所あった「児童の村」は池袋（野村芳兵衛・小林かねよ・峰地光重・平田のぶ）、芦屋（桜井祐男）、雲雀ヶ丘（上田庄三郎）など個性的な教師がいたが、浅井はこれら一人ひとりの「語り」を1920年代の実践を中心に細やかに読み解いている。この作業を通じて、これまで見落とされていた大事な論点を一人ひとりの教師の個性を通して浮かび上がらせた成果は大きい。児童の村における「実践記録」成立は、教師である「私」と子どもとの間に生ずる具体的な教育経験、すなわち感情を含む一回的な出来事こそが教育であるとの観点を浮かび上がらせる。実践記録とは「教師自身が再構成され、教師と子どもの関係が再編され、教育

の意味が生産される」ための媒体なのである。これにより、同時代の童心主義とは異なる位相での子どもの発見を導いたという。ここで重要なことは、1930年代になると上記のような教師の一人称の語りや固有名の生徒が登場しなくなったことが指摘され、この現象を一種の「挫折」と呼んでいることである。従来の研究は、逆に1930年代における生活綴方や雑誌『生活学校』などとの交流の中での変化をこそ評価してきた。この30年代を探るためには「異なる視点からの研究が必要」だとし、改めて1920年代と30年代の接続と切断を問い直す必要があるという。さらに今後の課題として、1930年代以降の平野婦美子『女教師の記録』などの実践記録や、1950年代の無着成恭『山びこ学校』ほか多くの実践記録にも言及し、「教育の語りが再編される時期」の検討課題を展望している。社会や国家が「教育」に無視できない力で迫ってきたとき、実践記録がどのように成立し、それが「教育」にとってどのような媒体たり得たのかを続編で知りたいと思う。

　橋本美保・田中智志編著（2015）は16名の著者による大著である。『大正新教育の思想　生命の躍動』という書名が示すとおり、従来の大正新教育研究の多数をしめる実践史研究ではなく「教育思想」の研究である。序章、終章のほか、本論は第1部「海外の新教育思想」、第2部「八大教育主張」、第3部「新教育の思想圏」から構成される。第1部では、デューイ、ドクロリー、フレネ、モンテッソリーという日本に影響を与えた思想家が取り上げられ、そこに「生命・自然思想」ともいうべき根本思想が流れていることが示される。第2部では八大教育主張とよばれる個々の論者（及川平治、稲毛金七、手塚岸衛、千葉命吉、小原国芳ら）に即して、その共通項としての生命思想が分析される。第3部は他の論者として、芦田恵之助、赤井米吉、野村芳兵衛らが取り上げられる。こうして、日本の新教育に影響を与えた海外の思想家の分析をふまえ、日本の教育者がいかに主体的に自らの「思想」を紡いでいったかが検討され、結論として大正新教育の担い手に共通する思想として、キリスト教思想（信仰ではなく）における「アガペーとしての愛」があったとしている。それは「私と他者との関係性のなかに自・他の固有性を見いだす自他への愛」であり、大正新教育論者はそれに連なる生命思想を教育思想として語っていた。それにより、大正新教育は功利主義や進化論の思想圏内で形作られた近代教育思想に抗する思想を

形成した、というのである。

このように紹介すると非常に抽象的に聞こえるが、個人を取り上げた各論部分は理解しやすい。だが、第2部はともかく、第3部の人物の選定基準がわかりにくく、上記の結論が本書全体を通じてどこまで貫かれているのかについては疑問なしとしない。全体としては壮大な仮説が提示されたという印象である。

2. 戦争と教育

いわゆる十五年戦争期の教育については、近年は量的にも質的にも新たな蓄積がなされてきている。研究の枠組みにおいては、たとえば久保義三（1969）のように、この時期の教育を「ファシズム教育」と性格づけ、その教育政策史研究とともに、「抵抗の教育史」ともいうべき教育運動史研究がかなりの比重を占めてきた。また戦中・戦時期の教育の否定の上に、戦後の教育が展開されたという"断絶"面を強調する理念的な枠組みも強固であった。しかし寺﨑昌男・戦時下教育研究会の編著（1987）刊行あたりから、研究枠組みに変化がみられた。それはファシズム論というより戦時体制論の枠組みにたつ「総力戦体制」の一環としての教育システム（制度・理念・実践）をトータルに把握しようとする発想であり、かつ戦時期の教育理念を「皇国民錬成」という一点に集約して分析しようとするものであった。ここには戦時中の教育学が戦後教育学を準備したのではないかという重要な論点も含まれていた。総力戦体制論は近隣領域でも研究が進み、たとえば山之内靖他（1995）のように戦後改革の原型が戦時中に形作られていたとする枠組みが登場している。こうして、戦前―戦後の関係は単純な断絶（非連続）ではなく、むしろ連続面をも見据えた複眼的な見方が要請されるようになった。

以下、2000年代以降の著作を3点から概観してみたい。

第1は、戦時期における国民統制や動員に関わる研究である。まず日本史研究者の著作として、荻野富士夫（2007）、山本悠三（2011）らの研究がある。荻野（2007）は文部省の思想対策政策を広義の「治安機能」の一角としてとらえる立場から、1920年代の学生思想対策から戦時中を挟んで、戦後の復活までを俯瞰した。教学局の変遷や教学刷新政策、錬成体制の実態など、日本教育史研

究者にはよく知られた内容も多いが、多数の新資料が駆使されており、文部省の果たした「治安機能」を包括的に明らかにした。山本（2011）は思想善導と国民統合をテーマに、具体的には大正期から戦時期に至る教化団体の動向について、内務省・農林省を中心に政策史的に追った。とくに1930年代の教化町村運動から国民精神総動員運動が詳しい。しかし山本の分析は1940年の内務省訓令「部落町内会整備要領」で止まっている。社会教育史の観点からすると、須田将司（2008）が興味深い。本書は昭和恐慌期から戦後にかけて、報徳運動ゆかりの「常会」が地域再編をどのように実現していったのか、そこでの教員の役割を解明しようとしたものである。大日本報徳社の指導者である佐々井信太郎の構想、長期講習会における指導者養成（とくに教員受講者）、教化町村運動における常会の実績、福島県相馬郡における常会と教員の役割、少年団常会前史としての児童常会の意味、戦時・戦後における常会実践……という構成である。著者の独自性は常会を単純に総力戦体制への動員機能を持つものとはとらえず、教師の主体的実践としての受容であったと見なしている点である。それは、常会の性格を芋こじ的──報徳的──翼賛会的という3段階に分け、とりわけ「芋こじ会」という報徳思想にもとづく常会実践において、地域が連帯して子どもを育てる機能を果たしたところでは、戦後の社会科教育やコア・カリキュラム運動に連続している事例を明らかにしたことなどによる。マクロな政策展開からみれば明らかに統制・動員の対象となった村であるが、ミクロにみればそうとは言い切れない事例もあるということである。

　第2は、思想や学問の統制・動員にかかわる研究である。長谷川亮一（2008）、駒込武他（2011）、小野雅章（2014）、などである。まず長谷川と駒込他の2点を取り上げたい。長谷川（2008）は日本史研究者として「皇国史観」に的を絞り、その成立から戦時期における流布の様相、さらに1940年代における『国史概説』『大東亜史概説』編纂までのプロセスを解明した。とくに、国体論の絶対化とともに、戦局の推移につれて皇国史観もまた変貌を遂げていく様子や、戦後初期の文部省の対応も興味深い。教育史研究というより思想史および学術政策史の色合いが強いが、戦時期の教育理念の前提となる論点であり、カバーしておきたい研究である。

　駒込他（2011）は副題にあるとおり、文部省に設置された日本諸学振興委員

会 (1937〜1945) の研究である。この委員会は教育学をはじめ、哲学、国語国文学、歴史学、地理学、芸術学、経済学、法学、自然科学といった諸学問の「振興」（その実は統制と動員）をめざした機関である。構成は、Ⅰ部：教学刷新体制の構築、Ⅱ部：教学刷新体制下の教育学、Ⅲ部：教学刷新体制下の諸学問からなり、Ⅲ部が約半分を占める。ここではⅠ部とⅡ部に限定して考察したい。Ⅰ部は日本諸学振興委員会の成立過程とその機能を概括的に述べたもので、天皇機関説事件を契機として、一般的な思想統制から学問統制の段階に進んだこと、さらに日本諸学振興委員会の設置により学問ごとに学会を設け、ここに大学の研究者に加えて中等教員などを「動員」するとともに、科学研究費の交付や研究者調査などの手段を駆使し、動員と監視網を強めていった過程が描かれる。Ⅱ部は教育学に特化して、1930年代の教育学のおかれた状況を概括しつつ、日本諸学振興委員会の設置に伴い「教育学会」が5回にわたって開催されることを通じて、教育学のテーマや発表者等にどのような変動がみられたか、また戦時下教育のキーワードである「錬成」論がどのように形成されたのかが明らかにされた。ここで最も注目されるべきは、Ⅱ部第二章の「日本諸学振興委員会教育学会と教育学の再編」（山本敏子執筆）であろう。すでに触れた『総力戦体制と教育』において「錬成」理念が創出された経過について概括的には示されていたものの、文部省内の詳細な動向は不明であった。それが思想局文書「思想問題より見たる教育内容改善の根本主旨」なる文書の存在と、その作成に関与したと推定される吉田熊次というキー・パースンが明らかにされたのである。関連して、学会内における「大学派」と「精研派」の対立や「教育」概念をめぐる攻防、さらに「大東亜建設」に向けた教育学者の動向など、この時期の教育学の統制・再編状況が詳細に論じられた。むろん詰めるべき論点は残っているが、現時点では戦時下の教育学の動向に関してはひとつの到達点を示すものとなった。

続いて、小野雅章 (2014) と小股憲明 (2010) を取り上げよう。小野 (2014) は、近代天皇制教育の強化・徹底のための装置として教育勅語とともに重要な役割を果たした「御真影」の下付状況と管理体制（奉護）の変遷を通史的に明らかにした労作である。時期は1870年代から戦後初期にわたる。1900年頃までに帝国憲法・教育勅語の発布、学校儀式規定の整備等があり、御真影の「奉護」問

題が浮上した。その際、申請資格のある学校から「奉戴」申請がなされ宮内省が許可するという手順が定められた。その後1920年代までの期間に下付対象が拡大し、基本的に初等・中等学校は私立を含め下付申請資格の制限はなくなったが、他方で人災・天災等により御真影が失われたり教職員が殉職するという事件が多発し、独立施設としての奉安殿が設置されるようになった。1930年代以降は厳格な奉護を求められ、神殿型の独立奉安殿が普及した。36年頃から私立高等教育機関を含め、御真影の強制下付、全学校での四大節儀式の強制が行われ、ここに「御真影の神格化が完成」したとされる。この頃から登下校時の奉安殿への最敬礼が一般化する。空襲が始まった決戦期には、児童より先に御真影の安全を図ることが当然とされた。戦後改革期には、GHQは奉安殿の撤去を指示したものの、宮内省が新しい御真影を準備し下付が可能な状態とした事態を妨げることはなかった。このような御真影「奉護」のプロセスを行政資料をもとに丹念に明らかにしたことが、本書のまずもっての功績であろう。むろん「神格化」はいつから始まったのか、時々の国民意識や世論はどうであったかなど、さらに論じるべき点は残るが、本書がそうした議論のベースに据えられる文献であることは間違いないであろう。

　関連して、小股憲明（2010）も重要である。明治期に限定はしているが、数々のまた多様な形を取った「不敬事件」の全貌を明らかにした大著である。「不敬」の対象は御真影であったり教育勅語であったりと様々ではあるが、これらの「モノ」が引き起こす事件が天皇制イデオロギーを徹底するバネになったこと、そして事が「事件」化するためには、当事者の意図性の有無にかかわらず、それを煽ったマスコミや世論があったという事実が重要である。近代天皇制の人為性をあらためて認識せざるを得ない。

　第3に、老川慶喜・前田一男共編（2008）、樸松かほる他（2017）をあげたい。ともに戦時期のキリスト教学校のあり方を問題としている。老川・前田共編（2008）は立教学園を対象に、様々な分野の専門家により戦時期の立教学園の全体像を追究したものである。1990年代以降、大学沿革史の編纂とは別に、「戦争と大学」に的を絞った著作が相次いで出版されてきた。本書もその中の一つということになる。編集方針として、①大学や学院執行部の主体的な意思決定の内実を明らかにすること、②経営母体であるアメリカ本国の母教会との関係、

③「被害」の視点だけでなく学院の「加害」の視点を組み入れること、が示されている。この時期は高等教育も統制と動員の対象になったことは駒込他（2011）で示されたとおりであるが、とりわけキリスト教主義の私学にとっては御真影や教育勅語の下付を強いられただけでなく、建学の精神や教育目的そのものの変更まで変更を余儀なくされたという事態があった。その実態がどのようなものであったかを明らかにすること自体が重要な課題になっている。

　このような課題に全国的なレベルで取り組んだのが榑松かほる他（2017）である。編者の榑松は、「戦時下のキリスト教主義学校が一方的に国家権力に蹂躙されていたとは思えない部分もあった」として、「国家統制に対するキリスト教主義学校の対応の多様性を検討して、違いがどうしてあり得たのかを実証的に解明して、……これまでの固定的な歴史観を払拭できないかと考えた」と課題意識を語っている。本書は第1章「キリスト教主義学校に対する文部省の統制」（大島宏執筆）では、とりわけ学校の教育目的における「キリスト教主義」と「教育勅語ノ趣旨」の明記をめぐる葛藤、さらに専検指定校を経営するプロテスタント系法人の対応に的を絞って、調査結果の概要を展開している。第2章以降は個別学校の分析が続き、最後にキリスト教主義学校の経営法人の目的規定、同学校法人の目的規定、キリスト教主義中等機関の認可および財団法人設置認可年の一覧が資料として掲載されている。内容に踏み込んだ論評は控えるが、個別学校の研究がさらに進展することが求められるとともに、本書のように全国レベルでの「多様性」の実態を明らかにする研究の意義はきわめて大きいと思われる。

● **第4節　文献一覧**

浅井幸子（2008）『教師の語りと新教育――「児童の村」の1920年代』東京大学出版会
海老原治善（1968）『続　現代日本教育政策史』三一書房
小針誠（2015）「大正新教育運動のパラドックス――通説の再検討を通じて」『子ども社会研究』21号
老川慶喜・前田一男共編（2008）『ミッションスクールと戦争――立教学院のディレンマ』東信堂
荻野富士夫（2007）『戦前文部省の治安機能――「思想統制」から「教学錬成」へ』校倉書房
小股憲明（2010）『明治期における不敬事件の研究』思文閣出版

小野雅章（2014）『御真影と学校――「奉護」の変容』東京大学出版会
久保義三（1969）『日本ファシズム教育政策史』明治図書
久保義三（1994/2006新版）『昭和教育史　上下』三一書房
榑松かほる他（2017）『戦時下のキリスト教主義学校』教文館
駒込武・川村肇・奈須恵子編（2011）『戦時下学問の統制と動員――日本諸学振興委員会の研究』東京大学出版会
須田将司（2008）『昭和前期地域教育の再編と教育――「常会」の形成と展開』東北大学出版会
鈴木明哲（2007）『大正自由教育における体育に関する歴史的研究』風間書房
寺﨑昌男・戦時下教育研究会の編著（1987）『総力戦体制と教育――皇国民「錬成」の理念と実践』東京大学出版会
中野光（1968）『大正自由教育の研究』黎明書房、他に同（1977）『大正デモクラシーと教育』新評論（1990改訂増補）、同（2008）『学校改革の史的原像――「大正自由教育」の系譜をたどって』黎明書房、がある。
橋本美保・田中智志編（2015）『大正新教育の思想――生命の躍動』東信堂
長谷川亮一（2008）『「皇国史観」という問題――十五年戦争期における文部省の修史事業と思想統制政策』白澤社
山之内靖他（1995）『総力戦と現代化』柏書房
山本悠三（2011）『近代日本の思想善導と国民統合』校倉書房

（清水康幸）

おわりに

　それぞれの分野において、研究の精緻化や新たな論点の深まり、研究対象の広がりなど、全体として着実な研究の進展が明らかにされた。とりわけ「学制」の再検討や資料論、教育勅語・御真影といった近代日本教育史の基本にかかわる重要な論点において重厚な研究が発表されていること、近代学校の設置をめぐる地域住民の関わりや、逆に学校を相対化しつつ人間形成の幅広い裾野の存在にも注目が寄せられている。新教育運動や戦時下の教育の研究にも新しい研究の萌芽が姿を現しつつある。同時に、研究の進展は研究相互の間に重なり合う論点の共有がなされつつあることも明らかである。たとえば、第1節で取り上げた教育の社会史の論点は、第3節の論点と重なる点が多いことはいうまでもない。「近代学校の相対化」という論点は、もともと各節に共通する論点でもあった。その意味では、かつての「学校教育中心史観」なるものは2000年代にはすでに過去のものと化したのかもしれない。とすれば、今後の課題は学

校を含む全体としての人間形成史を本格的に追究すべき段階に至りつつあるというのが一つの結論といえようか。関連していえば、この間、数は少ないとはいえ近代教育史の通史叙述が刊行されている。今回は辻本・沖田編（2002）『教育社会史』しか取り上げられなかったことは残念であった。

（清水康幸）

第3章

戦後日本教育史

はじめに

2000年以降に出版された、戦後日本の教育史を叙述した著書（部分的に戦後日本教育史に論及しているものを含む）で、教育史学会の『日本の教育史学』の書評・図書紹介、日本教育史研究会の『日本教育史研究』の書評または日本教育学会の『教育学研究』の書評・図書紹介の対象になったものを拾い出し、傾向を読み取るためにテーマを分類してみたところ、①教員／教員養成が10点、②高等教育が7点、③教育行政が4点、④地域が11点、⑤教育内容が12点という結果になった。①と②に関する著書は別の章で取り上げる。⑤教育内容は戦後教育史の重要なテーマではあるが、個々の著書で扱っている内容が多岐にわたるために動向を捉えにくい。③教育行政は点数が少ないが、拾い出した著書には含まれていないものの、とりわけ1950年代の教育行政史に関する研究にとって重要な知見を提供したものがいくつかある。④地域と教育の関係は戦後教育の重要な論点である。以上のことから、本章では「1950年代の教育行政史研究」と「地域と教育に関する戦後教育史研究」を取り上げて、戦後日本の教育史研究の動向や今後の課題を論じることとしたい。

第1節
1950年代の教育行政史研究

2000年代に入って教育に関する政治的な情勢の変化を含む1950年代の教育行政史研究が相次いで刊行された。これらによって1956年の「地方教育行政の組織及び運営に関する法律」（以下、「地教行法」）の制定に至るまでの教育にかかわる政治・行政過程や、同法による教育委員会制度の性格の転換の意義についての知見が、興味深い論点を含んで蓄積された。

1. 1950年代前半の政治過程と教育行政制度——徳久（2008）

　政治学の研究者徳久恭子による『日本型教育システムの誕生』が2008年に刊行された。本書は、保守対革新の二項対立ではなく「教権の確立」という「アイデア」によって1950年前後の教育行政システムの形成過程、ひいては戦後の教育システムの性格を説明しようとした研究である。アイデア・アプローチという方法も含め、戦後教育史研究に示唆するところが多い。

　本書では、「第4章　「教権」をめぐる政治過程」で1947年に教育刷新委員会が建議した教員身分法案、「第5章　「教権」の制度化——片山内閣から第二次吉田内閣」で48年制定の教育委員会法と49年制定の教育公務員特例法、「第6章　「教権」をめぐる攻防——第三次吉田内閣」で1950年の地方財政平衡交付金法（標準義務教育費法案を含めて）、49年の教育委員会法一部改正（市町村教委の設置を52年まで延期、など）、50年制定の地方公務員法とそれに対応した51年の教育公務員特例法の一部改正、52年制定の義務教育費国庫負担法および同年の教育委員会法の一部改正案（市町村教委の設置のさらなる延期を主眼として立案されたものの衆議院解散で廃案）が検討されている。国会審議や政党の動向もフォローされ、とくに参議院緑風会に集まった「知識人」の思想や言動と上記各法案への深いかかわり、あるいは国会の文部委員会において与野党で修正協議を重ねて「超党派的合意」を形成する慣行が形成されていたことなど、「日本型教育システムの誕生」の経緯にかかわっての興味深い知見が示されている。

　ただ、キーワードである「教権」の意味が、「戦前および占領期においては、師表としての教師の教育権を「教権」と呼ぶことが一般的であった」（40頁）と説明されているが、わかりにくい。「教育公務員特例法や地教行法等が「中立性」を、国庫補助負担金制度が「平等性」を、教育委員会制度が教育行政の「専門性」と「安定性」を保障することで、総体として教権を保障した」（301頁）とあるが、この説明もわかりにくい。戦前戦後を通じて、「教権の独立」といえば、教育行政の一般（内務）行政からの独立を意味する場合もあれば、教育者の教育行政からの自律を意味する場合もあり、多義的な語である。また、「師表としての教師の教育権」は、教育労働者としての教師の教育権と区別されている。1947年の発足から1950年代を通じて、校長を含めてほとんどの教員が日本教職員

組合（以下、「日教組」）に加盟し、日教組は教育労働者としての権利を主張することに先鋭的であったから、本書でいうところの「教権」の実体がつかみにくい。あるべき像として教権というアイデアが共有され、それを目標にして文部省や政党関係者が（総合行政を目指す自治庁、財政節減をめざす大蔵省と対立しながら）教育行政システムを構築していったというストーリーのように読める。後述の、地教行法をめぐる断続か連続かという議論に当てはめれば連続説に属するが、検討対象が左右対立激化の前にとどまっているために、「教権」というアイデアによる説明の可能性や有効性を見極めることが難しい。しかし、政治史的なアプローチを戦後教育史がもっと導入すべきことを示唆する研究成果である。

2. 1954年のいわゆる教育二法の制定——藤田・貝塚（2011）

　2011年に藤田祐介・貝塚茂樹により『教育における「政治的中立」の誕生』が刊行された。本書は、教育二法の制定に大きくかかわる京都の旭丘中学校をめぐる事件について、森田尚人の2008・2009年の論文「旭丘中学事件の歴史的検証」の成果に依拠しており、森田の論文と合わせて教育二法に関する知見が構成されているとみることができる。

　地教行法制定の2年前の1954年に、第5次吉田茂内閣のもとで教育公務員特例法（以下、「教特法」）の一部を改正する法律と「義務教育諸学校における教育の政治的中立の確保に関する臨時措置法」（以下、「中確法」）が制定された。教特法改正は、公立学校の教育公務員の政治的行為の制限の範囲を国立学校の教育公務員と同様にするもの（ただし国立学校の教育公務員と異なり刑罰を科せられない）、中確法は、学校職員の団体の組織や活動を利用して義務教育諸学校に勤務する教育職員に、児童・生徒に対して特定の政党を支持または反対させる教育を行うよう教唆・扇動することを禁じたものである。政治的行為の制限の範囲が国立学校の教育公務員と同様になれば、勤務している自治体を越えても政治活動ができなくなるうえに、中確法は事実上日教組が対象とされているので、この2つの法律は、日教組の政治的活動に制約を加えるとともに、個々の教員に対して日教組が指導あるいは圧力をかけるなどして政治的に偏向した教育を行わせないようにすることが目的であり、個々の教員の教育実践そのもの

を規制しようとしたものではなかった。このことは、森田（2009）と本書の両方で、教員の教育実践そのものを取締りの対象にしないという「オールドリベラリスト」の大達茂雄文相の方針によるものと指摘されているが、法の趣旨が拡大解釈されれば教員の思想弾圧にもつながるおそれがあるとして、日教組は強く反発し、社会全体にも反対や懸念の気運が高まった。

　本書は、国立教育政策研究所に所蔵されている行政文書史料、国立公文書館所蔵の「中央教育審議会総会速記録」、公安調査庁の『公安調査月報』などの新資料を使ってこの教育二法の成立過程を明らかにした。法案作成の経緯（第1章、藤田）、中教審の審議（第2章、藤田）、国会審議（第3章、貝塚）、日教組等の教育関係団体の動き（第4章、藤田）、世論の動向（第5章、貝塚）、教育二法成立を推進した大達文相の思想や動向（補章、貝塚）を扱った各章と資料から構成されている。大達文相が法案に込めたねらいや、中教審、国会の公聴会、新聞等の世論の動向など、多面的に事実がフォローされている。

　ところで、教育二法は山口日記事件[1]を契機とし、旭丘中学校事件[2]によって大きく推進され、成立するに至った。教育二法やそれに関連した諸事件については大田（1978）で大きく取り上げられている（「第3章　教育政策の反動化と「新教育」批判」の「1　サンフランシスコ体制の成立と教育の再編」、平原春好執筆）。文部省側には正当性がなく、偏向教育の事例とされた山口日記事件、旭丘中学校事件等のいずれについても教員組合とそれを支持した学者や日本教育学会等の主張の正当性を強調した書き方になっている。森田（2008）は旭丘中学校の教師たちの行動が日本共産党とその影響力下にあった京都教職員組合が組織的に推進したものであることを明らかにし、本書でも、旭丘中学校事件の激化と長期化が日教組の立場にマイナスとなり、新聞論調も変化したことを指摘している。さらに森田（2009）では、共産党が1955年7月に開催された第六回全国協議会でそれま

---

[1] 山口県教職員組合文化部が自主教材として編集した『小学生日記』『中学生日記』の欄外記事の内容が偏向しているとして1953年6月に政治問題化したもの。
[2] 1953年12月に偏向教育が行われているとの保護者の訴えで問題化し、京都市教育委員会が54年4月1日の人事異動に際して3名の教員の転任を発令したもののいずれも従わず、さらに5月の懲戒免職処分にも従わず、同中学校教員全員が3名の教員を支持して校長に辞職を迫り、市教委が校長に休業措置を命じると教員たちは学校を不法占拠して自主管理による分裂授業を行ったというもの。

での「極左冒険主義」を自己批判し、あるいは矢川徳光が同年12月の『前衛』に、教育運動に対する党の指導の「政治主義的なあやまり」について自己批判を行ったにもかかわらず、その後の戦後教育史叙述において、旭丘中学校事件の問題性が自覚されず、むしろ国民教育運動のモデルとされたことを批判している。

　教育二法案は、参議院で緑風会の加賀山之雄による修正案が緑風会の多数のメンバーと改進党、左右社会党、共産党の賛成で成立した（与党自由党は反対、参議院修正案の衆議院での採決では自由党は賛成し、ほぼ全会一致で成立）。修正は、特例法の刑事罰の規定の削除と中確法の「特定の政党を支持させ、又はこれに反対させるための教育」の「……反対させる教育」への変更であった（「ための」を削除して問題となる教育を限定したものであるが、この修正は衆議院での修正前の上程段階の文言に戻しただけ）。法案成立を伝えた1954年5月30日の『朝日新聞』は、「削除された"ための"運用の効果には両説」と報じ、どれほどの意味があるのか不透明であると解説している。旭丘中学校事件が世論に悪影響を与えたとしても、左右社会党・共産党が賛成できる法律であったとすればなぜ大きな反対の世論や運動が形成されたのか、また左右社会党や共産党が賛成した事実を大田（1978）はなぜ書かなかったのか、この法律がその後の日教組の運動や教師の教育実践にどのような影響を与えたのか、そして教育二法問題を戦後教育史の中でどのように位置づけたらよいのか、といった疑問点が浮上する。森田（2009）や本書でも若干コメントされているが、今後の戦後教育史研究の重要な課題とすべきであろう。

3. 地教行法の制定——本多編（2003）・三上（2013）と樋口（2011）

(1) 本多編（2003）・三上（2013）

　2003年に本多正人編『教育委員会制度再編の政治と行政』が刊行された。地教行法の制定過程の研究である。たとえば大田（1978）では、「地教行法を根拠として教育行政は管理的色彩を強め、学校管理規則の制定あるいは教職員にたいする勤務評定の実施など、五〇年代後半の"権力的"対決型教育行政が展開されていった」（264頁）と書かれていたし、教育行政研究においても、三上昭彦などは教育委員会法と地教行法との断絶性を強調し、それが通説的な理解と

なっていた（「断絶説」、後述）。本多らの研究では、その断絶性が否定されているわけではないが、実証的な研究手続きをふまえた結果として連続性も強調されている。その要点は次のとおりである。

　地教行法で教育委員会の予算案送付権[3]が廃止されたが、これは自治庁等との協議を通じて教育委員会の存置を優先した譲歩の結果であり、文部省が最初から集権システム[4]を構想していたとはいえない（「第1章　教育委員会の財政権限の変容」、本多正人）。自治庁が地方自治法改正案に地方公共団体に対する内閣総理大臣の是正改善措置要求権を盛り込んだが、行政委員会は除外した。その結果教育委員会も除外となったが、それでは教育委員会には是正措置が要求できないことになり、法体系の空白を埋めるという趣旨で文部省が地教行法案に是正措置要求権を盛り込んだ（「第2章　文部大臣の措置要求権の成立過程」、朴澤泰男）。全国町村会は、当初は市町村教育委員会の存置に反対していたが、教育委員任命制と予算案送付権廃止を歓迎し、地教行法案の成立に協力した（「第3章　地教行法制定過程における地方六団体の動向とその論理」、藤田祐介）。任命制批判の論理は説得力に欠け、社会党が緑風会による修正案に応じなかったため原案成立に至った（「第4章　地教行法制定過程における「任命制」論議の再検討」、貝塚茂樹）。本研究では、多くのアクター（省庁、政党、地方団体等）による妥協、合意の産物としての地教行法の性格を明らかにした（「終章　教育委員会制度研究の総括と課題」、小川正人）。

　本書で批判の対象とされた三上昭彦は、2013年に『教育委員会制度論』を刊行した。批判された1976年の論文を収録し、上記の本多編の著書の名前を挙げつつ、「近年、一部の中堅・若手研究者から、教育委員会法と地方教育行政法の「断絶性」を強調する筆者らの見解に対して、そのような「通説的」な言説は一面的であり、新旧両制度（新旧両法）の「連続性」をこそ明確に評価すべきであり、そうすることによりバランスのある認識が可能であると強調する言説が主張されている」（105頁）と指摘したうえで、地教行法によって再編された教育委員会制度は合議体の執行機関としての形態を存続させつつも、教育委員会法によ

---

[3] 教育委員会は予算・条例案を首長へ送付する権限をもっていた（首長はそれを修正して議会に提案する場合は教育委員会案を付記しなければならなかった）。
[4] 文部省による都道府県・市町村教育委員会に対する強い統制を可能とするシステム。

って規定されていた理念と原則は歪められ後退したといわざるを得ない、住民との直接的なつながり（民主主義および住民代表性の契機）、教育予算原案および教育条例原案の作成権・首長への送付権等の固有な権限（首長部局からの独立性の契機）、文部省や都道府県教委に対する対等な関係（分権化の契機）、教育長等の専門資格性（専門性の契機）などを大きく後退させたことは否定できない、といった自説を繰り返すにとどまり、本多らの批判に即した反論は展開されていない。

　三上は、戦後改革を否定して国家主義的統制に進む保守反動化の政治状況から地教行法の性格を論じ、本多らは文部省や自治庁・大蔵省などの省庁・官僚や地方六団体などの諸アクターの動向から地教行法の性格を論じている。視点を当てる対象が異なるだけでなく、本多らの研究では、国立教育政策研究所（渡部宗助・貝塚茂樹）が整理した当時の行政文書史料や関係者からの聞き取り記録を使っており、実証性という点では、三上など従前の諸研究よりも格段に高まっている。

　なお、歴史研究ではないが、村上（2011）は、本多（2003）の成果を肯定的に継承しつつ、地教行法以来の教育委員会制度が縦割の集権的なシステムであったことを強調する断絶説に対し、そういった性格を否定するものではないとしつつも、自治省、地方公共団体の首長や議会などの影響力を遮断できるほど強固に分立的でもなかったとする説を、さまざまな資料やデータに基づいて提示している。

(2) 樋口（2011）

　2002年に国立公文書館に移管された文部省の地教行法関係の文書資料を活用し、戦後改革における教育委員会法の制定から地教行法の制定（教育委員会法廃止）までの経緯を一貫した視点で明らかにした樋口修資『教育委員会制度変容過程の政治力学』が2011年に刊行された。概要は以下のとおりである。

　教育委員会法によって教育委員会制度が設定された段階で「制度設計」の課題が発生し（第1章）、1949～51年の地方行政調査委員会議（町村教委任意設置、教育委員任命制を答申）、51年の政令諮問改正委員会（同前）、50～51年の教育委員会制度協議会（大都市以外の市町村教委任意設置を答申）を通じて教育委員の選挙の実施や占領政策の見直しの段階における教育委員会制度改正論議が進展し

て「制度課題」が顕在化した（第2章）。さらに、52年の市町村教委全面設置、53年中央教育審議会「義務教育に関する答申」（弱小町村教委設置の困難を指摘しつつも市町村教委設置・教育委員公選制は現行どおり、教員は市町村の公務員から都道府県の公務員に変更する）、52年に内閣に設置の地方制度調査会の答申（5大市以外の市町村教委廃止、教育委員任命制）、52年の義務教育費国庫負担法の復活制定、53年の義務教育学校職員法案[5]の国会上程、54年の教育の政治的中立確保に関するいわゆる教育二法の制定によって教育委員会の「制度条件」の再編成が進展した（第3章）。そして地方教育行政制度の「再構造化」の段階としての56年の地教行法制定を迎える。53年制定の町村合併促進法により市町村数が4割に減少して弱小市町村がおおむね消滅し、市町村教委を維持する環境が醸成されていた。市町村教委の存続を主張してきた自由党[6]は55年の総選挙に敗北して第2党に転落し、55年11月に結成された自由民主党の主導権はその廃止を主張してきた民主党が握ったが、地教行法では、教育委員任命制の採用と交換するような形で市町村教委は存続することができた。

　第4章では、国立公文書館の資料に基づいて1953年頃からの文部省における教育委員会制度改革の検討過程が詳細に明らかにされている。その具体的な内容の紹介は割愛するが、たとえば55年1月段階の文書には、市町村立学校の教職員を都道府県の公務員とすることにより、教員の人事「交流の円滑を図り、かつ教組の容喙の途を封ずる」（226頁）とある。この文部省資料やマスコミ報道、関係団体の動向を伝える資料などによって地教行法の制定過程が明らかにされており、さらにその結果をふまえて、教育委員会制度の連続／断絶をめぐる研究動向に対し、著者の樋口は次のように論じている（290頁）。

---

[5] 義務教育費国庫負担法により富裕な地方公共団体にまで国庫負担金が配分されて団体間の財政格差が拡大することを回避し、同時に日教組の影響力を弱体化させることも意図して義務教育学校の教員の給与を全額国庫負担とし、教員を国家公務員化しようとした法律案。国会解散により不成立となった。

[6] 市町村レベルの教育委員の選挙では保守系の委員が多数を占め、日教組は都道府県や大都市の教育委員選挙のようには影響力を行使できず、それゆえに、日教組や社会党は市町村教委の廃止を主張していたが、地教行法案の審議に際しては、公選制の維持を強く打ち出す関係からそれまでの廃止の主張を転換した。なお、徳久（2008）によれば、自由党の日教組対策は1951年の日教組対策会議に始まっており、52年の教育委員会法の一部改正案の審議では、教育委員選挙対策の観点から市町村教委設置を主張した（267〜278頁）。

本論考における結論を総括するならば、昭和31年の教委制度の「再構造化」は、教育委員会制度の本質的性格を引き続き維持した点において、また、教育の民主化と中立性の確保との調和を図る必要から公選制を改め任命制に切り替えた点においては、戦後教育改革の理念と原則をなお基本的に踏襲するものであり、改革の「連続」を意味するものであったと評価するものである。しかしながら、国・都道府県・市町村一体の教育行政制度の樹立を名目にした文部大臣の地方教育行政への関与の強化等は、教育の中央統制を方向付けるものであり、戦後教育改革の重要理念である「地方分権」に反するものとして、教育の国家統制という批判を免れない措置であり、戦後教育改革への「反改革」とみなされるものである。

このように、本書は地教行法による教育委員会制度改革を、断絶性を強調する従来の通説とは異なり、また、連続性をも重視しようとする本多編 (2003) 等の主張よりも明確に、連続的な側面と断絶的な側面を分けて評価している。また、本多編 (2003) が、文部省の役割 (主導性) を相対的に小さく、逆に地方自治庁や地方団体等の諸アクターとその相互関係を重視していた点、したがって地教行法制定までのプロセスを政治過程としてよりも行政過程として描いている点においても、本書は逆の立場に立脚しており、さまざまな点で論争的な関係が成立している。

4. 勤務評定研究の現状

1950年代を通じて高まった日教組と自民党・文部省との対立は勤務評定問題でそのピークに達したが、勤務評定に焦点を当てた、まとまった研究は刊行されていない。勤務評定の政治的意図やそれを実現するための具体的方針は、近代史文庫史料委員会「勤評闘争研究グループ」編 (1987) に収録された自民党の内部文書で確認できるようになっている。またこの資料を活用しつつ、荻原 (1996)[7] が勤務評定問題の全体の概要を明らかにしている。しかし、2000年代

---

[7] 教育委員会制度という分権的な制度において、実質的な中央統制が行われている戦後の教育行政を、「指導助言」というメカニズムが可能にしたとして、戦後教育改革から勤務評定までの戦後教育行政の秩序形成を通史的に明らかにしている。

に入ってしばらくは勤務評定研究の進展が見られなかったが、2010年代に入ると、個別論文の形で勤務評定研究が重ねられるようになった。具体的には小出（2010）、岩月（2012）、同（2013）、広瀬（2015）、水原（2015）、篠原（2016）、松元（2016）などである。いずれも学会誌ではなく大学の刊行物に所収されている論文で、専門分野も多様で、横のつながりがあるわけではないようである。また、これらが取り上げた都道府県は神奈川、愛媛、大阪、岐阜、秋田の5府県にとどまる。全国の各都道府県の勤務評定の状況が明らかになるまでには、なおかなりの年数が必要であろう。

小括

ここに取り上げた著書以外に、1950年代の教育行政あるいはその政治過程に関連する内容に言及したものがある。

大畠（2015）は、教育長に対する教育委員会のあいまいな指揮監督権が、まさに公選制教育委員会発足以後の歴史過程において形成されたことを明らかにした。教育委員会は、当初は議決機関として構想されたものの、執行機関として発足し、それゆえに教育委員会と教育長との間に指揮監督関係が設定された。1950年代以降、文部省は法解釈レベルで教育委員会の指揮監督権の「一般的監督」化を進め、教育長の実質的な権限の強化を図ってきた。法文上では教育委員会が教育長に対して指揮監督権を有しながら、実際には教育長が教育委員会以上の影響力を及ぼしてきた戦後の地方教育行政の力学が解明されている。

貝塚（2001）は、占領全期間における道徳教育問題を検討し、その中で第三次吉田内閣における吉田首相と天野貞祐文相の道徳教育についての政策方針までを論じている[8]。

---

[8] 貝塚（2001）は、道徳教育をめぐる戦後教育史に多くの論点を投じた著作であると考えるが、藤田（2003）のいくつかの指摘に加え、天野文相が「国民実践要領」の制定を提唱したことを、「素朴」な、「不用意」な発言であり、むしろ「愚直なまでの「誠実さ」と「勇気」」（405頁）によるものと評価している点もわかりにくい。敗戦後間もない1951年という時点での「国家の道徳的中心は天皇にある」などといった文部大臣の発言を「素朴」と解釈するだけでは不十分なのではないか。

森田（尚）・森田（伸）・今井（2003）は9人による9点の論文を集めたもので、とくにその「第1章　戦後日本の知識人と平和をめぐる教育政治」（森田尚人執筆）は、平和をめぐる多数の知識人の政治的な思想や言動を明らかにした。

　藤澤（2005）は1970年頃までの沖縄の戦後教育史であるが、1951年の講和条約に際し、全面講和を求めつつ軍事基地提供反対等を訴えていた日教組が、条約発効後まで沖縄を分離することの問題を指摘しなかったこと、50年代に日教組は基地問題を批判的に取り上げたにもかかわらず沖縄の基地問題が視野に入っていないことなどを指摘している。

　総じて、教育に関する政治的な情勢の変化を含む1950年代の教育行政史研究は、2000年代に入ってからの実証的研究の蓄積により大きく進展し、観念的な対立イメージで描かれるにとどまっていた当時の状況の具体相がかなり明らかになってきた。さまざまな具体的な事実が明らかになったことで、改めてそれが解釈、評価され、そこから新たに（あるいは改めて）いろいろな論点、問題、課題などが浮上してきている。それを筆者なりに整理しておきたい。

　第一に、教育委員会制度は、教育委員会法によっても1956年の地教行法制定によっても、政治的な中立をその制度の基本的な要素として構築されていた。一方、日本国憲法によって議院内閣制が定められ、戦後教育改革の結果として文部省が存続し、文部大臣は内閣の構成メンバーとなった。実際には第三次吉田内閣の岡野清豪文部大臣（1952年8月～53年5月）から党人文相が続いた。文部省は政治的中立を求められず、むしろ与党の教育政策を推進する機能をもつ。ここで取り上げた諸研究の成果が示しているように、戦後の教育行政史研究においては、とりわけ文部省の政策動向を見るためには、（戦前の勅令主義のもとでの文部省の政策を検討する場合と大きく異なり）政治史的なアプローチが重要である[9]。

　このことに関連して、小玉・荻原・村上（2016）は「1950年代を文部省対日教組による保革のイデオロギー対立が激化した時期と捉えることが通説的であ

---

[9] 文部省記者会他（1956）には、1949年の衆議院選挙、50年の参議院選挙で日教組が多数の議員を国会に送り込んだことをうけて、岡野文相が「制度改革の方は中央教育審議会を発足させることでお茶をにごしておき、もっぱら日教組抑圧の方に浮身をやつした」（89頁）と記述されている。

った」(47頁)が、1950年代からすでに教育の「脱政治化」が進行していたと論じている。政治的対立である以上は自民党や社会党[10]をも含めて検討する必要があり、また、勤務評定の強行によって日教組が急速に弱体化したことを「脱政治化」という言葉で表現することには疑問が残る。

　第二に、保守の側も革新の側もなぜ急進化したのか、という問題がある。独立回復後のしばらくの間、保守勢力は対立や離合集散を繰り返してきた。アメリカとの関係を重視しつつ、アメリカの要求をふまえて憲法を改正して再軍備を進め、同時にソ連等との国交回復によって国際的地位を取り戻すことが方向性としては保守勢力に共有されていた。それを即座に進めようとする鳩山一郎等（追放経験者・党人派）と慎重に進めようとする吉田茂・池田勇人等（戦後改革を担った官僚出身者）との対立があったものの、1955年に自由党・民主党が合同して自由民主党が結成された。このような経緯での結党であったから、自民党は当初から憲法改正を方針として掲げ、そのために必要な議席を獲得するために小選挙区制度の導入さえ試みた。保守勢力は憲法改正の最大の障害を日教組とみており、自由党は早くから日教組の弱体化に熱心であったし、民主党は『うれうべき教科書の問題』にみられるように、やはり日教組を攻撃した。日教組の方も、教育委員や国会・地方議員選挙に独自候補を送り出し、あるいは社会党の候補者を支援し、結果として「政治的中立」を実現しようとする勢力に口実と正当性を与えてしまう。しかしそれにしても、なぜここまで対立が先鋭化したのか、という問いがなお残る。

　加えて、日教組は平和教育をその組織活動の核として求心力を高めた。平和教育は、教師としての戦争への荷担の反省に立脚している。しかし、政治的に偏向した事例として挙げられたケースでは、教師は、インドクトリネーション（価値の教え込み）をしている[11]。たとえば、1951年9月10日の日教組の声明書には、「われわれすでに今日すでにあることを予想し、五十万の教師の知性を

---

[10] レッドパージの対象になり、あるいは京都の旭丘中学校事件を主導したのは共産党系の組合員であるが、日教組が全体として支援したのは社会党であり、自民党と社会党の政治的対立に日教組が当事者的に組み込まれていたと理解すべきであろう。
[11] 森田（尚）・森田（伸）・今井編（2003）の「第1章　戦後日本の知識人と平和をめぐる教育政治――「戦後教育学」の成立と日教組運動」にインドクトリネーションに論及されている。

もととし教壇に街頭に立つて、全面講和、軍事基地提供反対、再軍備反対、中立堅持の平和原則を主張し、これを大衆に力強く訴え、政府に対しては善処をせまり、かつ提言してきた」[12]とある。街頭はともかく教壇で主張することの問題性に配慮しているとは思えない。たとえ反戦平和が絶対的に正しくても、またソ連や中国の社会主義が理想的であったとしても、それを一方的に子どもに教え込むことは、戦前の天皇制のもとでの教育のやり方として否定したはずだったのではないか。方向は逆であってもなぜ同じことをしてしまったのか、またそれを組織としてなぜ止められなかったのか、疑問として残る。これまでの教育学研究が手をつけずに残した課題である。

なお、『日本の教育史学』に「書評」欄が設定されたのが第51集（2008）、「図書紹介」欄が設定されたのが第54集（2011）である。本節で主として取り上げた5点の著書のうち、3点は『日本の教育史学』に「書評」欄が設定されて以後、1点は「図書紹介」欄が設定されて以後の刊行である。書評・図書紹介の対象の具体的な選定には、たとえばそれぞれ10点程度といった制約があるが、4点のいずれもが取り上げられなかったことで、戦後教育行政史研究の進展状況を教育史学会として広く共有できなかった面は否定できない。会員以外の著書をも選定対象にしているので（『教育学研究』の書評・図書紹介は会員の刊行物に限定）、もう少し広い目配りが期待される。

●第1節 文献一覧

岩月真也（2012）「勤評闘争下における愛媛県の教師たちの抵抗の源泉――職場の手記を手掛かりに」同志社大学社会学部・研究科『評論・社会科学』第103号、2012年11月
岩月真也（2013）「勤評実施側から見た愛媛勤評闘争――日教組対策としての勤務評定の意味」同志社大学社会学部・研究科『評論・社会科学』第104号、2013年3月
大田堯編（1978）『戦後日本教育史』岩波書店
大畠菜穂子（2015）『戦後日本の教育委員会――指揮監督権はどこにあったのか』勁草書房
荻原克男（1996）『戦後日本の教育行政構造――その形成過程』勁草書房
貝塚茂樹（2001）『戦後教育改革と道徳教育問題』日本図書センター
近代史文庫史料委員会「勤評闘争研究グループ」編（1987）『愛媛現代史料No.3 資料 愛媛勤評闘争』近代史文庫

---

[12] 日本教職員組合『日教組教育新聞』第135号（1951年9月26日）

小出禎子（2010）「1950年代における勤務評定に関する議論の再検討――勤評「神奈川方式」の意義と限界」『名古屋大学大学院教育発達科学研究科紀要（教育科学）』第57巻第1号、2010年9月

小玉重夫・荻原克男・村上祐介「教育はなぜ脱政治化してきたか――戦後史における1950年代の再検討」日本政治学会『年報政治学2016-Ⅰ　政治と教育』木鐸社、2016年6月

篠原眞紀子（2016）「自律的参画へのプロセス――勤務評定闘争における「恵那人事協議会」の1957年度の記録から」立命館大学大学院先端総合学術研究科『Core Ethics』Vol.12、2016

徳久恭子（2008）『日本型教育システムの誕生』木鐸社

樋口修資（2011）『教育委員会制度変容過程の政治力学――戦後初期教育委員会制度史の研究』明星大学出版部

広瀬義徳（2015）「Ⅲ　大阪における勤務評定反対運動の思想と状況――勤評闘争の「大衆性」再考の試み」関西大学経済・政治研究所『大阪の都市化・近代化と労働者の権利』研究双書――第161冊　大阪の都市化・近代化と労働者の権利）、2015年3月

藤澤健一（2005）『沖縄／教育権力の現代史』社会評論社

藤田祐介・貝塚茂樹（2011）『教育における「政治的中立」の誕生――「教育二法」成立過程の研究』ミネルヴァ書房

本多正人編（2003）『教育委員会制度再編の政治と行政』多賀出版

松元賢次郎（2016）「教師の戦争責任を問うた教師たち――「戦争教育の記録運動」、その始まりと展開」立教大学史学会『史苑』第77巻第1号、2016年12月

三上昭彦（2013）『教育委員会制度論――歴史的動態と〈再生〉の展望』エイデル研究所

水原克敏（2015）「1950年代勤務評定問題における原理的課題」『早稲田大学大学院教職研究科紀要』第7号、2015年3月

村上祐介（2011）『教育行政の政治学――教育委員会制度の改革と実態に関する実証的研究』木鐸社

森田尚人・森田伸子・今井康雄編（2003）『教育と政治／戦後教育史を読みなおす』勁草書房

森田尚人（2008）「旭丘中学校事件の歴史的検証（上）――第1部：高山京都市政と日本共産党の教育戦略」中央大学教育学研究会『教育学論集』第50集、pp.123-175

森田尚人（2009）「旭丘中学校事件の歴史的検証（下）――第2部：教育二法案をめぐる国会審議と「事件」の政治問題化」中央大学教育学研究会『教育学論集』第51集、pp.37-111

文部省記者会・戸塚一郎・木屋敏和編（1956）『文部省』朋文社

第2節
地域に関する戦後教育史研究

　戦後教育改革で地方分権化が採用され、教育委員会が設置され、あるいは学校や教師によるカリキュラムの作成が奨励され、教育は全体として地域に密着したものとなった。子どもは家業の手伝いをしながら家庭や地域での生活を通して多くのことを学んでいた。1950年代半ばを過ぎると農業の衰退が急速に進展し、学校では地域での生活の経験を重視したカリキュラムから教科書学習へと変化し、生活が豊かになって家業や家事の手伝いもしなくなり、しだいに子どもは家庭や地域での生活から遊離していった。高度経済成長を経て、農村から都市への人口移動が進んで生活の場としての地域の機能が弱まっていった。そして地域という基盤を失った学校教育では「荒廃」と言われるようなさまざまな問題、事件がしばしば起こるようになった。1980年代までの戦後史は、地域と地域を基盤とする子どもの教育や生活が激変した時期であった。それゆえに、戦後教育史にとって地域は大きな、重要なテーマである。

　本章の冒頭で地域に関する戦後教育史研究に関する著書として分類したものは、さらに、次のように分類することが可能である。

　　A　「地域と教育」論という学説に関する著書　朱（2000）
　　B　地域教育計画に関する著書　福井（2005）、越川（2014）
　　　　※Aに含まれる朱（2000）も地域教育計画論を取り上げている。
　　C　特定の地域・時期の教育を対象とした著書
　　　　小山他（2005）、藤澤（2005）、小林（2014）
　　D　何らかのテーマに関する研究で、地域を大きく取り上げた著書
　　　　学卒市場の制度化に関する苅谷他編（2000）、公立大学に関する高橋（2009）、青年の自立に関する橋本他編（2011）、高卒普遍化に関する香川他（2014）、保育施設の地域差に関する松島（2015）
　　　　※本章の冒頭での分類の対象にはなっていないが、定時制高校を対象とした山岸（2009）や東北の生活記録運動を扱った北河（2014）も

ある。

　本節では、まず1において上記のAとBにかかわる著書群の動向を概観したうえで、とくに地域教育計画における「地域」概念の内容に関する論点を検討する。次に2において、Cの小林（2014）を主として取り上げつつ、地域研究の方法論について検討し、そして最後に、3として、自治体教育史、とりわけ都道府県教育史における戦後編の編纂の進展状況とそこに見られる課題を確認してみることとしたい。

1. 戦後地域教育計画に関する研究の進展

　2000年以降に刊行された戦後地域教育計画に関する研究には朱（2000）、福井（2005）、鈴木（2008）、越川（2014）に加え、伏木久始（2000）「社会科カリキュラム開発に関する実証的研究――川口プランにおける教師の意思決定の分析を中心に」（東京学芸大学博士論文）がある。この学位論文は出版あるいはウェブサイトで掲出されず、伏木（2004、2005a、2005b）としてその内容が発表されている。さらに復刻版のシリーズ『人間形成と社会――学校・地域・職業』（木村元編、クレス出版、2012）の第II期が「地域と学校による人間形成」とされ、その第2巻「地域の動態と教育の計画」に戦後地域教育計画に関連する3冊が収録された。2013年には神奈川県福沢小学校の「福沢プラン」関係を含めた資料が『戦後新教育・「実力の検討」』として編集復刻された（不二出版、2013、解説執筆は須田将司）。全体として2000年以降、戦後地域教育計画の研究が大いに蓄積されたと言ってよいだろう。

　朱（2000）は、小川利夫や水内宏（朱は「磯田一雄」と記載しているが、水内宏の誤り）による戦後地域教育計画理解の図式[13]が「川口プラン」「本郷プラン」のみ

---

[13] 小川利夫は土屋他編（1968）の第七章II「新教育の展開と受容」でカリキュラム改造の動きを「学習指導要領」型、コア・カリキュラム連盟による「生活教育」型、「地域教育計画論」型あるいは「全村学校」型の3つに分けて整理し、「地域教育計画論」型あるいは「全村学校」型として川口プランと本郷プランを例示し、水内宏は肥田野他編（1971）の第二部第一章において、カリキュラム運動を「コア・カリキュラム運動の潮流」と「カリキュラム計画をふくむ地域教育計画の作成と実践の潮流」の2つに分類し、後者の代表として川口・本郷プランを挙げて詳細に検討している。

を検討する傾向をもたらしたとし、「教育の問題は地域のなかで検討すべきであり、地域の存在を無視するならば、教育計画はなりたたないという潮流は、戦後教育改革の特質の一つであり、「地域教育計画」はこうした戦後教育改革のなかで生まれたものである。それゆえ、「地域教育改革」の検討は「川口プラン」「本郷プラン」に限定される必要はなく、より広い範囲でなされるべきなのである」(104-105頁)とし、自ら西多摩プラン（今井誉次郎）を紹介、検討している。

しかし、朱自身も紹介しているとおり、「子ども〔中略〕と科学（文化財）を統一的にとらえようと」した点、および「学校教育編成の活動と、生活改善などをはじめとする地域生活の文化的再編や地域の民衆の組織化とが一体的・総合的に追求された」(肥田野他編1971：523-524頁)点において、水内は川口プランよりも本郷プランを高く評価している。とくに「地域」にかかわって重要な論点となるのは後者である。

川口プランの場合、その教育計画策定の主たる担い手となったのは市内の各学校の教員たちであった。地域として取り組むべき課題を検討する場には市民も参加しているが、基本的には市内の全教員による社会科のカリキュラムであった。一方、本郷プランの場合は、教育計画を作成するために多くの住民による組織が作られ、そこで地域としての教育計画が策定された。地域の教育計画であるから社会科にとどまらないカリキュラムが作られた。

川口市は早くから都市化が進展し、1933年に川口町が3村を編入して市制施行、40年にも4町村を編入し、50年の人口は12万4,783人に達していた（国勢調査による、以下同じ）。本郷プランの場合は本郷町と周辺8町村が舞台であったが、本郷町の同年の人口は3,911人である。川口プランでは工業地帯と農業地帯に分けて学習課題が作られたが、それにしても住民が主体となって教育計画を作成する「地域」の規模としては過大だったと思われる。

朱(2000)で取り上げられた西多摩プランは今井誉次郎の社会科実践である。越川(2014)で取り上げられた埼玉県の三保谷プランは、ほとんどの住民が参加したPTAとPTAが推薦した住民によって組織された教育専門委員会が教育計画の作成を担った（1950年の三保谷村の人口は2,890人）。同じく越川(2014)で取り上げられた茨城県水海道小学校の場合は各教科の学習を児童の自治活動

に結びつけたカリキュラムの実践 (50年代前半)、富山県北加積小学校の場合は地域の実態調査と教育実践の記録の積み重ねを中心とした社会科実践 (50年代) であり、地域住民は計画の中心的な担い手ではなかった。同じ越川 (2014) の中でも三保谷プランと水海道・北加積小学校の性格はかなり異なる。鈴木 (2008) は、上士幌高等学校 (村立、夜間定時制) を農業教育による農村地域社会学校として性格づけ、調査によって課題を見出し、生産計画に適応させた教育計画を城戸幡太郎が同じ研究室の留岡清男とともに作成したことを取り上げ、この城戸の構想から現代の教育計画までの道程を跡づけている。2006年教育基本法の教育振興基本計画への危機感を背景とした研究である。福沢小学校の福沢プランは、石山脩平・重松鷹泰・和歌森太郎・浜田陽太郎・長坂端午・上田薫らが指導した、地域調査、単元構成、「生活カリキュラム」編成などに取り組んだ社会科の実践である[14]。

このように戦後地域教育計画の「地域」の意味内容は多様である。地域住民が計画の策定に参加する場合もあれば、地域の実態調査をふまえて地域の課題を明らかにして、それをカリキュラムに組み込んで子どもたちが地域の課題解決の担い手になるような教育を実践することをもって「地域」としているものもある。

さらに、地域教育計画の時期の問題も提起されている。越川 (2014) は、川口・三保谷プランから水海道・北加積小学校の実践を経て富山県総合教育計画にかかわった矢口新の計画づくりの活動を追った研究であるが、「矢口の系譜の地域教育計画論の1960年代までの継続性が明確にされ、1950年代初頭には地域教育計画の実践は終結していったという従来の認識の転換を迫るものになっている」(259頁) と論じている。つまり富山県総合教育計画は教育行政計画と教育内容計画を実践的に統一したものであり、「矢口の系譜の地域教育計画の実践の1960年代までの継続性が明確にされた」(271頁) としている。県が「地域」という言葉に収まるのかという問題とともに、戦後地域教育計画がいつまでの

---

[14] これまで『農村地域社会学校』(1952) が知られていたが、今回復刻された資料により、戦前の「班常会」「母子常会」以来の生活体験に根ざす話し合い活動が1960年代前半まで継続されていたことが明らかとなった。初期社会科の批判が高まるなか、福沢小学校では農村地域の抱える生産・労働・衛生などの問題を正面に据えた単元学習を積み重ねていた。

ものであるかという論点がここに提示されている。

　実際に多様な内容をもったものを「戦後」の「地域」の教育計画として包括的に把握することにはメリットとともにデメリットもある。今後の戦後地域教育計画研究で、具体的な事例に即して検討されることを期待したい。

2. 地域研究の方法上の到達点——小林（2014）

　特定の地域・時期の教育の状況を一定の射程で明らかにした著作としては小山他編（2005）と小林（2014）が刊行された[15]。どちらも京都に関する著作である。

　小山他編（2005）は7人の執筆者による8本の論文から成る。高校の小学区制、総合制、男女共学制、女子特性教育、「家庭一般」の男女共修、生徒会、「問題行動」への対処といった高校に関する7本と新制中学校発足後の施設設備整備に関する論文である。京都府を範囲とするもの、京都市を範囲とするものがあり、あるいは京都において顕著であったテーマ（高校小学区制など）もあれば、どこにもある事象の具体的な様相を京都の事例で明らかにした研究もある。全体として京都の戦後中等教育史の特徴は浮かび上がってくるが、必ずしも京都府／市という地域と（中等）教育との関連に焦点を絞っていない[16]。

　小林千枝子の『戦後日本の地域と教育』（2014）は、地域研究の方法上の到達点を示している。関東地方に在住する著者が「現地主義と対話の手法」によって資料を収集した。具体的には、「現地である奥丹後に足を運び、関係者と会い、話をうかがうことを基本とした。その過程で謄写版刷りの手書き資料や私家版の書物、教育実践を記録したビデオテープ等、貴重な資料を多数入手することもで

---

[15] 他に藤澤健一『沖縄／教育権力の現代史』（2005）がある。本書は、「歴史を〈忘却〉することと「日本人」意識を〈想像〉することという、相反するような作用を併せもつ「国民化」のための諸力の総和として捉えられるべき」とする「教育権力」（252頁）が本土と沖縄に及ぼした作用や影響を、日本教職員組合や沖縄教職員会の活動を対象に検討したものである。戦後日本の教育史を叙述するにあたっての大きな課題を提示したものと受けとめたい。
[16] 京都府／市の教育の地域的特性を論じる序章や各論文の知見を総括するような終章がなく、その意味でも独立した論文を集めたものである。また、教育制度の戦後史を論じる場合、その地域の教育委員会が果たした機能の分析が必要であるが、府／市議会の記録を取り上げた論文はあるものの、教育委員会は検討対象になっていない。

きた。筆者がはじめて奥丹後を訪れたのは一九九九年一月で、もっとも最近の奥丹後行きは二〇一一年八月である。この間、筆者の妊娠・出産・育児休業があり、その間だけ遠ざかることになったが、それ以外は年に一〜三回の割で奥丹後を訪れてきた。入手資料は段ボール箱二〇数箱分にも及ぶ。また、調査対象は学校教育から地域産業である機業にまで及んだ」という。何度も出会い、あるいは自宅に宿泊させてもらうなどして信頼関係を深めていって初めて得られる資料や証言が多数駆使されている。おそらくこれ以上に労力や時間を費やしてしまったら１つの研究として形にすることができなくなる限界と言ってよいだろう。

「奥丹後」は、一般的には京都府北部の丹後半島（奥丹後半島とも呼称される）を指す。本書が主として対象とするのは中郡峰山町（5,324 人、55 年に 4 村と合併して峰山町成立）、熊野郡久美浜町（2,710 人、51・55・58 年に 7 村を編入）、竹野郡間人(たいざ)町（3,987 人、55 年に 4 村と合併して丹後町）である（いずれも 2004 年に京丹後市となる）。京都市から半島付け根の峰山まで直線で約 90 km あり、鉄道であれば山陰本線福知山から京都丹後鉄道宮福線・宮豊線を乗り継がなければ峰山に行けない[17]。繰り返し訪問して信頼関係を構築し、聞き書きを重ねるという方法での調査研究ができる距離としても限界に近い。

本書は 3 部から構成されている。各部の概要は次のとおりである。

「第Ⅰ部　奥丹後の生きられた戦後史」。奥丹後地域では高度経済成長期に離村、廃村や学校の統廃合が始まったが、京都西陣織の下請け機業が広がり現金収入をもたらした（低成長期に徐々に衰退）。家庭での機業は母親に 12 時間を超える長時間労働を強いる結果となり、教師たちは子どもの成長・発達の異変に気づく。高校までは地元に居られるが、卒業後は村を離れる。教師たちは教職員組合や各種教育研究団体を組織し、保護者や住民を巻き込んで活発に活動した。京都府教育委員会が『研究討議のための資料──到達度評価への改善を進めるために』によって到達度評価を提案した 75 年よりも前から奥丹後では絶対評価への転換が始まっていた。

---

[17] 宮福線の開業は 1988 年であり、それまでは、奥丹後の住民は国鉄宮津線で西舞鶴、舞鶴線で山陰本線の綾部に出なければならなかった。

「第Ⅱ部　父母や教師たちの群像」。清水久良市（印刷業者、1970年代前半の峰山中学校育友会長、育友会はPTA）は教師と保護者、地域住民の共同学習の活性化の中心を担った。山添薫（新聞記者）は教師批判の声を記事にしていたが、清水とともに活動に参加した。教師の中心人物は吉岡時夫（府教委指導主事、小学校長）、稲田道雄（峰山中学校）、岩崎晃（同）、下戸明夫（同、演劇活動家）、岡下宗男（川上小等）、石井内海（川上小学校・峰山中学校）、平林勇（川上小学校長、久美浜町教育長）、西村弘（川上小学校・川上地区公民館主事）、渋谷忠男（川上小学校教頭）、川戸利一（峰山中学校・奥丹後教職員組合委員長）、池井保（虎杖・間人小学校）であった。下戸松子は教員、教員組合員、共産党員、演劇活動家として活動する下戸明夫を妻として「陰で支えた」。

「第Ⅲ部　教育実践の諸相」。川上小学校では1970年代前半に住民実態調査に基づいて、労働教育や食育を中心に「地域にねざした教育」が実践された。同小では70年代後半には、労働教育等による生活指導や地域を教育内容とする到達度評価の実践を進めた。「到達度評価と「地域にねざした教育」の統合をも展望し得たのではないか」（298頁）。峰山中学校では1970年代以来、道徳の時間を利用して、地域での調査活動を含み、同時に学校集団づくりの側面をも有する「目標学習」が行われた。同中では70年代半ばから到達度評価実践が行われた。生徒たちの「荒れ」が目立ち、その根底にある学力問題にも対応することを目指したところから、生徒たちを到達度評価の主体にする学習集団づくりに発展した。暴力事件なども発生したが、生徒たちによる討議や育友会の協力を得るなどして対応していった。70年頃には旧来の道徳教育を支持する保護者が教師の指導の甘さを批判することもあったが、70年代半ばを過ぎると、すべての生徒の進路や学力を保障しようと努力し、管理主義的な生活（生徒）指導に傾斜しない教師たちの実践に賛同する保護者の声が目立ってくる。

以上が概要である。あまりにも内容が豊富なので、簡潔に概要をまとめることが困難であるが、地域研究の方法にかかわって、今後の課題や論点になることを挙げておきたい。

第一に、教師や地域住民のリーダーたちの言動に対する批判的姿勢が読み取れない。考えられる理由は2つある。1つは、著者がこの地域の到達度評価実践を優れたものとみなし、その事実を掘り起こして評価することを意図してい

ると考えられる[18]ことであり、もう1つは、資料収集の過程で築いた現地の人々との信頼関係である。とくに後者の理由は地域研究の方法の根幹にかかわる。信頼を築いて資料の提供を受け、プライバシーにもかかわる詳細な事実を語ってもらったうえで、その人々の言動を批判することは現実問題として困難である[19]。しかし、だからといって関係者から資料の提供を受け、当時の事実を語ってもらう方法自体が適切でないということにはならない。固有名詞で事実を叙述する歴史研究にとっての最大の難点ではないか。

　第二に、奥丹後という地域のあり方を規定していた京都府の状況からの説明がもう少し欲しい。とくに、「地域単位の公立高校入学を促す小学区制」が到達度評価の「制度的保障」だったと指摘されているが（118頁）、指摘するにとどまっている。小学区制であれば生徒たちに相対評価で差を付けて受験する（できる）高校を割り振る必要がない。大学進学のための学力獲得を期待する場合、京都府南部であれば私立高校への進学という選択肢があったが、奥丹後の場合は難しかったにちがいない。奥丹後では実際にどうだったのだろうか。

　京都府教委が到達度評価の研究を提案した1975年の翌年、神奈川県ではいわゆる横浜国立大学附属鎌倉中学校内申書事件が発生した。同校が絶対評価によって多くの生徒に高い評点を与え、それによって同校から進学校と言われた神奈川県立湘南高校に多数の合格者を出していたことが問題とされ、一般の公立中学校と同様に相対評価を行うことを強いられ、それによって同校からの湘南高校への進学者が激減した（湘南高校進学希望者が同校に入学しなくなった）。相対評価問題は1970年代における受験競争深刻化の核心部分であるだけに、革新府政下の京都府教委による高等学校小学区制度と到達度評価推進策の関連を究明することは重要な意味をもっている。

---

[18] 本書の終章では、1970年代以降の学校教育のさまざまな困難な事態を迎えたときに、川上小学校の労働教育や峰山中学校の目標学習が「今日カリキュラム化されている「総合的な学習の時間」を先取りするものであった」とし、あるいは峰山中学校の目標学習は「道徳教育とも連動するものであ」り、「道徳を民主主義の実現と考えることは、戦後初期の一つの基本的な考え方であった。本書でみてきた奥丹後の教育実践は、高度成長を経た一九七〇～八〇年代にあって、この戦後初期の理念の重要性や有効性を改めて提起するものである」（以上415頁）と指摘して終章を（つまり本書全体の叙述を）結んでいる。

[19] 教師の活動に対する異論や批判が育友会にあったことは言及されているが、かなり先鋭的な活動や運動をしていたことから相当の対立関係もあったことが推測される。本書の著者にそのすべてを明らかにすることを求めるのは過大な要求であろう。

図表 3-1 | 戦後についての叙述・資料を含む都道府県教育史一覧

書名	編、副題等	刊行年	対象時期
北海道教育史 北海道教育史 **北海道教育史**	戦後編（全7冊） 資料編（全5冊） 記述編（全5冊）	1972～86 1994～98 2002～08	1956、7年まで 1958～83年 1958～83年
青森県教育史	資料篇3 記述篇2	1971 1974	1965年まで
岩手近代教育史	昭和Ⅱ編	1982	
宮城県教育百年史	第三巻昭和後期編		
秋田県教育史	第四巻　資料編四 第六巻　通史編二	1984 1986	
山形県教育史	下巻	1993	
福島県教育史	第三・四巻	1973・74	
群馬県教育史	戦後編（全2冊）	1966・67	
埼玉県教育史	第六・七巻	1976・77	
千葉県教育百年史	第5巻　史料編（昭和Ⅱ）	1975	1955年頃まで
戦後東京都教育史 東京都教育史稿 東京都教育史	全3冊 戦後学校教育編 通史編四	1964～67 1975 1997	 1960年代まで 1955年まで
新潟県教育百年史	昭和後期編	1976	1960年度まで
富山県教育史	下巻	1972	1956年まで
福井県教育百年史	第四巻　史料編（二） 第二巻　通史編（二）	1976 1979	1972年まで
山梨県教育百年史	第三巻　昭和後期編	1979	1972年まで
岐阜県教育史	史料編　現代（全7冊） 史料編　各論（全3冊） 通史編　現代（全3冊） 通史編　各論（全3冊）	2000～01 2003 2004 2005	1970年まで
愛知県教育史	第5巻 史料編　現代（全3冊）	2006 1997～2005	1945～49年 1970年度まで
三重県教育史	第三巻	1982	1964年まで
大阪府教育百年史	概説編 史料編（三）	1973 1974	1955年頃まで
兵庫県教育史	全2冊	1963・99	1969年まで

図表 3-1 │（続き）

書名	編、副題等	刊行年	対象時期
奈良県教育百年史		1974	
奈良県教育百二十年史	全2冊（1冊は資料編）	1995	
和歌山県教育史	第二巻　通史編Ⅱ	2010	2009年まで
鳥取県教育史	戦後編	1959	
		1979	
	第4巻	1999	
岡山県教育史	続編	1974	1955年まで
	昭和三十一年～五十年	1991	
	昭和五十一年～平成七年	2006	
山口県教育史		1986	
香川県教育史	通史編――昭和二十年～平成十年	2000	
	資料編――昭和二十年～平成十年	2000	
愛媛県教育史	第三巻	1971	1965年まで
戦後高知県教育史		1972	1965年頃まで
福岡県教育史	第四巻　資料編　昭和（Ⅱ）	1979	1971年まで
	第六巻　通史編（Ⅱ）	1981	1971年まで
佐賀県教育史	第五巻　通史編（二）	1992	1965年まで
長崎県教育史	全2冊（1冊は資料編）	1976	
大分教育百年史	通史編(2)	1976	1972年まで
	資料編(2)	1976	1959年まで
沖縄の戦後教育史	資料編	1977	1972年まで
		1978	1972年まで

(備考) 橋本昭彦『地方教育通史一覧 2015 年版』、公益財団法人野間教育研究所所蔵の現物等により作成。戦後直後の一時期の記述・資料のみを含んだもの、産業教育等特定テーマの教育史、年表等だけの冊子などは除外した。刊行年直前までを対象としている場合は「対象時期」欄は不記載。ゴシックは2000年前後以降に刊行されたもの。

3. 都道府県教育史の戦後編の刊行

(1) 刊行状況

　　　これまでにほとんどの都道府県教育史が編纂されてきたが、戦後についての叙述や資料を含んだ都道府県教育史は**図表 3-1** のとおりである。

47都道府県のうち33都道府県が戦後についての叙述または資料を含む教育史を刊行している。このうち2000年代以降に刊行したのは北海道、岐阜県、愛知県、和歌山県、岡山県、香川県の6道県のみである。未刊行の府県がなお14もあり、都道府県教育史の戦後編の編纂が進んだと言える状況にはない。

　一方で、編纂事業の規模という点で『岐阜県教育史』が目立っている。従来、全18冊の『長野県教育史』が都道府県教育史の中で最大の規模であったが、『岐阜県教育史』は史料編17冊・通史編13冊の全30冊という大規模のシリーズであり、しかも史料編7冊・通史編3冊が戦後を対象とする「現代」であり、さらに史料編と通史編の各3冊の「各論」が戦後を含んでいる。

(2) 戦後教育史の時期区分

　ところで、都道府県教育史の戦後の時期の巻・編の編纂・刊行の仕方には2つのタイプがある。1つは、一定の年数を経るたびに既刊分で扱った時期以後を対象とする冊子を継ぎ足すような形で刊行する方式で、もう1つは、戦後のかなりの年数が経過してから一気に戦後の数十年分を対象とする冊子を刊行する方式である。上記6道県で言えば、北海道、岡山県が前者、岐阜県、愛知県、和歌山県、香川県が後者の方式である（愛知県は資料編のみ）。

　継ぎ足し的な方式の場合、その時々で刊行される冊子が対象とする期間の内部は細かく時期区分されていない。したがって、北海道の場合は1956、7年までと58年から83年まで、岡山県の場合は1955年まで、56年から75年まで、76年から95年までが区分された時期ということになる。

　一方、一気に戦後の数十年分を対象とする冊子を刊行した岐阜県、愛知県、和歌山県、香川県の各『教育史』の時期区分は、**図表3-2**のようになっている。

　時期区分は、岐阜県と愛知県がほぼ同じである以外は、相互にいずれも一致しない。対象とする時期の終期（対象期間の長さ）が大きく違っていて、しかもいずれも3つの時期に区分しているため、対象期間が長いものが大括りの時期区分を採用している。ちなみに、前述の継ぎ足し的に刊行を重ねてきた北海道と岡山県の時期区分もこれら4県と一致しない。『香川県教育史』の区分が学習指導要領に基づくと明記されている以外は、いずれの道県の『教育史』でも時期区分の根拠は明示的に説明されていない。新しく刊行された岐阜・愛知・和

図表 3-2 | 岐阜県・愛知県・和歌山県・香川県の各『教育史』の時期区分比較

岐阜県教育史	愛知県教育史	和歌山県教育史	香川県教育史
通史編現代一 第一部　終戦直後の教育 第二部　新学制実施期の教育 〔〜1949年〕	第一編　戦後教育改革と新学制の発足 〔〜1949年度〕	第七章　戦後改革期の教育 〔〜1954年〕	第一章　戦後教育の出発と展開 〔〜1957年〕
通史編現代二 〔1950〜59年〕	第二編　新学制の整備と再編 〔1950〜59年度〕	第八章　高度経済成長と教育政策の展開 〔1955〜73年〕	第二章　経済の高度成長と教育の拡充 〔1958〜76年〕
通史編現代三 〔1960〜70年〕	第三編　経済成長期における教育の展開 〔1960〜70年度〕		
		第九章　教育の多様化と生涯学習 〔1974〜2009年〕	第三章　社会の変化に対応した教育の進展 〔1977〜98年〕

歌山・香川4県の教育史でも時期区分の仕方がほとんど一致しないということは、21世紀に至ってもなお、戦後教育史の時期区分の仕方に一定の共通理解が形成されていないことを示している。

　なお、筆者は神奈川県立総合教育センターの事業である『神奈川県教育史（戦後編）』編纂の事業（2011年度開始）にかかわっている。神奈川県は1971年から79年にかけて1945年までを対象とする『神奈川県教育史』（資料編4冊・通史編2冊）を刊行したが、戦後を対象とする教育史は刊行していない。したがって1945年8月を起点とする『教育史』を新たに編纂することになった。そして、第1期の編纂事業では1972年頃までを対象とすることになり、通史編においては、終戦以降の旧学制の最後の時期を第一部（1945年8月〜）、新学制の時期（1947〜72年）を第二部、さらに第二部を1952年と60年で区画される3つの時期に分けることとしている。第一部は、教育の機関や事象によっては終期が異

なり、高等教育機関などの場合は1950年頃までが対象時期になる。第一部（旧学制の最後）と第二部（新学制）に書き分けるのは岐阜県の方式と同様である。新学制の最初の区切りは1949年（都道府県教育委員会の実質的なスタートの年）ではなく1952年（占領の終了）とした。49年ではまだ高等教育機関が新学制に移行していない。52年には地方教育委員会が全面設置され、軍政部（民事部）も消滅し、県と市町村の教育行政が本格スタートした。また、神奈川県の場合は県教委と教員組合の対立が激化しなかったが、それでも勤務評定（いわゆる「神奈川方式」）が大きな出来事であり、岐阜・愛知県同様、1960年を区切りとした。1972年は、神奈川県で実施した公立高等学校の100校増設開始の前年である。高度経済成長における人口流入の影響は、学校教育に対しては高度経済成長終了後に顕在化したので、その象徴の年である1972年を区切りとした。

　都道府県教育史である以上、時期はその都道府県にとっての大きな出来事を区切りとして設定すべきなのかもしれないが、教育の営みの根幹部分は国の制度や大きな社会的な変化に左右されがちで、都道府県独自の時期区分の設定は難しい。しかし同時に、戦後教育史の（あるいは戦後史の）時期区分の型が一般的に定まっているわけでもないため、各都道府県は、戦後の教育史を編纂するにあたり、編纂にかかわる事情（予算、体制など）の都合に左右される形で、それぞれ独自の時期区分を採用することが多いのではないかと考えられる。

小括

　最後に、2つの論点を提示しておきたい。

　地域の研究であれば、とりわけそれが戦後の研究であれば、地域差の問題を避けて通ることはできない。

　松島（2015）では、1974、75年の市町村別の幼稚園／保育所対象人口100人に対する幼稚園／保育所の数と幼稚園児数／保育所定員数をそれぞれ7段階の濃淡に区分し、日本地図の各市町村をその濃淡で塗って表示している（201～204頁）。同じ都道府県内の市町村でも幼稚園／保育所の数や幼稚園児／保育所定員に差があるから、各都道府県の中が細かい斑模様になっている。コンピュータによるデータ処理が可能になっているので、このように全国の市町村間の

差を地図上で視覚的に表示することも可能である。

ただし、地域差というのは量的な差ばかりでなく、質的な差もあるから、データを加工して一覧化できるものばかりではない。中央の統制が強かったとはいえ教育委員会制度のもとで一定程度地方分権化されているから、都道府県間の教育実態には質的な差が多く生じている。戦後教育史は事例研究がほとんど進んでいないうえに、戦後編を出していない都道府県教育史もなお多い。事例研究の蓄積が必要である。

もう1つの論点は、地域全体の教育施設にかかる財政配分の問題である。

髙橋（2009）は戦前から現代までの公立大学の変遷を明らかにしたものであるが、副題が「地域はなぜ大学を必要とするか」である。叙述の全体を通じて財政問題に論及されており、また第4章と終章で、公立大学の管轄問題にかかわって、公立大学の所管を首長とする教育委員会法の規定は「公立大学管理法」が制定されるまでの暫定措置だったものの、1951年に同法案[20]が成立せず、規定が地教行法にも継承されてそのままになったという経緯が説明されている。しかし公立大学の財政問題と管轄問題にまたがる、地方公共団体の教育機関の設置政策（配分）の問題が論じられていない。市であれば小・中学校、幼稚園、図書館や公民館、都道府県であれば高等学校や障害児学校の設置や運営を担う責任がある。それらの設置運営に支障がなければ大学の設置もあり得るが、大学は教育委員会が管轄していない。教育委員会が設置されたあと（都道府県や5大市は1948年、市町村のほとんどは1952年）の1950年代には、とくに都市部で小・中学校の校舎・教室が不足し、その確保が間に合わないために二部授業を行っていた学校が多数あった。あるいは、横浜市のように、市立大学は設置しても市立幼稚園をまったく設置しなかった自治体もある。公立大学も教育委員会が所管していれば、財政政策として総合的な判断が可能になったし、小・中学校を犠牲にしてまで、ごく一部の住民のために（住民だけでなく他の自治体の住民も当然入学する）公立大学を作ることの理由が住民に対して明示的に説明されたのではないか。

---

[20] 大学を設置する地方公共団体に首長と学長の諮問機関である参議会を置き、学長、教員や学識経験者で構成することにより、首長が大学の意見を聞かずに大学のあり方を変えることができない仕組みを設定することとされていた。

● 第 2 節　文献一覧

香川めい・児玉英靖・相澤真一（2014）『〈高卒当然社会〉の戦後史』新曜社
苅谷剛彦・菅山真次・石田浩編（2000）『学校・職安と労働市場──戦後新規学卒市場の制度化過程』東京大学出版会
北河賢三（2014）『戦後史のなかの生活記録運動──東北農村の青年・女性たち』岩波書店
越川求（2014）『戦後日本における地域教育計画論の研究──矢口新の構想と実践』すずさわ書店
小林千枝子（2014）『戦後日本の地域と教育──京都府奥丹後における教育実践の社会史』学術出版会
小山静子・菅井凰展・山口和宏編（2005）『戦後公教育の成立──京都における中等教育』世織書房
朱浩東（2000）『戦後日本の「地域と教育」論』亜紀書房
鈴木敏正（2008）『現代教育計画論への道程──城戸構想から「新しい教育学」へ』大月書店
高橋寛人（2009）『20 世紀日本の公立大学──地域はなぜ大学を必要とするか』日本図書センター
土屋忠雄・長尾十三二・吉田昇編（1968）『教育学全集 3　近代教育史』小学館
橋本紀子・木村元・小林千枝子・中野新之祐編（2011）『青年の社会的自立と教育──高度成長期日本における地域・学校・家族』大月書店
肥田野直・稲垣忠彦編（1971）『戦後日本の教育改革　第六巻　教育課程（総論）』東京大学出版会
福井雅英（2005）『本郷地域教育計画の研究──戦後改革期における教育課程編成と教師』学文社
伏木久始（2004）「川口プランのカリキュラム開発プロセス」『信州大学教育学部紀要』第 113 号
伏木久始（2005a）「川口プランにおける授業設計と学習指導の実際」『信州大学教育学部紀要』第 114 号
伏木久始（2005b）「川口プランの実勢的課題とカリキュラムの改訂」『信州大学教育学部紀要』第 116 号
藤澤健一（2005）『沖縄／教育権力の現代史』社会評論社
松島のり子（2015）『「保育」の戦後史』六花出版
山岸治男（2009）『農村における後期中等教育の展開──新制高等学校分校制度を中心に』学術出版会

おわりに

　1950年代の教育行政史研究も、地域に関する教育史研究も、教育史研究者（≒教育史学会会員）以外の研究者に大きく担われている。教育行政学、教育社会学、教育方法学等、教育学の各専門領域の研究者が戦後教育史研究に参入することは、事例研究の蓄積を進展させるばかりでなく、教育史の研究者では分析しきれない側面を解明してもらえる点でも歓迎すべきことである。しかし一方で、個々の事例を歴史や時代の全体の中に位置づけ、あるいは新たに明らかにした事例によってその時代の全体的な歴史像を更新していくような作業は、やはり教育史研究者の責任範囲に属する。教育史研究者は、ミクロな事例研究を手掛けるだけでなく、時代の全体的な歴史像の構築や更新というマクロな作業にもかかわっていくべきであるが、2000年以降の研究動向を見る限り、まだそこまで教育史研究者の作業が及んでいない。戦後を研究対象とする教育史研究者の人数が少な過ぎると言わざるを得ない。第43集（2000）以降の『日本の教育史学』に掲載された日本の独立回復以降の時期の事象を扱った論文は、日本教育史の論文106本中6本にとどまる[21]。増える傾向にあるものの、蓄積はこれからであろう。

　また、戦後の教育史を思い浮かべたときに、誰もが大きな出来事であったと思うような事象、つまり通史を叙述する際の柱になるようなことがらについての研究が進んでいない。教員の勤務評定、大学紛争、1970年代以降に頻発した中学校等の校内暴力事件など、未着手のテーマが多数ある。共同研究を組織することも含め、教育史研究者こそがリードして大きなテーマの解明作業を進めることが期待される。

　補記　本章は大島宏、須田将司、鳥居和代、西山伸会員と相談のうえ、米田が執筆した。

（米田俊彦）

---

[21] 1950年代以降を扱ったものとしてカウントした論文は、執筆者（集）で示すと、逸見勝亮（45）、大多和雅絵（54）、三上敦史（55）、須永哲思（56）、髙木雅史（56）、鳥居和代（59）である。

第4章

東アジア植民地教育史

はじめに

　これまで植民地研究の分野においては、植民地経済史の研究が先行し、植民地教育史はどちらかというと立ち遅れた分野であった。しかしながら、1990年代以降、植民地教育史についても、精力的な研究が行われてきた。これは日本においては戦後50年を契機とするものであった。

　日本植民地教育史研究会が1997年に組織され、『植民地教育史研究年報』（皓星社）が、毎年、出版されるようになったのも特筆すべきことであろう。同研究年報の特集としては、「植民地教科書と国定教科書」（11号、2009）、「三・一独立運動と教育史研究」（12号、2010）、「植民地と児童文化」（13号、2011）、「植民地・こども・「新教育」」（14号、2012）、「1930年代日本植民地の諸相」（15号、2013）、「植民地教育とジェンダー」（16号、2014）、「植民地教育と身体」（17号、2015）、「植民地教育支配とモラルの相克」（18号、2016）といった内容が組まれてきた。

　東アジア教育史関係の著作は、21世紀以降、植民地教育史において多くの研究成果が生み出されてきた。そのため、ここでは、「東アジア植民地教育史」という章を設けて論じていきたい。

　また、従来の植民地教育史研究において研究の主流は、「支配―抵抗」（帝国主義と民族運動、支配と被支配）という二分法的分析視角を採用してきたが、50周年記念論文集（教育史学会編『教育史研究の最前線』2007）では、二項対立的な分析への批判が増えていることが指摘されている。とりわけ、近年は日記やインタビューといったライフストーリーに関わる資料の蓄積に伴い、植民地・占領地における個々人の人生に焦点を当てた研究、あるいは戦前や戦時下と戦後のポストコロニアル状況をつなぐ研究の増加も、傾向として指摘できる。

　本章においては、台湾、朝鮮、中国という対象領域に分けながら、研究動向のレビューをしていきたい。植民地となった地域別の記述に関しては様々な議論がある。また近年、東アジア地域植民地・占領地の相互の関係性や、あるいはアメリカやロシアを含めて他の諸外国との拮抗関係の中で植民地・占領地史について論じる研究は増えつつある。しかしながら、専門領域という点から地域別の研究が多くを占めているため、台湾、朝鮮、中国と分けて論じていくも

のとする。また主に著書を中心として論じながら、適宜論文についても取り上げることとしたい。

(新保敦子)

第1節
台湾植民地教育史

　2000年頃以降の「東アジア植民地教育史」の研究動向を台湾に焦点を据えて論じることが本節の課題である。本書の企画としては日本語で刊行された書籍を検討対象とすることが原則となっているが、必要に応じて日本語以外の刊行物や雑誌掲載論文にも論及している[1]。この四半世紀の日本における植民地研究の動向は、旧植民地での議論や研究進展を抜きには捉えられない。学知の生産過程という観点からみるならば、西欧伝来の概念借用の向きが継続的に認められる一方で、かつての植民地本国の言語や学界動向のみに依拠して日本植民地期台湾の歴史叙述が可能であるかのような状況はいくぶん変わりつつあるといえる[2]。

---

[1] 日本植民地期台湾の教育史に関わる2000年以降の日本語学術書は約50点を数える。単著26点のうち博士論文をまとめたものが11点を占め、その過半が日本留学を経験した台湾出身者の執筆になる。他方、台湾留学を経てまとめられた著作も少なからずあり、近年の台湾における著作や博士論文の動向をも視野に入れると、日本近現代史の枠組みないし日本との関係のみでは捉えきれない問題群へといかに視野を拓いていくかがいっそう切実な課題となっているといえる。もっとも、「日本教育史」という文脈において帝国内部の異法域を貫く問題構造をいかに議論の俎上に載せていくかは依然として重い課題だと考える。

[2] ただし、1990年代以前に比して「日本教育史」研究において植民地あるいは先住民族に関わる論及が量的に増大するなかで、現在にまで継続する非対称な関係性に無自覚なまま手っ取り早い手法で検討対象を拡張させる傾向も認められる。一方からみればこれまでの「空白」を埋める新たな研究展開ではあろうが、他方からみれば基礎的な蓄積すらふまえていない独善的な議論であることもままあり、総体として非対称的な思考の枠組みや関係性の再生産にもつながりうる動向だといえる。この点、近年のデジタルアーカイブズの整備は調査研究の利便性を大いに高め、これまでにない研究潮流を生み出しつつあるが、データベース化された資料群の性格や検索システムの仕様に関わり、いっそう慎重な資料批判が求められてきているように思われる。

小論では、こうした変化に留意しつつ、日本語学術書の羅列的な紹介よりも、重要だと思われる研究成果や積み残されている課題の顕在化に重点をおくこととしたい[3]。

　なお、「東アジア植民地教育史」という本章のテーマ設定がどのような研究動向ないし問題意識にもとづくのか、「台湾」「朝鮮」「中国」という節構成とともに、きわめて論争的な問題であろう。研究対象の設定のみならず、歴史叙述の視座、問題の「場」の捉え方に深く関わっており、学界の制度・慣行や研究者の認識・思考の枠組みが改めて問われる局面だとも思われる。「日本教育史」に着脱可能な部分として「植民地教育史」を付け加えるのではなく、「植民地教育史」を「日本教育史」に従属させるのでもないような視座をどのように設定できるだろうか。以下の小論は、このような問いに正面から向き合うための手がかりを探るものでもある。

1. 植民地社会の様態・植民地支配の動態

　教育史学会編『教育史研究の最前線』(2007)の「東洋教育史研究における植民地教育史」の総論では、「現代の研究の潮流」として「植民地研究における二項対立的な分析、思考の枠組みに対する批判」がまず挙げられ、「オーラルヒストリーという研究手法」がこれに連なる「研究動向の最先端」だと位置づけられている（弘谷多喜夫、pp.145-146）。たしかに「二項対立図式」に対する批判は植民地教育史に限らず近20年前後の植民地研究においてひとつの潮流をなしており、とくに近年においては先行研究を批判するさいの常套句となっているかのような印象すら受ける。そもそも先行研究の何をもって「二項対立図式」だと捉え、その問題性をいかなる方法で乗り越えようとするのか、十分な吟味

---

[3] 台湾における網羅的な動向・傾向をフォローする手がかりとして、許佩賢による以下の諸論がある。「2009年教育史研究的回顧与展望」（台湾史研究的回顧与展望学術研討会、於台北・国立台湾師範大学、2010年12月17日）、「2010年台湾教育史研究的回顧与展望」（同上、於台北・中央研究院、2011年12月13日）、「台湾教育史研究的回顧与展望（2011～2013年）」（『師大台湾史学報』7、2014）。なお、北村嘉恵「東洋教育史の研究動向」（『日本の教育史学』53、2010）は単年度の研究成果に即した議論ではあるが、そこで植民地教育史に関わり提示した論点の多くは近20年の研究動向と重なる部分が多いと考える。

を欠いたまま枕詞のように「二項対立図式」批判を掲げる傾向も見受けられるが、この間、「二項対立的な分析、思考の枠組み」を乗り越えるような研究枠組みや歴史叙述がいかに生み出されてきただろうか。

　まず、「日本（語／文化）」「台湾（語／文化）」というカテゴリーを前提とした対抗的な二者関係を叙述の枠組みとするのではなく、それらの内実の混淆性や境界の可変性に着目し、その想像／創造と変容の様相を明らかにする実証研究の進展である。陳培豊『日本統治と植民地漢文——台湾における漢文の境界と想像』（2012）は、19世紀後半以降の東アジアにおける漢字漢文の様態と機能の複雑な絡み合い——「支那式」「台湾式」「日本式」／「文語体」「口語体」およびそれらの混成——にフォーカスを当てて、それぞれの文体が用いられる文脈や媒体、担い手の志向や葛藤とともに多面的な考察を行っている。とりわけ植民地台湾での漢文をめぐる言説および言語実践の分析を主軸として、「母国」日本と「祖国」中国、「啓蒙」と「伝統」、「正統」と「変則」「流行」、「洗練」と「野暮」「雑駁」、識字者と非識字者といった異なる次元の主題を相互連関的に論じることにより、台湾人（漢族）の伝統的文化の象徴ともいうべき漢文世界が台湾総督府の「国語」政策の強化・徹底につれて圧迫・抹殺されていくといった定型的な歴史像を具体性をもって書き換えるとともに、東アジア各地域で共時的に進行した漢字漢文再編のダイナミズムのなかで清朝・日本・中華民国による支配を相次いで経験した台湾近現代史を通時的に捉え返す視座を提示している。陳は前著『「同化」の同床異夢——日本統治下台湾の国語教育史再考』（2001）において、日本の植民地政策のもとで「国語」を「受容しながら抵抗」「抵抗しながら受容」するという台湾人の意識とその脈絡に光を当て、一方的な「国語」の強制／これに対する抵抗という旧来の歴史像の書き換えを試みたが、本書と重ね合わせることにより台湾島民の言語経験・実践の複雑さが立体的に浮かび上がり、日本植民地下の「国語」を検討対象とした既往の研究の視界に入っていなかった領野の奥行きがより鮮明となっている。

　一方、駒込武『世界史のなかの台湾植民地支配——台南長老教中学校からの視座』（2015）は、中華帝国、大英帝国、帝国日本という三つの帝国の影響力が重なり合う空間として台南長老教中学校というミッションスクールに着目し、複数の帝国が「同時性をもって競争しつつ共存する体制」のもとで植民地住民

にとって「敵対的な共犯関係」がいかなる意味を持ったのかという問題にアプローチしたものである。駒込の前著『植民地帝国日本の文化統合』（岩波書店、1996）では、もっぱら異民族統治をめぐる言説レベルに焦点を据えて植民地帝国日本の抱える矛盾と弥縫の過程が論じられたのに対して、本著では台湾人の自治的空間への希求がいかなる圧力のもとで屈折を余儀なくされたのかという問題に視点が据えられている。その際に、一国史や国家単位での比較の枠組みを越えて、国家と個人とを媒介する中間的組織（宣教団のネットワーク、学校理事会・後援会、在郷軍人会、町会など）に着目して、異なる属性の人々の経験や感情の連鎖と断絶とを浮かび上がらせながら、暴力が作動する構造を描出していることが特徴のひとつである。

　以上のように、論者により視座は異なるものの、属性や経験の異なる複数のアクターを設定してその相互関係を重層的に解明することにより支配者・被支配者双方の固定的な像は書き換えられ、教育をめぐる要求や選択についても新たな解釈が可能となりつつある。台湾人にとって新式学校へ通うことにどのような期待や意味があったのかを公学校卒業／実業補習学校進学者の広がりに即して検討した許佩賢『殖民地台湾近代教育的鏡像──一九三〇年代台湾的教育与社会』（2015）や、「新女性」と呼ばれる社会集団（多くの場合、高等女学校卒業履歴を有する）の形成過程を植民地政府の政策および移民社会における家族戦略の観点から論じた洪郁如『近代台湾女性史──日本の植民地統治と「新女性」の誕生』（2001）も、こうした研究潮流を特徴づけるものといえる。洪は、統治者像であれ被統治者像であれ既往の研究では男性を主体としたものであり「女性の利害は所属集団の男性の利害と同一視されてきた」と指摘し、新たな被統治者像を探求し植民地社会の権力構造を解明していくうえでジェンダーの視点を取り入れた分析の必要性を説く。台湾史においてジェンダーの観点の重要性についてはすでに広く受け入れられており、他方、ジェンダー史において植民地（主義）は重要な主題として取り上げられているが、「ジェンダー」「女性」「家族」などのキーワードを用いると否とにかかわらず、研究を通じて再生産される非対称な関係性への省察は絶えず要請されている。検討対象の際限ない細分化ではなく、植民地の支配構造や社会関係の分析をいかに深めていくかという問題提起として受けとめることもできるだろう。

2. 資料の「出土」と整理・保存・共有化

　植民地経験に関わる分析の深まりは、新たな資料の「発掘」と相関的である。公文書の公開やオーラルヒストリーの蓄積と並んで近20年間を通じてとくに整理・共有化・活用が進んだ資料群として注目されるのは日記である。中央研究院台湾史研究所（台北）などが中核となり民間からの寄贈・委託を得て大部にわたる日記の読解・翻刻・翻訳と公刊・データベース化が進められてきた[4]。日記の書き手は多彩であり、とりわけ民間の台湾人（独身・既婚の男女、漢民族）を主として、日本植民地期から統治権移行期を含む個人・家族の記録が集積され、これまでにないアーカイブが構築されつつある。歴史資料としての日記についてここで詳論する余裕はないが、近年の研究蓄積に重ねてその特長を挙げるならば、記述内容の次元で植民地社会の「日常」や「教育経験」「戦争経験」「「光復」経験」等に接近するための手がかりとなるだけでなく、台湾島民の重層的な言語実践を窺いうる貴重な記録となっている点である。上掲した陳培豊の研究（2012）において雑誌論説、文学作品、歌仔冊（街頭で朗詠する際に聴衆に配る歌詞）などとともに日記という媒体の表記や文体に分析が及んでいるのは、陳の着眼の魅力であるとともに近年の日記の発掘・整理の成果を示すものといえよう。

　いまひとつ目を引くのは、学校資料の整理・公開の動向である。別稿で記したように、近年、台湾社会では日本植民地統治に関わる遺跡の掘り起こしや建造物の復原とその再評価が進みつつあり、地域の近現代史という観点から学校の歴史に対する地域住民の関心も高まっている[5]。とくに1990年代末以降、日本による植民地化まもない時期に開設した諸学校の百周年を記念する行事が島内各地で相次ぎ、関係者による記念誌の刊行とともに、学校所蔵資料の整理や関係資料の収集、卒業生・関係者の聞き取り、校史室の開設など資料面での整備が一定程度進みつつある。地域の歴史や個人の経験に対する社会的な関心の

---

[4] 近年の台湾における日記の整理・公開の概況については、許雪姫「「台湾日記研究」的回顧与展望」（『台湾史研究』22：1、2015）が参考となる。
[5] 北村嘉恵・樋浦郷子・山本和行「「新化公学校沿革誌」「新化農業補習学校沿革誌」――植民地台湾の教育史」（『北海道大学大学院教育学研究院紀要』126、2016）の解題（とくに注1）。

高まりは、さらに個人所蔵資料をはじめとする「埋蔵」資料の「出土」にもつながっている。これらの資料群の魅力は、その来歴を含めて個人や家族の生きた時空間に視点を据えた歴史理解の手がかりを提示している点にあり、既往の歴史叙述の「空白」を埋めるというよりはむしろ歴史叙述の視座の転回を促すものといえる。

3.「「二項対立図式」批判」の隘路を超えて

　以上のように研究の進展を確認したうえで、「二項対立図式」批判がひとつの潮流となるなかで目につくのは、支配―被支配という政治的な関係性そのものを「二項対立図式」だと捉えるかのごとく植民地社会や帝国を構成する非対称な関係性への関心や叙述を意識的・無意識的に後退させる傾向である[6]。近年とみに研究者が関心を傾けるのが個々の主体、とりわけ被支配者側の主観的な意識や「声」である。植民地社会を生きた個々人に対する関心の傾斜は、国家的・公的領域の事象にもっぱら光を当ててきた既往の研究に対する異議申し立てとして一定の有効性があるだろう。しかし、そうした営みが単に個別的な体験・記憶の固有性や複数性を確認する作業にとどまるとすれば、制度化ないし慣習化・通念化された非対称的な関係性とそこに作動する暴力を不可視化しながら追認することになりかねないだろう。重層的かつ複合的な権力関係のなかにいかに個々人が拘束されているのか、ときに「親和」「親密」ともみえる関係性のなかにいかに暴力が伏在／作動しているのか。「日常」（生活、文化）の分

---

[6] たとえば菅野敦志は、近年の台湾教育史の研究動向について、「「支配―被支配」、「抑圧―被抑圧」といった二項対立からの理解だけでは十分ではなく、様々な主体による多様な力学も含め〔中略〕当事者に対する関心へと焦点が移っていった」（p.81）と論じている。このような整理は「様々な主体」「多様な力学」といった鍵言葉を含めて近年の研究の傾向をある程度捉えているとは思うけれども、菅野の論述において、「支配―被支配」「抑圧―被抑圧」の関係性や構造をいかに把握するかという議論はほぼ「二項対立からの理解」として捉えられているかのようであり、しかも「台湾人の主体性」を浮かび上がらせようとする研究関心と「支配―被支配」「抑圧―被抑圧」の関係性や構造を追究しようとする研究手法との接点は想定されていないかのようである（菅野敦志「「支配―被支配」から「台湾人の主体性」へ――日本における台湾教育史の回顧と展望」（『名桜大学総合研究』25、2016）。

析においてこそ支配─被支配の関係性に対するいっそう鋭敏な知覚が問われるはずである[7]。

●第1節 文献一覧

許佩賢（2015）『殖民地台湾近代教育的鏡像──一九三〇年代台湾的教育与社会』新北・衛城出版
洪郁如（2001）『近代台湾女性史──日本の植民地統治と「新女性」の誕生』勁草書房
駒込武（2015）『世界史のなかの台湾植民地支配──台南長老教中学校からの視座』岩波書店
陳培豊（2001）『「同化」の同床異夢──日本統治下台湾の国語教育史再考』三元社
陳培豊（2012）『日本統治と植民地漢文──台湾における漢文の境界と想像』三元社

(北村嘉恵)

第2節
朝鮮植民地教育史

2000年以降の東洋教育史関係著作の中での韓国・朝鮮関連書の点数を多いというべきか、少ないというべきかは難しいが、その韓国・朝鮮関連書の中では、やはり植民地関連が過半の位置を占めている。植民地関連というときに、佐野（2006）、1985年に刊行され2014年に翻訳刊行された鄭（2014）が植民地教育政策の全般、全時代を扱っているのに対し、現在、その研究は、個別の課題、特定の時期を扱うようになってきている。たとえば、植民地教員、また政策担

---

[7] これは植民地アフリカの歴史像をめぐり松田素二がつとに提起した主体性と暴力に関わる問題でもある（「植民地文化における主体性と暴力──西ケニア、マラゴリ社会の経験から」山下晋司・山本真鳥『植民地主義と文化──人類学のパースペクティヴ』新曜社、1997）。また、筆者はかつて植民地の人々にとって植民地支配はどのような意味をもったのか、それは現在においてどのような意味を帯びてきているのかという問いの重みとともに、そうした経験を生み出した歴史的条件が不十分なままに、植民地の人々にとっての意味という問題に関心を傾けることの危険性について論じた（『日本植民地下の台湾先住民教育史』北海道大学出版会、2008）。当時の研究状況に対して抱いていた違和感と問題意識は依然として解消していない。

当者を扱った佐藤（2000）、稲葉（2001、2005、2010）、山下（2011）、教科に注目した西尾（2003）、髙（2004）などである。

以下、個別に検討していきたい。

1. 植民地教育政策の把握

　日本の植民地統治期間中に刊行された朝鮮教育についての研究は、ほとんどすべて植民地文教官僚の手になるものであった。独立後の韓国において、自らの歴史観に基づいた教育史を描くことができるようになり概説が描かれた。そこには、植民地期朝鮮社会の主要矛盾を日本侵略者と朝鮮人民の民族的矛盾と捉え、労働者階級が独自の階級的勢力として登場しえない条件のもとで、知識人および青年学生が抗日民族解放闘争の先頭にたったという認識の在り方が存在した。解放後の韓国における植民地教育史認識の展開過程は、李（2000）に良く整理されている。また、韓国社会の変化が歴史認識に与える影響は河（2008）に詳しい。河は「過去事清算」をめぐる、親日対親北の構図、ニューライトの台頭などで、過去事清算が政治争点化していく側面を明らかにしている。鄭（2014）は、もともと1985年において、教育法令を軸に日本の植民地教育政策を明らかにしたものである。鄭は「はじめに」において、「日帝下の韓国教育についての研究は、（略）日本植民地主義教育に対する韓国国民の抵抗、そしてその両者を止揚して生成された韓国国民の民族主義的教育活動などを省察することを通して（略）把握しなければならない。しかし、この本では（略）韓国国民の教育的抵抗と民族主義的教育活動に関する考察は除外した」としている。この言葉に対応して記されたわけではないが、佐野（2006）は、新聞記事を通して、朝鮮人の教育についての思いを明らかにしようと務めている。

　佐藤（2000）は、対象を植民地政策開始時期に限定した上で、現在の日本人の朝鮮人への優越感のもととなる、学務官僚の朝鮮観や朝鮮の子どもたちに対する教育観を探った労作である。日本人が朝鮮の教育に介入し、「日本の韓国植民地化に抵抗する「障害物」を取り潰」（p.327）していく。「朝鮮に対する植民地教育の最大の罪は、朝鮮の人々が自らが選択した方法で自己実現する道を奪っ」（p.330）たという指摘は現代につうじるものである。稲葉（2010）は、検討

の対象を植民地統治幹部だけでなく下僚に拡大し、彼らにとって学務行政に携わったことの意味を「朝鮮総督府学務局長・学務課長には教育行政官としての専門性が疑わしい者が多かったこと、それは総督府における教育行政の軽視に他な」らなかったこと、一方、「人事異動上、学務局は警察部局と密接な関係にあったこと」(p.213)を明らかにしている。また、稲葉は、研究条件として『京城日報』(日刊紙)、『朝鮮及満洲』と『朝鮮公論』(月刊誌)の影印出版が完了したことにより研究が促進されたことを記している。「アジア歴史資料センター」はじめ、各国における資料の電子化は、今後の研究の進展に期待をもたせるものである。

　本間(2010)は、「韓国「併合」前後の朝鮮半島において、日本が韓国を植民地化していく過程でどのように教育政策に関与したのか、(略)またその抵抗により、あるいは先に植民地となった台湾の事情や日本国内の事情により、日本の植民地教育政策がどのような変容を迫られたのか」(p.3)を、教科書の統制、教員養成制度の改編、日本人教員の配置に着目して明らかにした。

　金(2005)は、「不就学」児童、すなわち不入学者(完全不就学)および中途退学者(部分不就学)に注目し、義務教育制度が施行されなかった植民地期朝鮮において、就学可否を階級・ジェンダーが規定していることを明らかにした。朴(2005)は、聞き取り調査も含め、植民地エリート女性の日本留学の背景、日本での経験、帰国後の軌跡を扱った。彼女らは、女性の役割を拡大させるとともに、女性の家庭内役割の確立につとめたが、植民地権力の側が利用しようとする人材ともなっていった。

　板垣(2008)は、「識字の社会史」という問題意識で開始された研究であったため、「近代の地域社会における政治的制度や経済面での変化の様相」(p.34)を主に検討しながらも、〈近世〉の教育施設と公立普通学校の設置による初等教育の転換を描いている。

　李(2006)は、「アメリカ人宣教師と朝鮮の近代との関係を考察の対象」(p.7)とするものであるが、彼らの活動が主に教育活動であったため、朝鮮総督府の教育政策・宗教政策を明らかにするものとなっている。

2. 植民地教員への着目

　さて、稲葉が「大体の仕事は、すべて下僚がやるのです」（稲葉2010：i）と記したように、決定された政策は学校現場で実行されなければならない。「こうした学校での教育・訓練に直接携わったのは教員であり、これまでその存在は、為政者と教育の受け手である児童との中間に位置する植民地教育の「担い手」、あるいは政策の「先鋒」として捉えられてきた」が、「教員の位置づけがひとつの側面のみによって概括されることに」疑問を呈したのが、山下（2011）である。朝鮮における教員の「内部には多様性があり、養成プロセスや資格の種類、「内地」生活経験の有無・多少、朝鮮滞在歴、「民族」、性などを異にする教員が混在していた」（pp.3-4）ために上記の植民地教育の「担い手」としての位置づけの反面、「朝鮮総督府の植民地政策や支配システムに綻びと停滞をもたらすことさえあった、「不安要素」としての側面からも位置づけられる」（p.329）という結論を導き出している。

　稲葉（2001）も、その教員の中の日本人教員について、その経歴（出身県と出身校）から分析し、また中等教員にも言及して、上記教員集団の多様性を示している。

　このような教員分析に対して、山田（2004）は朝鮮語を学んでいた日本人に焦点をあてている。それは当然、教員（普通学校の日本人教員）に対する朝鮮語奨励策だけではなく、警察官、金融組合理事対象のそれをも分析の対象としている。その中で、日本人教員に対する朝鮮語教育の衰退（p.113）は、「支配者主導の教育普及がある程度軌道に乗」り、「日本人に対する朝鮮語教育を推進するための積極的な理由」（p.119）が失われたという教育政策全般のあり方を明らかにするものである。また、「奨励」されていた時期においても、日本人教員の朝鮮語の水準の低さから「その政策の成果が実際の支配を円滑に進めるのに直接寄与したのかというと、それははなはだ疑問である」（p.220）という評価にも聞くべきものがある。

3. 植民地における教科への着目

　21世紀になり、植民地教育史研究は各教科の研究にも深まっている。

　西尾(2003)は、「体育が戦争に役立つものにならないようにするため」(p.6)という観点の下、植民地における体育政策の実態を明らかにした。そして、(1)植民地支配政策と学校体育との関わり、(2)朝鮮の自主的近代化過程と植民地的学校体育の関わり(植民地下における日本近代体育の影響)、(3)朝鮮人に対する体育政策と朝鮮在住の日本人に対する体育政策の比較検討という視点から植民地体育政策を分析した。

　その結果として、「植民地においては、体力政策などにおいて支配民族である日本人優先の政策がとられた。それは、被支配民族よりも体力的に優れていることが求められたからである。したがって、日本人も朝鮮人以上に厳しい体力や精神力が求められたのであり、決して自由に自立的に体力や精神力を育成できたわけではなかった。このように植民地体育政策は、被支配民族にとって決して自由でなかっただけではなく、支配民族にとっても自由な体育活動をもたらしたものではなかった」(p.595)という結論を導き出している。また、スポーツの他民族支配については高嶋(2012)にもみることができる。

　西尾が、支配民族と被支配民族において支配民族の持ち込んだ体育の持つ意味を問題にしている中で、高(2004)は、日本を経由して入った唱歌と西洋からキリスト教を経由して直接入った唱歌の対比をし、キリスト教経由の唱歌の場合は、キリスト教会を軸に学校以外の場でも影響力を持っていることに着目している。

　教科でいえば、歴史は正しく認識するならば、自らの植民地被支配を感じさせるはずのものである。國分(2010)は、「「韓国併合」の「正当性」を理解させるため」(p.18)の日本の朝鮮における歴史教育(「朝鮮事歴」として一国史ではなく、矮小化した一地域の歴史にした)に取り組んだ。総督府の政策は「朝鮮人に「朝鮮歴史」を教授して歴史意識の変革を根本から図る」政策である。「朝鮮に生まれ育った児童の歴史意識を根底から揺さぶり、変質させようとするのが朝鮮事歴教授の目的であった」。その一方で、「朝鮮事歴は「内地」の教育思潮である郷土教育や郷土史教授の影響を一貫して受け続けている」(p.19)ことにも着目した。

朴（2013）は、解放後の朝鮮語教育を扱っているが、その前提として「近代啓蒙期から植民地期における教育課程と教科書」を扱っている。そこには植民地期から建国期にわたる「連続性」への問題意識もある。植民地期の考察において、解放後のその払拭過程は重要な課題であるが、佐野（2006）以外は対象としていない。また、日本に残った朝鮮人の教育も大事な課題である。徐（2012）は、「東大阪で一九九〇年代以降展開されている、公立夜間中学を核とし、在日朝鮮人女性を担い手とする運動に焦点をあて」（p.3）たものであるが、「在日朝鮮人女性のライフコース分析」も行っている。先に金（2005）が述べたと同じく、そこには植民地下での女性の不就学の状況が現れている。金（2002、増補改訂2004）は、在日朝鮮人民族教育の草創期と、発展期を扱っている。植民地宗主国における植民地にされた人々の教育も植民地教育を考えるうえで重要な論点である。

4. 学校以外の場

キリスト教会がひとつの力を持ったように、就学率の低い植民地朝鮮においては、学校外の施設も力を持った。李（2008）は、従来の韓国における社会教育に関する研究が、「一つは、朝鮮総督府による社会教育施策や制度に関する研究を通して、主として日本が植民地朝鮮において社会教育を通じて行った教化的教育の実態を明らかにし、その植民地性を批判することであり、いま一つは、日本が行った近代的教育施策および実践とは別に、朝鮮民衆によって行われた学校教育以外の教育的活動・実践を社会教育ととらえ、その民族史的意味を探ろうとするものであった」(p.1)とした上で、近代的教育に対する必要性が、日本の侵略に抵抗し独立を確保しようとする目的の一方、「民衆自身の生活向上のための近代的教育への熱望もその背景にあった」という点を指摘し、「大韓帝国末期の開化派知識人たちによる社会教育概念の導入およびその実践と、その後、植民地下の朝鮮民衆によるその「社会教育」の継承または展開、そして植民地体制下の社会教育政策等を考察」している（pp.4-5）。

三ツ井（2010）は、「日本の支配政策が（朝鮮人にとっての）朝鮮語の世界におよぼしてきた制約」を「言語支配の問題としてとらえ」ている。それは、具体的

には綴字法という形で学務局、また学校教育におよぶものである。金 (2014) は、〈植民地期に日本語で刊行された朝鮮説話集〉を取り扱い、それらが朝鮮総督府関係者によってまとめられたものであるため、教科書にも反映していることを明らかにしている。

　樋浦 (2013) は、児童の神社参拝に焦点を当て、「「皇民化政策」(あるいは、「同化政策」)の叙述の中で概括されてきた被支配者への神社参拝の要求というものを、日本内地の近代神社史 (「国家神道」史) の位相、学校教育における天皇崇拝教育としての位相、そして植民地支配史の位相というように、複層・多面のものとして」その正体を見極めようとする (p.3)。植民地朝鮮においては、日本において学校儀式の主たる道具となる教育勅語の不適合や写真非交付があった。このため、神社が教科書を贈与し神社参拝を行わせるなど、神社参拝により重い役割がおわされた一方で、神社数の少なさから、簡易な神社としての神祠の設置が企図されたと指摘する。

小括

　この間、韓国においては「植民地近代化論」(植民地下に行われた近代化が韓国の近代化の歴史的起源であるとし、植民地期に形成された近代的な制度や人的資本の開発が、解放後の韓国の高度成長の歴史的背景だとする主張) とそれへの批判が起こっている (李他 (2012) が参考となる)。この論争は主に韓国の経済学者の間で争われ、「植民地近代化」論者は「人的資本の開発」も主張しているが、教育 (史) 学者は、そのような市場主義者の論説にはくみしなかった。

　以上、筆者の独断に基づき、2000年以降の朝鮮植民地教育関連業績を紹介した。なお、韓国の研究動向に触れながら、朝鮮民主主義人民共和国における研究成果に触れることができなかったのは、学術刊行物の相互寄贈すら制限する日本国政府の異常な「制裁措置」による。日本国が植民地謝罪をきちんと行い、国交正常化することが必要である。他にも筆者の不勉強によって、見落としているものがあるかと思われる。読者の寛容を祈る。

● 第 2 節 文献一覧

李正連（2008）『韓国社会教育の起源と展開――大韓帝国末期から植民地時代までを中心に』大学教育出版

李昇一・金大鎬・鄭昞旭・文暎周・鄭泰憲・許英蘭・金旻榮著、庵逧由香監訳（2012）『日本の朝鮮植民地支配と植民地的近代』明石書店

李省展（2006）『アメリカ人宣教師と朝鮮の近代――ミッションスクールの生成と植民地下の葛藤』社会評論社

李明實（2000）「韓国における「植民地教育史認識」の現在と展望」王智新・君塚仁彦・大森直樹・藤澤健一編『批判 植民地教育史認識』社会評論社

板垣竜太（2008）『朝鮮近代の歴史民族誌――慶北尚州の植民地経験』明石書店

稲葉継雄（2001）『旧韓国〜朝鮮の日本人教員』九州大学出版会

稲葉継雄（2005）『旧韓国〜朝鮮の「内地人」教育』九州大学出版会

稲葉継雄（2010）『朝鮮植民地教育政策史の再検討』九州大学出版会

金廣植（2014）『植民地期における日本語朝鮮説話集の研究』勉誠出版

金德龍（2002、増補改訂2004）『朝鮮学校の戦後史―― 1945-1972』社会評論社

金富子（2005）『植民地期朝鮮の教育とジェンダー――就学・不就学をめぐる権力関係』世織書房

高仁淑（2004）『近代朝鮮の唱歌教育』九州大学出版会

國分麻里（2010）『植民地期朝鮮の歴史教育――「朝鮮事歴」の教授をめぐって』新幹社

佐藤由美（2000）『植民地教育政策の研究［朝鮮・1905-1911］』龍渓書舎

佐野通夫（2006）『日本植民地教育の展開と朝鮮民衆の対応』社会評論社

徐阿貴（2012）『在日朝鮮人女性による「下位の対抗的な公共圏」の形成――大阪の夜間中学を核とした運動』御茶の水書房

高嶋航（2012）『帝国日本とスポーツ』塙書房

鄭在哲著、佐野通夫訳（2014）『日帝時代の韓国教育史――日帝の対韓国植民地教育政策史』皓星社

西尾達雄（2003）『日本植民地下朝鮮における学校体育政策』明石書店

河棕文（2008）「韓国における「過去事精算」とその政治的ダイナミクス」近藤孝弘編著『東アジアの歴史政策 日中韓対話と歴史認識』明石書店

朴宣美（2005）『朝鮮女性の知の回遊――植民地文化支配と日本留学』山川出版社

朴貞蘭（2013）『「国語」を再生産する戦後空間――建国期韓国における国語科教科書研究』三元社

樋浦郷子（2013）『神社・学校・植民地――逆機能する朝鮮支配』京都大学学術出版会

本間千景（2010）『韓国「併合」前後の教育政策と日本』思文閣出版

三ツ井崇（2010）『朝鮮植民地支配と言語』明石書店

山下達也（2011）『植民地朝鮮の学校教員――初等教員集団と植民地支配』九州大学出版会

山田寛人（2004）『植民地朝鮮における朝鮮語奨励政策――朝鮮語を学んだ日本人』不二出版

（佐野通夫）

第3節

中国植民地教育史

　中国植民地・占領地教育史に関しては、竹中憲一（2000、2002、2005、2012）や槻木瑞生（2011、2012、2014）、磯田一雄他（2000）による資料集の出版が、研究の土台を形成してきた。

　従来、植民地教育史研究としては、地域的にみれば、満洲、朝鮮、台湾が多く、中国に限ってみれば、「満洲国」（以下、「　」を省略）が多かった。たとえば、槻木（2001）に添付されている文献リストは有用であるが、とりわけ、満洲国に関する詳細な文献リストが紹介されており、1990年代以降、満洲国を中心とする植民地研究が着実に進められてきたことを示している。しかし、華北、蒙疆に関する研究は、それほどなされてこなかった。ただし、近年、華北、蒙疆などの中国に関する研究や占領下の日本人教育や少数民族教育に関する研究についても、一定の蓄積が進んでいるといえよう。

　また、宋恩栄・余子侠主編（2016）『日本の中国侵略植民地教育史』（1～4巻、東北、華北、華中・華南、台湾）は、中国で出版された『日本侵華教育全史』（人民教育出版社、2005、1～4巻）の翻訳本である。中国での日本の植民地・占領地教育に関する研究が日本で紹介されたことには意味がある。また、華北、華中・華南については、従来、日本側での研究が十分ではなかったこともあり、注目に値しよう。

1. 占領下の日本人・日本語に関する教育

　槻木瑞生は、教育史学会編『教育史研究の最前線』（2007）の「東洋教育史研究における植民地教育史」の中で、漢族学校や朝鮮族学校とともに、日本人学校は満洲国教育の重要な部分を占めているが、これまで日本人教育の問題は意識的に避けられてきたことを指摘し、今後、在外日本人学校と日本国内の教育との比較、関連を押さえなければいけないとしている。

こうした課題意識に応える形の研究としては、青島に焦点を当てた山本一生 (2012) の研究がある。山本は、東アジアにおいて教育の近代化が形成された過程を、青島という都市に焦点を当てて、ドイツ統治下、日本統治時代、北京政府期といった様々な時代、あるいは日本人学校や現地人学校といった多様な教育機関から定点観測している点で興味深い。本著はまた、中国大陸における教育の近代化に伴う教員ネットワークの構造と、帝国日本全体の教員ネットワーク構造を解明しようとした論考である。青島という地域において、様々なアクターが時代の変遷とともに、どのように絡み合うのかを検証しようとしている。

　中国占領下における日本語教育に関しては、一定の研究成果が蓄積されてきている。たとえば日本語教育研究者の著作として、田中寛 (2015) がある。満洲国、中国大陸で展開された日本語・日本語教育論、教科書編纂の内実、戦時期の諸雑誌にみる日本語論、大東亜語学という観点からの東南アジア諸言語の研究など、豊富な文献の考証とともに明らかにしている。東アジア地域、東南アジア地域への大日本帝国の拡大に伴って、日本語がどのような対外的な広がりをもっていったのか、あるいは日本においてどのような形で東南アジア諸言語の研究が行われていったのか、日本語教育史の見地から検証した研究である。

　また、直接に中国関連の植民地教育史との関連はないが、金山泰志 (2014) は、小学校教科書、児童雑誌、総合雑誌など多彩なメディアを取り上げ、明治期以降の一般民衆層の中国観を浮き彫りにした研究である。日本民衆の中国観が、その後、中国への侵略とどのように結びついていくのか、考察している。

2. 新しい資料の発掘による研究の進展

　近年、写真などの画像を使った研究が、植民地研究においても登場している。
　これまで満洲国関係においては満洲映画協会関連の写真や動画が発見され、公開されてきた。たとえば『映像の証言・満州の記録』(Ten Sharp) があり、貴重な満洲国での映像を提供してきた。ただし、華北については、こうした映像資料が限られたものであった。しかしながら、近年、京都大学人文科学研究所が秘蔵していた華北交通写真が発掘・整理され、一部が公開されることになった。華北交通は、満鉄とならぶ国策鉄道会社である。

貴志俊彦が中心となって実施した華北交通写真のプロジェクトの研究成果として、貴志俊彦・白山眞理編（2016）『京都大学人文科学研究所所蔵　華北交通写真資料集成』がある。占領期間も短く、資料も不十分であった華北占領地の実情を明らかにしている点で、きわめて貴重な写真集といえる。占領政策の中で、女性や子ども、少数民族を含めて、中国人がどのように組織され戦時体制へ動員されていくのかを、リアルに伝えてくれるものである。

　同書は、論考編と写真編の2冊から構成されており、論考編には、山本一生「扶輪学校設置とその教育活動」などの論文も掲載されている。日本の占領下においては、南満洲鉄道や華北交通は、植民地経営の上で土台を形成するものであり、鉄道の防衛のために青少年団体を動員したが、その実態はこれまでほとんど明らかにされることはなかった。本論文は華北交通によって設置された鉄道学校である扶輪学校に関する研究である。

　今まで、資料の制約から、満洲国の研究に比べて、華北研究は蓄積が十分ではなかったが、本書の出版にみられるように、新しい資料の発掘に伴い、華北の教育史研究についても、一定の進展がみられるようになったことは、特筆すべきであろう。

3．モンゴル人・朝鮮人

　占領地における少数民族については、日本の統治下で重要な役割を果たしてきたことが指摘されながらも、研究が十分とはいえなかった。そうした中でも、これまでの研究成果の上に、研究が進展している。

　たとえば、満洲国および蒙疆政権におけるモンゴル人教育について論じた宝鉄梅（2005）や、文化・教育政策について論じた娜荷芽（2012）の研究（ともに博士論文）がある。宝鉄梅の研究では、モンゴル人の近代教育普及と日本による占領政策とを関連づけながら論じた。娜荷芽の論文では、国立興安学院などの事例を取り上げつつ、設立経緯、卒業生の進路、日本人教師の実態など、詳細に検証している。漢語文献だけでなく、モンゴル語文献を使用し、あるいはインタビューを活用した留学生による確かな実証研究が生まれ、日本で博士論文として結実していることは注目に値しよう。

新保敦子（2008）は、満洲国におけるモンゴル人女子青年に対する中等教育の実態を明らかにするため、興安省に設立された省立興安女子国民高等学校を取り上げ、学校が設立された経緯、教育内容、学生生活、教師と学生との関係などを検証した。本研究の特色は関係者へのインタビューを交えて考察していることにある。そして、カリキュラムには家政科があり、また、神社の参拝も強制されていたことを論じている。しかし女子青年達は日本側の意向に決して従順であったわけではなく、日本の近代教育を、いわば道具として利用しながら、自民族の復興の機会をうかがっていたことも、関係者へのインタビューから明らかにしている。

　また、日本の朝鮮植民地支配は中国東北部への朝鮮人移住も生み出している。槻木瑞生は、満州の朝鮮人教育に関する論文を継続的に発表しているが、槻木（2016）は、日本列島における日本国民の創生から遡って在満朝鮮人教育について考察することを主張し、日本列島の歴史からみた朝鮮人といった、より広いパースペクティブから考察する必要性を語ってきた。

　許寿童（2009）は、1920年までの間島（現在の吉林省延辺朝鮮族自治州の一部）における朝鮮人中等教育を考察し、朝鮮人、日本、中国、外国人宣教師の役割を明らかにした。植民地支配は人々の移動を生み出す。そのことによる民族教育の広がりは欠くことのできない論点である。

　金美花（2007）は、中国朝鮮族の居住地域である吉林省延吉県楊城村に焦点を当て、1930～1949年にかけての朝鮮人の教育の歴史をその社会経済的基盤と合わせて解明している。中国の朝鮮人は、子女の教育に熱心な民族であるが、次世代の将来を見据えながら、満洲国期においては自発的に日本の近代教育を受け入れてきた。本書は朝鮮人居住地域に焦点を当て、満洲国期、国共内戦期という激動の約20年にわたる社会変動と教育について定点観測をした歴史社会学研究であり、興味深い著作である。

　また、金珽実（2014）は、間島に移住した朝鮮人が自主的に行った日本語教育に着目し、日中支配の間で揺れ動いている朝鮮人知識層を検討し、日本語教育の歴史的性格を明らかにしようとした。金珽実（2017）と合わせて講読することで、間島における日本語教育が朝鮮人、日本、中国の力関係の中でどのように展開されたのか、その全体像が浮かび上がってくるダイナミックな研究と言える。

4. 占領下の回教工作（回民）

　日本占領下における回教工作に関して言及しておきたい。日本軍は、日中戦争時期に占領政策を遂行するために積極的な回教工作を展開し、関係したイスラーム教徒に与えた被害は多大なものがあった。近年、日本軍の占領下にあった少数民族である回民に関する研究が増加している。たとえば、基礎的なデータを発掘しながら執筆された西北回教総聯合会に関する澤井充生（2016）など実証的な研究が生まれている。

　また、新保敦子（2014）は日本軍占領下における回民を対象とした女子中等教育に焦点を当てて論じている。回民教育の中でも女子教育はとりわけ立ち遅れた領域であったが、占領政策の一環として回民の女子青年に対して積極的な教育施策が展開され、華北の傀儡政権下においては実践女子中学といった回民のための女子中等教育機関が設立された。同研究では、活字メディアを分析しながら、学生募集・応募状況の実態、教育内容について検証し、日本側の意図と実態との齟齬を明らかにし、日本側の思惑どおりには、女子教育が進展しなかったことを論じた。

5. 今後の課題

　第1に、学校教育以外の社会教育の視点からの研究である。従来の中国占領地・植民地教育史研究は、学校教育を中心とするものであった。これは学校教育においては、テキストなどの文献資料が残されていることが大きな要因である。一方、日本の軍事占領下においては、社会教育を中心とする団体訓練や動員が大きな役割を果たしてきた。しかしながら、資料が残されていないこともあり、研究が必ずしも進んでいるとはいえないだろう。

　第2に、ジェンダーという視点からの研究である。戦時下という多くの民族が交錯する中で、女性は重要な役割を果たしているが、この点に関する検証は、まだまだ不十分といわざるを得ない。敬和学園大学戦争とジェンダー表象研究会（2008）、あるいは生田美智子（2015）など、注目できる著作が上梓されているものの、いっそうの研究の進展が待たれている。

また日本の軍事支配下においては、少数民族女性が利用されることも多かったが、困難な時代状況の中で、少数民族女性がどのように戦時動員されていったのか、その客観的な事実をさらに実証的に明らかにする必要があろう。

　第3に、植民地下と戦後体制とをつなげて、人間の一生を人の移動とそのプロセスというトータルなものとして考察する研究が必要とされているように思われる。その意味では、蘭信三（2009、2013）の引き揚げ者の研究など一連の著作は、注目に値するのではなかろうか。

　第4に、英語での論文発表の必要性がある。近年、欧米においては、満洲などの日本植民地、占領地に関して、英語での研究が多い。たとえば、2017年8月にアメリカのユタ大学を訪問したが、同大学の図書館ネットワーク（Libraries U search, The Univ. of Utah）で、Manchuria（満洲）を検索すると約1万5000件がヒットした。いかに英語で日本占領地・植民地関係の論文が活発に発表されているかがわかる。

　とりわけ、欧米に留学した中国人、韓国人によって、博士論文という形でまとまった日本植民地・占領地関係の英語論文・著作が公開されている。博士論文を出版後に、アメリカの大学での東アジア部門で教職につく者も少なくない。

　こうした論文・著作に目を通すと、参照されている文献には第一次資料として日本語資料が使われているのは確かであるが、日本人による日本語の研究論文が必ずしも参照されていない。その理由として、英文誌のレフェリーが日本語の論文を読めないため、日本語論文を参照しても審査をしてもらえない、という事情がある。日本人の研究者であっても英語で論文を積極的に発表する必要性があるのではなかろうか。

　以上、4点にわたって課題を指摘してきたが、今後、東アジア地域における植民地教育の活発な展開を期待したい。

●第3節　文献一覧

蘭信三編（2009）『中国残留日本人という経験──「満洲」と日本を問い続けて』勉誠出版

蘭信三編著（2013）『帝国以後の人の移動──ポストコロニアリズムとグローバリズムの交錯点』勉誠出版

生田美智子編（2015）『女たちの満洲　多民族空間を生きて』大阪大学出版会

磯田一雄・槻木瑞生・竹中憲一・金美花編（2000）『在満日本人用教科書集成』（全10巻）柏書房
金山泰志（2014）『明治期日本における民衆の中国観──教科書・雑誌・地方新聞・講談・演劇に注目して』芙蓉書房
貴志俊彦・白山眞理編（2016）『京都大学人文科学研究所所蔵　華北交通写真資料集成』（全2巻）国書刊行会
許寿童（2009）『近代中国東北教育の研究──間島における朝鮮人中等教育と反日運動』明石書店
金斑実（2014）『満洲間島地域の朝鮮民族と日本語』花書院
金斑実（2017）『満洲・間島における日本人──満洲事変以前の日本語教育と関連して』花書院
金美花（2007）『中国東北農村社会と朝鮮人の教育──吉林省延吉県楊城村の事例を中心として（1930-49）』御茶の水書房
敬和学園大学戦争とジェンダー表象研究会編（2008）『軍事主義とジェンダー──第二次世界大戦期と現在』インパクト出版
澤井充生（2016）『日本の回教工作とムスリム・コミュニティの歴史人類学的研究』（2013～2015年度科研基盤（C）・研究成果報告書）
新保敦子（2008）「満洲国におけるモンゴル人女子青年教育──興安女子国民高等学校を中心として」『東アジア研究』50、3-17頁
新保敦子（2014）「日本軍占領下の北京における少数民族と女子中等教育──実践女子中学に焦点を当てて」松本ますみ編『1920年代から1930年代中国周縁エスニシティの民族覚醒と教育に関する比較研究』（2012～2014年度科研基盤（B）・研究成果報告書）、60-73頁
宋恩栄・余子俠主編（2016）『日本の中国侵略植民地教育史』1：東北編（曲鉄華、梁清）、2：華北編（宋恩栄、余子俠）、3：華東・華中・華南編（曹必宏、夏軍）、4：台湾編（荘明水、宋恩栄）、王智新監修、明石書店（原書は『日本侵華教育全史』（人民教育出版社、2005、全4巻））
竹中憲一（2000）『「満洲」における教育の基礎的研究』（全6巻）柏書房
竹中憲一（2002）『「満州」植民地日本語教科書集成』（全7巻）緑陰書房
竹中憲一（2005）『「満州」植民地中国人用教科書集成』（全7巻）緑陰書房
竹中憲一編著（2012）『人名事典「満州」に渡った一万人』（本編1651頁、索引編384頁）皓星社
田中寛（2015）『戦時期における日本語・日本語教育論の諸相──日本言語文化政策論序説』ひつじ書房
槻木瑞生編（2001）『「大東亜戦争」期における日本植民地・占領地の総合的研究』（2008～2010年度科研基盤（B）・研究成果報告書）
槻木瑞生（2011～2014）『アジアにおける日本の軍・学校・宗教関係資料：第1期～第4期』〈『満州帝国学事要覧』（第1期・2011）、『満洲国留日学生録』（第2期・2012）、日本留学中国人名簿関係資料』（第3期・2014）、『日本佛教団（含基督教）の宣撫工作と大陸』（第4期・

2012)〉龍溪書舎

槻木瑞生（2016）「日本列島から見た在満朝鮮人教育史」松原孝俊監修、Andrew Hall・金斑実編『満洲及び朝鮮教育史――国際的なアプローチ』花書院、1-22 頁

娜荷芽（ナヒヤ）（2012）『近代内モンゴルにおける文化・教育政策研究：1932-1945』東京大学博士論文

宝鉄梅（2005）『満州国および蒙彊政権におけるモンゴル人教育に関する研究』新潟大学博士論文

山本一生（2012）『青島の近代学校――教員ネットワークの連続と断絶』皓星社

（新保敦子）

おわりに

　本章においては、東アジア植民地教育史について、台湾、朝鮮、中国の各地域に分けて論じてきた。

　台湾においては、重要と思われる研究成果や積み残されている課題の顕在化に重点をおいて検討している。そして属性や経験の異なる複数のアクターを設定してその相互関係を重層的に解明することにより支配者・被支配者双方の固定的な像は書き換えられ、教育をめぐる要求や選択についても新たな解釈が可能となりつつあることを指摘している。また日記を含め、近年の史料状況についても整理し、新しい資料の発掘が、研究を進めていることも論じている。

　韓国・朝鮮関連書の中では、植民地関連が過半の位置を占めている。また、植民地教育政策や植民地教員に関して、実証的な研究が行われてきた。また個別の分野、特定の時期の研究が増加し、学校以外の社会教育や神社参拝の研究が進展し、各教科の研究が深まっていることを指摘している。

　中国については、日本人学校は満洲国・中国の占領地における教育の重要な部分を占めているものの研究が十分とはいえない状況であったが、近年、研究が活発化している。また写真など新しい資料の発掘も、研究を促進している。さらに従来、空白の部分として残されてきた占領下における少数民族、たとえばモンゴル人の教育に関する研究が、留学生によって母語を駆使しながら行われているほか、回族研究にも進展がみられる。

　以上、台湾、朝鮮、中国に分けて、東アジア植民地教育史研究を概観してき

た。今後の課題としては、学校教育以外の研究の発展、ジェンダーの視点の反映、ポストコロニアル状況を踏まえトータルに人間を捉える研究が期待される。

　近年は日記やインタビューといったライフストーリーに関わる資料の蓄積に伴い、植民地・占領地における個々人の人生に焦点を当てた研究が進展しているが、ただし北村が指摘するように、大枠の議論も大切ではなかろうか。

　一方、目を海外の研究に向ければ、欧米における英語文献を使っての東アジア植民地教育研究が進展する中で、日本における実証的な植民地教育史研究が、研究の上で参照されない事態も進展している。日本の東アジア植民地教育史研究においても英語での情報発信が重要な課題であることを指摘しておきたい。

　アメリカのスタンフォード大学フーバー研究所のアーカイブ・コレクションは、東アジア関連第一次資料の宝庫であり、世界各国から研究者が訪問する。最近、ここには、*The Rape of Nanking* の著者であるアイリス・チャン（Iris Shun-Ru Chang, 1968-2004）の胸像が、中国系の組織から寄贈され、閲覧室に飾られている。同書の「正当性」がアメリカの有力大学であり世界的に著名な中国近代史研究の拠点から担保されているともいえよう。日本発の実証的な東アジア植民地教育研究を積み重ね、研究を世界に発信することが急務といえるのではなかろうか。

（新保敦子）

第5章

ヨーロッパ教育史

はじめに

　「ヨーロッパ」とは何かということが、現在、さまざまな方面から問われている。グローバル社会への移行や多民族国家化の進行などにより、「ヨーロッパ」ということで了解されてきたかにみえる空間的かつ文化的な領域の輪郭がどこに設定されうるのかという問題が浮上している。「ヨーロッパ」の境界線をめぐる問題は、たんに思惟上のことではなく、現実の生活とも密接にかかわっている（本稿を執筆している時点では、欧州連合からのイギリス脱退（Brexit）問題による動揺、あるいはシリア危機と連動して生じた難民受け入れ問題などが具体例として挙げられる）。「ヨーロッパ」、あるいはそれを包摂しているとみなされる「西洋」は、これまでよくもあしくも近代の規範性をともなう一大カテゴリーであった。その輪郭が曖昧になることへの寛容さと危惧とがともに生起している時代を、私たちは生きている。

　「ヨーロッパ」や「西洋」の動揺は、それを考察対象とするさまざまな学問ディシプリンの在り方にも影響を与え、また各ディシプリンの方法に基づく「ヨーロッパ」や「西洋」の主題化を促進させている。歴史学もまたその例外ではない。むろんこの問いは今日に至って初めて提起されたわけではなく、むしろ困難の時代にたえず繰り返されてきたといってよいだろう（たとえば、アンリ・ルフェーブルが1944年から45年に行った講義をもとにした『"ヨーロッパ"とは何か』（邦訳2008）、増田四郎『ヨーロッパとは何か』岩波書店、1967）。だが、現代においてこの問いは、「ヨーロッパ」や「西洋」という枠組の実効性に関するより切実で根本的な疑念を含み込んでいるように思われる。歴史学の重鎮が浩瀚な『西洋の歴史』を刊行し（Winkler, H.A.: *Geschichte des Westens*. 4 Bände. München 2009-2015）、それが読者の反響を呼んでいることも、「ヨーロッパ」や「西洋」のリアリティーの根本的な動揺がその背景にあることを意識すると理解しやすい。

　グローバル化にともなう以上のような問題状況の変化は、必然的に、日本という「西洋」の境界線の外から「ヨーロッパ」や「西洋」の歴史を眺めることの意味に関する自問を喚起することになる（『思想』（特集　東アジアの西洋史学）第1091号（2015年第3号）、2015）。「ヨーロッパ」や「西洋」を近代化のモデルとして位置づけつつ、そこからの差異化を図ると同時に分類し、そして序列化する

思考法から脱却することが試みられる場合(「グローバル・ヒストリー」志向の歴史学)、「ヨーロッパ」や「西洋」の歴史はいったいどのような立ち位置から分析されることになるのだろうか。この問いは、ひいては方法論の問題とも密接に結びつくだろう。どのような視点によって、またいかなる手法を用いて対象を眺めれば「ヨーロッパ」や「西洋」の歴史を捉えることになるのだろうか。

そのような問題関心から「ヨーロッパ」や「西洋」の教育史を振り返ろうとするとき、長尾十三二がすでに1978年の段階で、『西洋教育史』(東京大学出版会)の「はじめに」において読者に向けて次のように語っていたことが目に止まる。

> 思うに西洋教育史の学習は、いまひとつの転機にさしかかっている。われわれが長らく身につけてきた「西洋」概念の再検討が必要なことは言うまでもないし、また「教育」概念そのものも再吟味を迫られている。そしてそのことは、当然、既成の西洋教育史叙述のあり方にきびしい反省を求めることに通じているはずである (長尾 1978 : p.i)

「ヨーロッパ」や「西洋」を相対化することが求められているという予感は、すでにかなり以前から、しかも「西洋教育史」の重要な担い手によってほのめかされていたことになる。

高度経済成長期に終止符が打たれた後で「ヨーロッパ」や「西洋」をモデルとして発展が続くという物語への信頼性が揺らぎ、なおかつ近代化の副作用が問われるようになると、人文・社会科学における多くの部門で西洋中心主義への批判的検討が求められるようになったが、「西洋教育史」の相対化もまたその一部をなしていたとみることができるであろう。興味深いのは、「西洋」のみならず、「教育」についてもまたその輪郭をめぐって議論が必要であることを長尾が示唆していることである。「西洋」と「教育」を相対化しなければならないという時代の要請に対する長尾の予感は、今日においては了解へと変化した。しかも、歴史学がいわゆる言語論的転回の影響を受けたことによって、「歴史」もまた文化的な構成物としての側面を有しているという予感が新たにそこに加わったことで、「西洋教育史」を構成する三つの要素——「西洋(およびヨーロッパ)」「教育」「歴史」——の関係性そのものが問いに付されているといえるのか

もしれない。

　「ヨーロッパ」、そして「西洋」とは何かという問いを抱えつつ、日本におけるヨーロッパ教育史や西洋教育史の分野における近年の成果を概観してみるとき、どのような傾向がそこに認められるのだろうか。そこで考察の対象となる「教育」の領域はどこに定められているのだろうか。また、考察の背景にある「歴史」観および「歴史」を解き明かすどのような手法が採られているのだろうか。歴史学と教育学のあいだを行き来して、2000年代以降に公にされた秀でた研究成果を体系的かつバランスよく紹介することは、筆者の限界を超える課題である。どこまでを「ヨーロッパ教育史」研究とするかは見立ての問題だが、いずれにしても関連する刊行物は膨大になる。ここでは、そうした個別の研究成果に対する詳細な論評に代えて、『日本の教育史学』における研究動向紹介欄および書評・図書紹介欄において言及された「ヨーロッパ教育史」関係の著作を中心に当該の刊行物を一覧したうえで、牽強付会の誹りを恐れず、そのような一覧のうちに浮かび上がる2000年代からの研究動向をあくまでも筆者の関心にもとづいて読み込んでみたい（なお、紙数の関係もあり、「大学」「ジェンダー」「ナショナリズム」「新教育」など他章においてキーワードとして掲げられているテーマに関する著作についてはここで十分に取り上げることができない可能性がある。あらかじめお断りしておきたい）。

第1節 「ヨーロッパ」の捉え直し

　日本の教育史領域においては、伝統的に「ヨーロッパ」世界はイギリス、ドイツ、フランス、そしてロシアで構成されてきたし、基本的に現在もなおその傾向は続いているようにみえる。ただし、そうしたなかでも、2000年代以降は考察対象となる国が増加しているように思われる。単著に限定してみても、イタリア（高橋2000、髙田2017、オムリ2007、児玉2007）、スウェーデン（石田2003、是水2007）、チェコ（福田2006）、オーストリア（伊藤2010）などを対象とし

た著作があり、また教育史の雑誌論文および歴史学関係の雑誌で教育史に関する論文として東欧などを対象とした論考が公にされている。「主要」なヨーロッパ諸国とされる国を対象とした研究においても、その国の中心とは異なるところから考察に焦点を当てているものが散見される。たとえば、18・19世紀転換期のドイツにおける近代国家形成と学校改革の接合過程をテーマにした谷口（2012）は、プロイセンに傾斜しがちなドイツ史研究において、日本で未開拓であったバイエルンの歴史について論じている。ウェールズを教育や言語との関連で歴史的に考察した平田（2016）にもそれと同様の特徴を見出すことができる。

　2000年代以降の特徴として確認できるのは、対象国の拡大および比較の重視だけではない。ヨーロッパとは「分裂と統合」の歴史である、とはポミアン（2002）が強調しているところだ。そのような視点でヨーロッパにおける教育の歴史を論じる研究が見受けられるようになった。教育社会史的手法に基づいてロシアの女子教育が辿った歴史を考察（2004）した橋本は、それに継いで（2010）、17世紀から20世紀初頭にいたるロシア帝国の教育構造を解明することを課題としつつ、「西洋」が分断と統合を繰り返すなかで不断にその領域を伸縮させる動的なものであることを前提としたうえで、「西洋」の境界部分において「西洋」なるものが立ち上がる過程を歴史学的に再構成しようとしている。小峰（2007）は、ヨーロッパの「分裂と統合」というテーマに別の角度から接近を試みている。この著作は、ドイツにおけるデンマーク系少数者の教育に従事した教育行政家ニュダールの足跡を追究することによって、国境によって分断された空間とそこに生きる人々の文化的アイデンティティの揺れ動きを教育との関連において解き明かそうとしている。小峰はさらに、別の著作（2014）によって、第一次世界大戦後にドイツ領からポーランド領となった上シュレジエン地方（シロンスク）に残留したドイツ系少数民族の教育問題を扱っている。

　2000年代以降、「ヨーロッパ教育史」研究の領域において、考察対象の拡大や分裂・統合・再編の力動性に関する検討がみられた要因としては、さまざまなことが挙げられるであろうが、なかでも2002年3月に第1回春季大会が開催されてから現在まで活動を続けている比較教育社会史研究会の存在がこうした方向での研究を押し進めてきたことが注目される。望田（1995、2003）が遂行

したエリート・非エリートの世界を広く視野に捉えたドイツの職業資格に関する比較研究や中等教育の国際比較を重要な基盤としつつ、「比較」の観点および「社会史」の手法をさらに洗練すると同時にその対象領域を拡大することをねらいとして、同研究会は立ち上げられた。日本史と西洋史、またそうしたジャンルに入りきらない専門家たちによる交流の場を提供すると同時に、その成果を『叢書・比較教育社会史』として継続的に公にしている知の実験場としての役割を果たしている。同研究会は、教育学ディシプリンの一部としての教育史というよりも、歴史学的領域のなかで教育を論じる方向性を強く有しており、考察の対象、キーワード、問題構成、方法論の点において、歴史学や他の諸社会科学の最先端の知見との接触を通して教育の歴史に関する研究に対する建設的な提案をなし続けてきた（詳細については、同研究会を牽引してきた橋本2007および岩下2013、また望田2009を参照）。

　もっとも、比較教育社会史研究会の考察対象はヨーロッパに限定されていない。だが、それだけにヨーロッパをその内部からのみならず外部からも観察する視点を備えている点で、「ヨーロッパ教育史」の輪郭をその外部から再検討するという特徴をも備えているといえる。たとえば、望田・橋本（2004）では、ネイション形成に関わる教育の機能について、民族的少数者を対象とした教育について、また少数者が権力側によって提供される教育政策に対抗する際のストラテジーについて多角的に論じられるなかに、ヨーロッパを対象とした論考が含まれている。松塚・安原（2006）もまた、1870年代から80年代かけてに本格化するポーランドのロシア（語）化政策に抵抗する秘密学校を扱った塚本論文、伝統的な教育を守り抜こうとしたヘッジ・スクールと呼ばれる民衆の学校をアイルランド国民教育の複雑な形成過程のなかで読み解くことを試みる石垣論文などを収める。

第2節
統治と保護への新たなまなざし

　2000年代以降の「ヨーロッパ教育史」研究を一瞥して感じられるのは、社会の統治や構成原理との関連において教育の歴史を解釈し直そうとする関心が、少なからぬ研究書に通底しているのではないか、ということである。イギリスの性教育政策史を論じた広瀬（2009）は、同時代の問題意識を敏感に感じ取り、そして明快に示してくれている。広瀬の時代診断によれば、現代社会においては「国家関与を求める論理と国家「介入」を排除する論理が、どちらも正義の名の下に混在している」（広瀬2009：p.ⅱ）。一方において私的領域の確保がなされるようになったが、他方においてその私的領域が不安定化したことで、獲得されたはずの「自由」をある種の生きにくさとして経験せざるをえない状況が生じている。「自由」を享受するためには、図らずも国家が積極的に私的価値観の領域に「介入」することが促進されることが求められる。広瀬は、私的領域に直結する領域としての性教育に着目し、イギリスの保守派政権による性教育が義務必修化されていく歴史過程を分析し、「自力では自律的でいられなくなった私的領域を、真剣に修繕しメンテナンスし始めたのは国家であった」（広瀬2009：p.287）ことの詳細を解明している。

　「社会国家」の観点から20世紀ドイツの歴史過程を分析する辻・川越編（2016）にも、それと類似した問題関心を看取できる。「社会国家」とは、福祉の複合体としての意味を有するドイツ語"Sozialstaat"に由来しており、「社会的安全」（人々の生活に関わるさまざまなリスクから個人を保護する仕組み）を国家の責任のもとで国民に保障する制度の総体のことである。同書によれば、「社会的弱者のリスクからの組織的な防御は、その人間存在の領域に対する他者の介入と干渉を意味していた」（辻・川越編2016：p.9）。そのような国家機構による保護の仕組みは、社会への人々の包摂を促すと同時に、排除の可能性をもその内部にあらかじめ組み込んでいるという。同書は、19世紀末から20世紀末までのドイツを対象として、そうした保護化社会の複雑な様相を歴史的に俯瞰しようと試み

ている。就労や育児を通しての社会的安全の提供もまた「社会国家」による保護の両義性と無縁ではないことをこの論集は伝えてくれる、権力が個人に対してあからさまな抑圧もせず、かえってその安定性を図るために保護を試みるとき、人間の生活への、また広義の「形成」への介入が正当化される。そのような時代状況の分析には、たとえば階級性などのタームに依拠して抑圧の諸要因を捉えたうえで、そこからの解放というシナリオを作成するだけでは十分ではない。上述した二つの著作は、歴史に関する考察にはそれでも何ができるのかを模索する試みとして読むことができる。

　福祉との関連性において教育をあらためて問い直す論考もまた、社会の統治に関わる重要な論点を打ち出している。三時・岩下・江口・河合・北村編(2016)は、「一九世紀末から二〇世紀半ばの福祉国家体制が形成されつつあるなかで、家族・労働・福祉という生活に関わる領域で行われた社会的弱者に対する教育支援とそれが孕む排除性に焦点を当てようとする歴史研究」(p.1)である。オーストリア、アイルランド、ハンガリー、イングランドなどに関する論考も含む本論集は、慈善団体、アソシエーション、クラブ、教会、地縁・血縁、近隣関係などが織りなす「福祉の複合体」のうちに教育という営みを位置づけ直しつつ、近代化とともにその営みが国家による保障や支援を前提とするようになった歴史過程を批判的に精査していく。重要と思われるのは、「国民教育の進展によって見失われてきた民衆世界や市民社会の領域」(上記論集の岩下論文 2016：p.13)に無条件に価値を見出すのではなく、それらのうちにもまた「民主主義的排除」の契機が潜んでいたことをも分析の俎上にのせていることだ。『福祉国家と教育』というタイトルを掲げて多様なアクターが関連し合う複合体のうちに教育を捉える試論としての性格を有する広田・橋本・岩下編(2013)、また教育が福祉と密接に結びついていることを示す金澤周作「学びを支える社会と力──近代イギリスの教育とチャリティ」を収める南川編(2006)と合わせて読むと、ここでの問題圏の広がりがよりいっそうよくわかる。

　以上のような時代文脈のもとで、20世紀の後半に教育を論じる際に用いられるようになった術語（たとえば「規律」や「再生産」など）およびそれと密接に結びついた思想家の読解も変化しているように思われる。フーコーの影響を受けた教育史・思想史研究を例にとってみよう。1980年代後半から90年代前半に

おいては、フーコーの規律権力論にもとづいて、「監獄としての学校」という像をともなう教育批判がみられたが、2000年代に入ってからはそうした通俗的なフーコー受容から距離を取り、歴史のうちに具体的な素材を見出しつつその再検討を試みる考察が散見される。小松（2006）は、フーコーが『監獄の誕生』において論じたベンサムの思想に直接向き合うことによって、社会統治と教育についての彼の思考特徴を捉えようとしている。小松によれば、ベンサムの社会理論は個人の「自由」を実現する社会統治のための装置を生み出そうとしたものであり、また教育とは人間の「完成可能性」に対する信頼を基盤とした社会の秩序形成のための営みであった。そのうえで、「自立的な個人」と社会の統治システムとの調和的な関係という彼のユートピアから隔たった歴史的現実との〈あいだ〉が批判的に論じられている。フーコーのポリス論に触発されつつ、けれどもそれを超えて市民の生活のあらゆる領域に配慮し統治する行政権力としてのポリスに関する史料の検討を通して「教育という統治」の在り方を考察する白水（2004）、「アルケオロジー」の手法を意識しつつ「能力」概念を視点として骨相学を歴史的に紐解こうとする平野（2015）もまた、フーコーの残した業績を教育との関わりで再評価する重要な契機を与えてくれる。そうした統治に関する議論の延長線上に、アーキテクチャ（社会の構造）によるさりげないパターナリズムの可能性と問題性についての今日の議論を置いてみるとどのようなことが考えられるだろうか。

　統治に関わる別の観点からの考察として、憲法学の立地点から「教育における自由と国家」を論じた今野（2006）を挙げておこう。この著作においては、「大革命期から現代にいたるフランス公教育法制の歴史的な展開過程を、憲法学の見地から実証的に検討」（今野2006：p.i）することが目指されているが、その背景には現代日本における「教育の公共性」をめぐる議論の活況と国家による教育への介入に対する問題意識が横たわっている。遠藤（2004）も、1980年代以降の日本における「新自由主義（市場原理主義）に基づく福祉国家からの一連の転換政策」（遠藤2004：p.1）の問題を念頭に置きつつ、「第二次世界大戦後のドイツ（ドイツ連邦共和国）の学校改革の歴史的展開を、一九世紀以来の『管理された学校』から『自律的な学校』への転換の歴史という観点から捉え」（遠藤2004：pp.7-8）ることを課題としている。教育学における優生思想の展開を論じ

た藤川編 (2008)、フランスの道徳教育に関する長年の研究の集大成である石堂 (2013) なども、教育と統治の観点から読み直してみたい著作に属する。イギリスのウェリントン・アカデミーの分析をとおしてイギリスの「都市文化と教育」を論じた三時 (2012)、またこれまで新教育運動研究のなかでもどちらかといえば周辺的に位置づけられてきた観がある都市の学校改革を考察対象とした小峰 (2002) などは、市民の側にも、また国家の側にも完全には割り振られることのない都市という複合物（多様なアクターのみならずモノと情報によって複雑に構成されるネットワーク）を通して教育を眺め直す契機を与えてくれる。

第3節 教養論の再興

　統治の問題ともおそらく間接的にかかわりながら、教養論の活況が2000年代以降の「ヨーロッパ教育史」研究に影響を与えている可能性がある。よく知られるとおり、教養論はそれ以前から学際的に議論がなされてきた。とりわけ1991年の大学審議会による答申「大学教育の改善について」にもとづいて大学設置基準大綱が定められて「一般教育」が事実上解体の方向に向かったことを契機として、教養とは何かが問われたことは、周知のとおりである。だが、2000年代以降の教養論はそれとは別のところに源泉を有している。1990年代半ばあたりから行われ始めたラージスケール・アセスメントによる比較調査は、2000年以降、3年ごとにOECD（経済協力開発機構）教育部門によって実施されるPISA (Programme for International Student Assessment) によって、その影響範囲をさらに拡大し、21世紀に入ってからの教育状況を特徴づける重要な出来事となった。PISAのリテラシー概念をはじめとする〈新しい能力〉概念が学習の目標として提起されたばかりでなく、そうした〈新しい能力〉が「「学習成果 (learning outcome)」として評価され、その結果にもとづいてその国・自治体の教育制度・政策や各教育機関の教育活動の評価がなされるというシステム」(松下2010：p.10) の構築を促しており、したがってこうした動向が教育の領

域に与える影響は一見した以上に大きい。

　以上のような動向の問題性にきわめて意識的に反応しつつフランス近代を対象として教養の揺らぎの歴史を主題化しているのは、綾井（2017）である。綾井は、21世紀の新たな動向に、「ヨーロッパにおいて伝統的に自由学芸（リベラル・アーツ）を構成すると考えられてきた知の体系がどのような変容を被ったのか、また再編されたのか、という観点から、近代フランスの中等教育における教養問題にアプローチ」（綾井2017：p.20）することをねらいとしている。思想史の色彩が強い綾井の著作に対して、細尾（2017）は学力評価論の立場から同じフランスを対象として、1920年代から現在までの中等教育における学力問題の展開を追究している。フランスにおいて教養が伝統的にどのように捉えられ、またそれがコンピテンシーへと重点を変化させていったのかを明らかにし、両者の関係性がフランスで現在どのように問われているのかを究明する。

　現代における教養をめぐる問題への関心が明示されているわけではないが、フランス近代の規律と教養を教育史の方から読み直そうとしている上垣（2016）もこの文脈に置くことができる。対象国は異なるが、「教養」の重要な原語の一つでもある"Bildung"概念の歴史の検討を含む三輪（2007）、またイギリス、フランス、ドイツ、ロシアを対象にして近代ヨーロッパの中等教育から高等教育へと至る制度の解明を目的とした橋本・藤井・渡辺・進藤・安原（2001）も、教養との関連で眺めてみてもおもしろい。

　教養とも密接にかかわって、2000年代には、メディア、言語、リテラシー、読書、情報伝達などが重要なテーマとして浮上したように思われる。とりわけ私たちの関心から注目されるのは、メディアが国境を越えていくという性質を有していることだ。メディアは、世界史を一国史の組み合わせで構成するのとは別のかたちで記述する重要な観点になる。ヴィンセント（2011）が「読み書き」、とりわけ「機能的リテラシー」の歴史を論じる際に考察の焦点を当てているのは、郵便というメディアである。1876年から1928年にかけて万国郵便連合に集積されたデータをもとにして、加盟国の国内および国際郵便流通量が算出され、それと識字率、就学率、国民総生産および鉄道旅客数などとの密接な関係が検討されている。そこから翻って、経済、教育、宗教などとの関連においてリテラシーの利用とその規模がどのように推移したかを論じているのである。ヴィ

ンセントは、イギリス、フランス、ドイツはおろか、北欧や南欧の諸国、またロシアにまで視野を広げて、18世紀後半から20世紀初頭のヨーロッパ全体を俯瞰しながらも、あらゆる安易な一般化を退けつつ、リテラシーをめぐるどのような状況が個別に生じていたのかということに関する細やかな記述を積み重ねている。

浅野・佐久間（2006）は、ヨーロッパの中・近世を対象として読み書きの歴史を考察している。「教育・教養が当該時代の社会のなかでいかなる価値をもち、機能し、人々の目標となったのか」（浅野・佐久間2006：p.12）を解明し、「それらの諸標識がいかに社会階層の差異化、ないし社会的区別の標識となったのか」をつまびらかにすることがそこでの目的として掲げられている。また、所収された論文のすべてがヨーロッパ関係というわけではないものの、松塚・八鍬編（2010）もヨーロッパ関係の諸論考を収めており、識字と読書をテーマとして「リテラシーの比較社会史」を展開している。『歴史学研究』において、「言語というポリティクス」という特集が、873号および874号と続けて組まれたことにも言及しておきたい。所収されているいくつかの論文は、「西洋」とその外部との接面を照射して言語のポリティクスを論じている。教育思想史の分野においては、メディアに関する今井（2004）、また言語に関する森田（2005）および森田編（2013）が重要な文献として挙げられる。

教養を可視化するテクノロジーとそれに従った教育の仕組みが注目される時代には、容易には計測しがたい教養への思慕とともに身体、リズム、芸術などに焦点を当てた研究も、少なからず目にとまる。関口（2007）は、19世紀前半のスイスにおけるネーゲリの思想を中心として近代ドイツ語圏の学校音楽教育と合唱運動について論じ、関口（2017）によってさらにそれを発展させている。長谷川（2005）は、美術、音楽、舞踊、文芸、演劇などに共通する「ミューズ的」要素を手段とする教育に注目し、そうしたミューズ教育の思想史的変遷の解明と思想的革新の把握を目的とした浩瀚な著作である。19世紀ドイツを対象として、音楽が社会的に担っていた意味の歴史的形成過程を探究した宮本（2006）なども合わせて読むとき、次のようなイメージが思い浮かぶ。〈わたし〉と世界との関係を〈わたし〉が生み出すなかで、〈わたし〉が世界に何ものかを創出し、その何ものかが〈わたし〉や他の人々にはたらきかける世界の一部となる。こ

の何ものかが「文化」と呼ばれ、「教養」と名指される。近代は、この「教養」が形式化していく方向と、そして形式化した教養を再び〈わたし〉と世界との力動性の方に還元していく方向とのせめぎ合いとしての側面を有しているのではないか。このせめぎ合いを解き明かすことが引き続き求められるであろう。

第4節
構成物としての歴史と史実

　「ヨーロッパ」および「西洋」の境界線の問題は、当然のことながら地理上の線引きにかかわることのみではなく、疑似共同体の輪郭付けをめぐる想起文化の問題とかかわっている。文化的記憶――アーキテクチャ（記念碑、警告碑、ミュージアム、記念公園、またそれらを含む都市構造）、想起を促す儀礼や慣習、歴史に関する学問、記憶を喚起する文学など――や人々のやりとりによって成り立つコミュニケーション的記憶に関する研究は、教育学の中核的な研究対象である学校に直接かかわるわけではない。それにもかかわらず、教育の領域を学校からその外部へ、また教育のメディアを文字から空間へ移行しさえすれば、想起文化は広義の人間形成にかかわる問題として視野に収められるべきものとして認識されるようになるだろう。アルヴァックスに重要な起源を有する「集合的記憶」論とのかかわりで蓄積された記憶と想起に関する多くの重要文献（アルヴァックス、ヤン・アスマン、アライダ・アスマン、ノラ、ヴァールブルク）の邦訳が果たされているが、教育史の領域においてもすでにそのような方向での研究成果が出されていることを指摘しておきたい。「国民」をはじめとしてさまざまな集団やそこに帰属するとされる個人のアイデンティティの形成過程を単線的に理解するのではなく、多様な利害と関係のせめぎ合いのなかで、しかも地上における実勢力の次元だけではなく、記憶と想念上の文化と広義のポリティックスの次元をも視野に捉えたうえで理解しようとする傾向が、そこには認められる。

　たとえば、橋本（2016）は、「歴史と記憶が政治化されて紛争化される事例の

検討を通じて、そこに作動している政治的力学を捉えること」(橋本2016：p.18)を目的としている。対象となるのは、エストニアとラトヴィア両国を中心とした中東欧・バルト諸国、そしてそうした国々としばしば対立するロシア連邦、またさまざまな西欧諸国の政治勢力が角逐するアリーナと化した欧州国際機関である。中東欧やロシアまでを視野に捉えたうえで「記憶の戦争」と呼ばれるほどにヨーロッパにおいて激烈に繰り広げられる歴史観の論争および実践を追究している好個の事例である。なお、記憶とユートピアの関係性を多角的に考察する塩川・小松・沼野編 (2012) は、橋本「歴史と記憶の政治──エストニアの事例を中心に」を所収している。

　教育および人間形成の問題により接近したかたちで想起文化の歴史について論じているのは、對馬編 (2011) である。本書は、戦後ドイツの再生を目指した市民抵抗運動の「クライザウグループ」による反ナチス運動を主たる考察対象とした對馬の単著 (2006) を礎として、さらにその延長線上に位置づけられた共同研究の成果である。ナチズムの記憶との対峙を余儀なくされた戦後ドイツにおける想起文化の理論と実践に関連する複数のアクターとファクターを視野に入れて、ドイツにおける「過去の克服」をめぐる歴史が解き明かされる。東欧の20世紀を対象とした高橋・西編 (2006) には、近藤孝弘「隣人の記憶──ポーランドにおける「過去の克服」とドイツ」が収められている。なお、ドイツ関連でいえば、近代大学の原理ともいえる「フンボルト理念」が後世の創作物であり、それがある種の神話として機能したのだというパレチェク仮説の検証を含む潮木 (2008) も、上述の論考とはまったく別の方向性を有しているとはいえ、記憶と想起に関連する教育史的研究の性質を帯びている。教育史研究ではないが、ナチス・ドイツにおける「記憶」の文化史を標榜する溝井・細川・齊藤編 (2017) や史跡・記念碑に注目することによって「歴史の場」を論じた若尾・和田 (2010) なども、教育史研究に隣接する成果として視野に入れておきたい。

第5節
意味世界の歴史を読み解く教育思想史

　人間が生み出すと同時に否応なくそのなかに入り込んでいる意味世界にも、時代の流れが関わっている。そのような意味世界の歴史を扱う主要な領域が教育思想史研究である。日本の「ヨーロッパ教育史」研究において、教育思想史研究の層は伝統的に厚い。そして、この傾向は2000年代においても変化していない。ただし、その際の「教育思想史」は、教育の思想や哲学に関わる「正史」もしくは「教典（カノン）」としてではなく、教育のリアリティーを読み解くための手がかりとして位置づけられる。650頁余りにもおよぶ浩瀚な『西洋教育思想史』(2016)を編集した眞壁宏幹は、近年のそのような傾向を端的に示している。それによれば、「西洋教育思想史」とは「教育の営みとその営みを支える実証的研究をより深いところで規定している「思想」（対象認識、行為と評価の判断を基礎づけている価値・信念体系）を反省的に考察する」(眞壁編 2016：p.2)ジャンルである。眞壁は、現代の教育を困難な「航海」と見立てたうえで、「そうした営みに現在位置を知らせるための「星座」を作成する「反省的実践」」(眞壁編 2016：p.2)として「西洋教育思想史」を意味づけている。

　教育に関する思想の歴史を解読する作業において、伝統的には、重要とみなされた特定の人物の名を挙げて教育が論じられることが多かったが、今日の見通しがたい「航海」としての教育に接近するために、むしろテーマ領域の方がより前面に掲げられる傾向にあるように思われる。たとえば、森田・森田(2013)は、今日における「教育現実のもつ複雑さと重層性に迫るためには、これまでの教育の歴史と思想を振り返るという迂路を介さねばならない」(森田・森田2013：p.ⅱ)として、「政治」「大学」「都市」「道徳」「職業」「教養」「教科書」「カリキュラム」「国語」「人間」「倫理」「臨床」「発達」などを鍵として思想史の立場からリアルな教育世界への接近を試みている。

　それでは特定の思想家について論じるというスタイルが減少したかといえば、そのようなわけでは必ずしもない。ただし、これまで教育の思想家として本格

的に論じられてこなかった人物に新たな問題視角から接近しようとする試みが多くみられたことはここで記しておくべきだろう。フロイトおよびフロイト派における子ども観の変遷を「精神分析的子ども」を鍵概念として考察し、子どもの「心」を理解しようとする現代人の構えの由来を思想史的に解明しようとした下司 (2006) をその一例として挙げることができる。また青柳 (2010) は、マルクスの思想が教育学において長らくマルクス主義を掲げた社会主義の思想と同一視されるという誤認から本格的に検討されてこなかったことを批判して、マルクスを正面から論じている。教育思想史の領域でそのほかにどのような人物が新たにとりあげられるようになったのかを知る手がかりとして、2017年に改訂された『教育思想事典』(初版は2000年) に注目してよいかもしれない。旧版と読み比べてみると、「アガンベン」「アレント」「ジンメル」「デリダ」「ドゥルーズ」「バトラー」「レヴィナス」などが新たな人名の項目として組み込まれていることがわかる。

　教育思想史の古典を新たな視点から読み直す試みにもここで言及すべきであろう。なかでも——第二次世界大戦以降、一貫して注目されることの多い新教育運動関連の研究を除けば——コメニウス研究の活況が目にとまる。北詰 (2015) は、近代教育思想の祖として捉えられることの多かったコメニウスの教育に関わる思想を、彼の言語観、世界観、人間観との関連において再解釈し、17世紀における知の再編という枠組みの中に彼の思想を位置づけ直している。相馬 (2017) は、パトチカ (2014) など国際的次元において注目されるコメニウス研究の成果にも十分に目配りをしつつ、「光」を鍵としてコメニウス研究としての深い専門性とわかりやすい筆致とを融合させた論考を公にしている。コメニウスの『世界図絵』の異版本を分析した井ノ口 (2016) も含め、こうした一連の研究は、「教典」として固着しかかる教育思想史の古典の読解を再活性化しているといってよい。ルターとメランヒトンを教育思想として読み解いた菱刈 (2001)、汎愛派のカンペを主題とした山内 (2010)、またニーチェが教育学のなかでどのように受容されていったのかを追究した松原 (2011) なども、それと同様に読者に教育思想への新たな向き合い方を示唆してくれる。フランス公教育の成立について、第三共和政期教育改革の立案・推進に貢献したビュイッソンの思想の形成過程に注目して論じた尾上 (2007) も、ここで挙げておきたい。

教育思想史における主題の多様化、考察対象の拡張、そして新たな視点の提起などによって、この種の研究領域における知は蓄積し、その成果は見通しがたくなっているようにもみえる。そうであるほどに、教育思想史研究を俯瞰しようとする意志もまた強まるのかもしれない。すでに言及した眞壁編（2016）や教育思想史学会編（2017）の刊行は、そのような俯瞰への意志の高まりに対応しているともいえる。後者は、問題状況の複雑化や多様化を促進しているかにみえる要因（「グローバリゼーション」「言語論的展開」「シティズンシップ」「社会構築主義」「新自由主義」など）およびそのような変化にともなって新たに生起した課題（「共生」「シティズンシップ」など）そのものを考察の対象として組み込んでいる。

おわりに

　2000年代以降の「ヨーロッパ教育史」に関する著作を一覧したときに確認されたのは、その考察対象や問題視角の拡張と方法論の多様化であった。そのような傾向は国際的にみられるのか、それとも日本に限定されたものであるのか。たとえば、ドイツ教育学会誌『ツァイトシュリフト・フュア・ペダゴーギク』は、2010年に「歴史的教育研究──イノベーションと自己省察」という特集を組み、次のように自己評価を下している。「教育学という学問の拡張過程を振り返ってみると、ドイツ国内において、また国際的にも、1970年半ば以降の歴史的教育研究ほど明白な成功の歴史を辿った分野はそれほど多くない」（Schuch, J/Tenorth, H.-E./Welter, N.: *Historische Bildungsforschung — Innovartion und Selbstreflexion*. In : ZfPäd.56Jg. 2010, S.643）。ドイツの教育史研究は、研究手法の多様化、史料の拡張、国際的連携の進展によって、理念史中心主義からの脱却を果たしたという。この分野の呼称が「教育史（Geschichte der Pädagogik）」から「歴史的教育研究（Hisotorische Bildungsforschung）」へとしだいにシフトしていったことは、学問分野の自己認識が変化したことと無縁ではない。ヨーロッパにおける教育史研究のそうした自己観察と日本の「ヨーロッパ教育史」研究におけるそれとは同質のものであるようにみえる。ただ、そのことを確信をもって主張するためには、より細やかな点を比較検討するような教育史学の国際調査が求められるだろう。

本章を執筆するにあたり感じた二つの困難について記しておきたい。一つ目は、考察の対象を限定する困難である。「はじめに」で述べたとおり、今回は主として『日本の教育史学』における研究動向紹介欄および書評・図書紹介欄において言及された「ヨーロッパ教育史」関係の著作を中心に取り上げた。筆者の限界と紙幅の都合によって、残念ながらすべての優れた業績にふれることができなかった。専門雑誌の論文にも多くの注目すべきものがあった。それらを考察対象の一覧のうちに加えるならば、また別様に時代傾向を読み取ることができたかもしれない。また、今日においては、日本在住の研究者による「ヨーロッパ教育史」の研究成果を発表する媒体が日本語の著作や雑誌であるとはかぎらなくなってきている。今後、この傾向が強まることが予想されるが、そうなるとますます考察対象の設定が難しくなりそうだ。

　二つ目に挙げられるのは、「ヨーロッパ教育史」の輪郭確定の困難である。今日、ヨーロッパ社会、教育分野、学問分野の輪郭がさまざまなかたちで問い直されるなかで、「ヨーロッパ教育史」を構成する三つの要素(「ヨーロッパ」「教育」「歴史」)それぞれの揺らぎがみられる。そのような事態を硬直化した学問ディシプリンの活性化とみなすのか、あるいは学問ディシプリンのアイデンティティの危機と診断するのかは、論者の立地点に左右されるであろう。いずれにしても、教育史学ディシプリンの一分野として「ヨーロッパ教育史」を一つの括りとすることは今後もあるとしても、その内実について語ることはより難しくなるのではないかということを感じた。

●第5章 文献一覧

青柳宏幸 (2010)『マルクスの教育思想』白澤社
秋葉淳・橋本伸也編 (2014)『近代・イスラームの教育社会史——オスマン帝国からの展望』昭和堂
浅野啓子・佐久間弘展編 (2006)『教育の社会史——ヨーロッパ中・近世』知泉書館
綾井桜子 (2017)『教養の揺らぎとフランス近代——知の教育をめぐる思想』勁草書房
石田祥代 (2003)『スウェーデンのインテグレーションの展開に関する歴史的研究』風間書房
石堂常世 (2013)『フランス公教育論と市民育成の原理——コンドルセ公教育論を起点として』風間書房
伊藤実歩子 (2010)『戦間期オーストリアの学校改革』東信堂

井ノ口淳三（2016）『コメニウス「世界図絵」の異版本』追手門学院大学出版会
今井康雄（2004）『メディアの教育学』東京大学出版会
岩村清太（2007）『ヨーロッパ中世の自由学芸と教育』知泉書館
ヴィンセント，D.（2011）『マス・リテラシーの時代——近代ヨーロッパにおける読み書きの普及と教育』（北本正章監訳）、新曜社
上垣豊（2016）『規律と教養のフランス近代——教育史から読み直す』ミネルヴァ書房
潮木守一（2008）『フンボルト理念の終焉？——現代大学の新次元』東信堂
遠藤孝夫（2004）『管理から自律へ——戦後ドイツの学校改革』勁草書房
尾上雅信（2007）『フェルディナン・ビュイッソンの教育思想——第三共和政初期教育改革史研究の一環として』東信堂
オムリ慶子（2007）『イタリア幼児教育メソッドの歴史的変遷に関する研究——言語教育を中心に』風間書房
北詰裕子（2015）『コメニウスの世界観と教育思想——17世紀における事物・言葉・書物』勁草書房
教育思想史学会編（2000）『教育思想事典』勁草書房
教育思想史学会編（2017）『教育思想事典』（改訂版）、勁草書房
下司晶（2006）『〈精神分析的子ども〉の誕生——フロイト主義と教育言説』東京大学出版会
児玉善仁（2007）『イタリアの中世大学——その成立と変容』名古屋大学出版会
駒込武・橋本伸也編（2007）『帝国と学校』昭和堂
小松佳代子（2006）『社会統治と教育——ベンサムの教育思想』流通経済大学出版会
小峰総一郎（2002）『ベルリン新教育の研究』風間書房
小峰総一郎（2007）『ドイツの中の《デンマーク人》——ニュダールとデンマーク系少数者教育』学文社
小峰総一郎（2014）『ポーランドの中の《ドイツ人》——第一次世界大戦後ポーランドにおけるドイツ系少数者教育』学文社
是永かな子（2007）『スウェーデンにおける統一学校構想と補助学級改革の研究』風間書房
今野健一（2006）『教育における自由と国家——フランス公教育法制の歴史的・憲法的研究』信山社出版
三時眞貴子（2012）『イギリス都市文化と教育——ウォリントン・アカデミーの教育社会史』昭和堂
三時眞貴子・岩下誠・江口布由子・河合隆平・北村陽子編（2016）『教育支援と排除の比較社会史——「生存」をめぐる家族・労働・福祉』昭和堂
塩川伸明・小松久男・沼野充義編（2012）『記憶とユートピア』東京大学出版会
白水浩信（2004）『ポリスとしての教育——教育的統治のアルケオロジー』東京大学出版会
関口博子（2007）『近代ドイツ語圏の学校音楽教育と合唱運動——19世紀前半のスイスにおけるH.G.ネーゲリの思想とその活動を中心として』風間書房
関口博子（2017）『近代スイス・ドイツの音楽基礎教育と歌唱活動』現代図書
相馬伸一（2017）『ヨハネス・コメニウス——汎知学の光』講談社

高田京比子（2017）『中世ヴェネツィアの家族と権力』京都大学学術出版会
高橋秀寿・西成彦編（2006）『東欧の20世紀』人文書院
高橋友子（2000）『捨児たちのルネッサンス——15世紀イタリアの捨児養育院と都市・農村』名古屋大学出版会
谷口健治（2012）『近代国家形成期の教育改革——バイエルンの事例にみる』昭和堂
對馬達雄（2006）『ナチズム・抵抗運動・戦後教育——「過去の克服」の原風景』昭和堂
對馬達雄編（2011）『ドイツ——過去の克服と人間形成』昭和堂
橋本伸也・藤井泰・渡辺和行・進藤修一・安原義仁（2001）『エリート教育』（近代ヨーロッパの探究4）ミネルヴァ書房
橋本伸也（2004）『エカテリーナの夢　ソフィアの旅——帝制期ロシア女子教育の社会史』ミネルヴァ書房
橋本伸也（2007）「歴史のなかの教育と社会——教育社会史研究の到達と課題」『歴史学研究』第830号
橋本伸也（2010）『帝国・身分・学校——帝制期ロシアにおける教育の社会文化史』名古屋大学出版会
橋本伸也（2016）『記憶の政治——ヨーロッパの歴史認識紛争』岩波書店
長谷川哲哉（2005）『ミューズ教育思想史の研究』風間書房
パトチカ, J.（2014）『ヤン・パトチカのコメニウス研究——世界を教育の相のもとに』（相馬伸一編訳）九州大学出版会
菱刈晃夫（2001）『ルターとメランヒトンの教育思想研究序説』渓水社
平田雅博（2016）『ウェールズの教育・言語・歴史』晃洋書房
平野亮（2015）『骨相学——能力人間学のアルケオロジー』世織書房
広瀬裕子（2009）『イギリス性教育政策史の研究——自由化の影と国家の「介入」』勁草書房
広田照幸・橋本伸也・岩下誠編（2013）『福祉国家と教育——比較教育社会史の新たな展開に向けて』昭和堂
福田宏（2006）『身体の国民化——多極化するチェコ社会と体操運動』北海道大学出版会
藤川信夫編（2008）『教育学における優生思想の展開——歴史と展望』勉誠出版
細尾萌子（2017）『フランスでは学力をどう評価してきたか——教養とコンピテンシーのあいだ』ミネルヴァ書房
ポミアン, K.（2002）『増補・ヨーロッパとは何か——分裂と統合の1500年』平凡社
眞壁宏幹編（2016）『西洋教育思想史』慶應義塾大学出版会
松下佳代編著（2010）『〈新しい能力〉は教育を変えられるか——学力・リテラシー・コンピテンシー』ミネルヴァ書房
松塚俊三・八鍬友広編（2010）『識字と読書——リテラシーの比較社会史』昭和堂
松塚俊三・安原義仁編（2006）『国家・共同体・教師の戦略——教師の比較社会史』昭和堂
松原岳行（2011）『教育学におけるニーチェ受容史に関する研究——1890-1920年代のドイツにおけるニーチェ解釈の変容』風間書房
溝井裕一・細川裕史・齊藤公輔編（2017）『想起する帝国——ナチス・ドイツ「記憶」の文化史』

勉誠出版
南川高志編(2007)『知と学びのヨーロッパ史』ミネルヴァ書房
宮本直美(2006)『教養の歴史社会学——ドイツ市民社会と音楽』岩波書店
三輪貴美枝(2007)『ヴュルテンベルク敬虔主義の人間形成論——F.Ch. エーティンガーの思想世界』知泉書館
望田幸男(1995)『近代ドイツ=「資格社会」の制度と機能』名古屋大学出版会
望田幸男編(2003)『近代ドイツ=資格社会の展開』名古屋大学出版会
望田幸男・田村栄子編(2003)『身体と医療の教育社会史』昭和堂
望田幸男・橋本伸也編(2004)『ネイションとナショナリズムの教育社会史』昭和堂
望田幸男・広田照幸編(2004)『実業世界の教育社会史』昭和堂
望田幸男(2009)『二つの戦後・二つの近代——日本とドイツ』ミネルヴァ書房
森田伸子(2005)『文字の経験——読むことと書くことの思想史』勁草書房
森田伸子編著(2013)『言語と教育をめぐる思想史』勁草書房
森田尚人・森田伸子編(2013)『教育思想史で読む現代教育』勁草書房
山内規嗣(2010)『J・H・カンペ教育思想の研究』ミネルヴァ書房
リシェ, P.(2002)『ヨーロッパ成立期の学校教育と教養』(岩村清太郎訳)知泉書館
若尾祐司・和田光弘編著(2010)『歴史の場——史跡・記念碑・記憶』ミネルヴァ書房

(山名　淳)

第6章

欧米の新教育

はじめに

　新教育をひとつの章として取り上げることは、他の章とは異なる難しさがある。「新教育」の定義から始めなければならないからである。21世紀になって、研究が進み、「新教育」の諸相が解明されるにつれて、その困難は減少するどころか、増しつつある。

　振り返ると、1990年代の初めに長尾十三二監修の世界新教育運動選書（全30巻+別巻3巻）が完結し、新教育運動の全体像を提示した。新教育運動が終焉して約50年を経て編纂されたこの選書は、新教育を推進し、体験した人々が生存していた時代の産物であった。この選書に参加した研究者（筆者もそのひとり）は、「新教育運動の価値ある遺産を国際的な視野から、いまあらためて、学問的、学説的に問い直し、そうすることによって現代教育の危機的状況に対処する知見を、体系的にしっかりと育て上げる」（長尾）という使命感を共有していた。

　21世紀になってからの研究は、この選書を基礎にしつつも、それを批判し、乗り越えることを課題にしてきた。「新教育」運動を担ってきた人々がほぼいなくなり、「新教育」が完全に歴史の対象になった現在、「新教育」をみる現代人の眼は、以前ほど楽観的ではなくなった。また、「新教育」に関連する社会史や比較史の研究が増え、対象が広がるとともに、子ども中心という理念を掲げた運動として「新教育」を特定することは難しくなったが、同時に、20世紀前半のほとんどすべての教育改革運動を新教育の理念とのつながりを抜きに論ずることもできなくなりつつある。

　本章では、19世紀末から20世紀前半までの教育改革の理念や実践を取り上げた教育史研究の成果に限定し、教育思想史研究、教育社会史研究、教育方法史・教科教育史研究、ナショナリズムと新教育、という四つに分類してみていくことにする。

第1節
教育思想史研究

　最も多くの成果を挙げているのが教育思想史研究であり、そのなかでも、ジョン・デューイの哲学や教育思想に関する研究が目立っている。杉浦美朗『デューイ教育学の再構築』(2002)、對馬登『デューイの経験的自然主義と教育思想』(2005)、藤井千春『ジョン・デューイの経験主義哲学における思考論――知性的な思考の構造的解明』(2010)などがあるが、これらは、デューイの理論を現代日本の学校現場にどのように生かしていくかという視点からのものであり、デューイの思想を歴史的に評価しようとするものではない。

　20世紀末にポスト・モダン思想の影響のもとでアメリカではデューイ哲学の研究が再び盛り上がったが、その契機を作ったのはローティであった。柳沼良太『プラグマティズムと教育――デューイからローティへ』(2002)は、ローティのネオ・プラグマティズムとデューイ哲学との共通点と相違点を解明しようとしたものである。共通点として、真理が可謬的・仮説的・暫定的であることなどを指摘していることは常識的な解釈だが、相違点として、ローティが、私的領域（自己実現や自己創造を目標として行動する自由をもつ）と公的領域（社会的正義を目指す義務をもつ）を区別していること、初等・中等教育における社会化と、高等教育における個性化を区別していること、そして、初等・中等教育では基礎知識や社会規範を学ぶことを重視していることを挙げている（pp.217-218）。デューイが徹底的に排除したはずの二元論を擁護しているローティをデューイ主義者とみることができるかどうかは評価が分かれるであろう。柳沼が『ローティの教育論――ネオ・プラグマティストからの提言』(2008)を著し、現代日本における道徳の教科化に賛成の論陣に与しているのは、ローティの立場から導かれたものであろう。

　近年の傾向では、ローティのようにデューイの思想を割り切るのではなく、後期デューイにおいて、自然主義的形而上学が現れてくる過程を厳密にたどる研究が成果を挙げつつある。後期デューイ思想の分析が増えたのは、デューイ

著作集や書簡集が完結しただけでなく、ネット検索も容易になったことが理由のひとつであろうが、それ以上に、新自由主義が跋扈する現代において、教育の公共性を考察するうえで、大戦間のデューイの思想が示唆するものが大きいからであろう。この観点を明確に打ちだしたのが、佐藤学の論文「公共圏の政治学――両大戦間のデューイ」(2000年1月)であり、その後のデューイ研究でしばしば引用されている。佐藤のこの問題意識を引き継いだのが、上野正道である。上野はデューイの芸術教育論に着目することで、教育の公共性について考察し、『学校の公共性と民主主義――デューイの美的経験論へ』(2010)を発表した。同書に序文を寄せた佐藤学は「美的経験の公共性を実現する教育を探索した彼(デューイ)の足跡を検証することによって、新自由主義の克服と公教育の再構成という現代の改革課題に、学術的かつ理論的に接近する道筋を提示することに成功している」(p.i)と評価している。上野は、デューイの『公衆とその諸問題』(1927)や『経験としての芸術』(1934)などを理論的根拠としつつ、バーンズ財団の芸術活動にデューイが積極的に貢献したことを確認して、デューイが「美的経験と公共性を架橋した芸術教育」(p.248)を構想していたことを論証した。この成果は、上野正道『民主主義への教育――学びのシニシズムを超えて』(2013)に受け継がれている。上野は、競争と自己責任を特徴とする新自由主義に対して、コミュニケーションに基づく民主主義社会を構想し、現代の学校改革の方向性を示唆する視点を提示した。

齋藤直子『〈内なる光〉と教育――プラグマティズムの再構築』(2009)は、エマソンの道徳的完成主義とデューイの「終わりなき成長」とのつながりを論証したものである。両者をつなぐものは、エマソンを起源とする「内なる光」である。デューイにとって、「人間の完成に仕える教育は、……表現と行動を通じて『内なる光』を解放する営み」(p.170)であった。「内なる光」は、後期デューイの芸術論では「美的経験」に相当し、それは、「継続的な完成の行為のための予見的エネルギー」(p.177)であった。プラグマティズムの生成と展開のなかで、エマソンとデューイとのつながりは、これまでにもたびたび指摘されているところであるが、本書は「エマソンの道徳的完成主義」という表現をもちいたカベルの解釈を援用しつつ、両者の論理的つながりを解明した。

加賀裕郎『デューイ自然主義の生成と構造』(2009)は、デューイの自然主義

哲学が形成されていく過程を、第一期（1882-1889）、第二期（1890-1894）、第三期（1894-1904）、第四期（1904-1916）、第五期（1915-1925）、第六期（1925-1952）に区分したうえで、第四期以後の思想的展開を中心に分析している（加賀は、意図的に数年の重複した時期を設定している）。デューイの自然主義哲学の構造を解明するために、分析対象は論理学、形而上学、知覚と心の哲学に限られている。倫理思想と教育思想についてはあえて分析対象としていないけれども、デューイの教育哲学を理解するうえでの基盤となるべき「民主主義の形而上学」の構造を明らかにした意義は大きい。

　デューイに関連する研究として、佐藤隆之『キルパトリック教育思想の研究――アメリカにおけるプロジェクト・メソッド論の形成と展開』（2004）がある。新教育の思想研究はデューイに集中しがちであるが、そのなかで本書は、デューイの思想を通俗化したとしてしばしば批判されるキルパトリックをあえて取り上げたことで、進歩主義教育の意義と影響の実態を再考する視点を提示した。とくに重要なのは、プロジェクト・メソッドという教授論を取り上げることで、教育思想研究と教育実践史とのつながりを具体的に示したこと、プロジェクトの意義を教授理論の大きな流れの中で確認したこと、そして、プロジェクト・メソッドにおける教師の役割に着目したことである。

　特定の人物に限定することなく、もっとひろく社会思想史の文脈でアメリカ進歩主義教育の理念を捉えようとする研究として、田中智志『社会性概念の構築――アメリカ進歩主義教育の概念史』（2009）がある。まず、20世紀前半の社会構造の特質をメリトクラシーとしてとらえ、社会内での競争や個人の有用性が重視される状況を確認する。つぎに、その弊害を除去する思想として、進歩主義教育のなかから打ち出された「社会性」に着目する。具体的には、ブランボー、カウンツ、デューイの「社会性」概念を取り上げる。たしかに、アメリカの進歩主義教育が社会改造を目指した運動の一部であることは明らかであり、デューイをはじめとする思想家の「社会性」概念を進歩主義教育の核心として位置づけることは筋が通っている。ただ、その根拠を「キリスト教的完全化論」に置くのは、西洋近代の思想史潮流のなかに、進歩主義教育の思想を位置づけることを視野にいれている著者ゆえの、期待の表現であるように読める。

第2節
教育思想史から教育社会史へ

　ドイツ教育思想史に目を向けると、東西ドイツの統合から10年が経って、東西の立場をこえて戦間期を客観的にとらえた研究がようやく図書として刊行されるようになった。

　新教育とナチズムの思想史的関連性を追究することは永遠に続く課題である。今世紀の初めに、新教育とナチズムとの関係を、連続か非連続か、という視点から追究した坂越正樹『ヘルマン・ノール教育学の研究』(2001) が現れた。「子どもからの教育学」であったはずの改革教育運動が、なぜナチズムにのみこまれたのかが、問題意識の出発点である。1990年代のドイツにおける研究史をふまえ、改革教育とナチズムとの関連をおおきなドイツ運動の流れの中で確かめようとしている。ノールのいうドイツ的教養と、ナチスのいうドイツ的民族性の類似性を指摘し、「ノールの両極性に基づく教育学は、改革教育運動が有していたアンビヴァレントを理論において一般化し、しかも、時代状況の中で子どもの固有の権利という極から民族、国家への極への転換を選択することによって、ナチズムへの接続を意図せず準備した」(p.180) という結論を導いている。改革教育とナチズムの教育とのつながりが、「意図せず」であったのか、もしそうなら、なぜ気付かなかったのか、その背景を究明することは課題のまま残されている。その究明のためには、さらに具体的な社会状況の分析が必要であろう。ナチズムと新教育の関係をいっそう具体的に解明した研究として對馬達雄 (2006、2011) があるが、それについては第10章 (ナショナリズムと教育) で触れるはずである。

　21世紀になって、思想史研究と社会史研究が融合した新しい観点からの新教育に関する研究が進みはじめた。21世紀になる前後に、ドイツ新教育史の研究において画期をなすと思われる大著が相次いで現れ、その後の研究に受け継がれている。きっかけとなったのは、小峰総一郎 (2002、2007、2014)、今井康雄 (1998、2016)、山名淳 (2000、2006、2015)、の著作である。いずれも当時の

社会思想や状況を詳細に分析した成果に基づいた大著であるが、新教育をみる視点が大きく異なっている。かれらの取った視点が、今日の新教育研究の動向を反映しているようにみえる。それぞれみていこう。

小峰総一郎『ベルリン新教育の研究』(2002) は、20世紀に進められた新教育史研究のひとつの集大成とみることができる。本書は、「ベルリンの教育民主化と一体となったベルリン新教育を総体として究明」(p.23) したものである。ベルリン新教育の前史の状況分析から始め、大都市ベルリン市（都市自治体）が推し進めた教育改革運動の始まり、展開、帰結までを追っている。ナチ第三帝国の時期にも、新教育の理論と実践が確実に受け継がれており、「新教育の軸に教育的価値としての人格性、共和精神が位置付いている」(p.vi) ことを示した。本書が、20世紀末から隆盛になった社会史研究の成果を受け継ぎ、思想史に偏りがちだった新教育研究を、徹底的に事実や制度に基づく社会史研究にしたことは大きな成果といえる。また、田園都市での新教育ではなく、個人や先覚者の実験的試行でもなく、ベルリンという大都市を対象としたことで、都市部での新教育の構造を具体的に示し、その成果を現代社会にも生かそうとする意図を読み取ることもできる。

しかし、さきの簡単な紹介が暗示しているとおり、本書の最大の特徴は、新教育のエッセンスを「子ども・青年の主体の発見」と「その能動性の育成」(p.iii) であると捉えたところにある。この点では、新教育の理念を称揚する観点からの研究であり、長尾が設定した視点を忠実に継承している。「あとがき」によると、1989年のベルリンの壁崩壊を現地で目撃した著者は、「ワイマール時代と現代を架橋するという体験」をしたという。その高揚感がワイマール共和国期のベルリン新教育にも通じていることを感じ取ったのであろう。新教育に対して楽観的すぎるという批判もあるだろうが、研究者として無視することのできない感覚でもある。

メディアに着目した今井康雄の研究は、教育思想史の新しい分野を切り開いた。教育メディア史の研究は20世紀末から取り組まれているが、メディア史の観点から新教育思想を分析しているものは少ない。紙と鉛筆と黒板が学校教育の中心であった時代は過ぎ、21世紀になって、学校教育でもパソコンやタブレットや電子黒板などの利用が急激に普及した。新教育の時代に、蓄音器や

幻燈や映画やラジオ等の普及やマスコミの拡大が、教育に与えた衝撃をあらためて想像することは大きな意味があるだろう。その点で今井の研究は貴重である。

今井の著書のうち、新教育の思想と関連が深いのは、『ヴァルター・ベンヤミンの教育思想——メディアの中の教育』（1998）と『メディア・美・教育——現代ドイツ教育思想史の試み』（2015）である。これらの著書の中で、「新教育の地平」では「子供の自己活動を目的合理的に制御するにはいかにすべきか」（今井 1998：p.23）が基本的な問題設定になっていたという。そのうえで、今井は「新教育の地平」を突き抜けていったデューイや野村芳兵衛やベンヤミンに着目する。そして、ヒトラーの横暴に対するライヒヴァインの「教育的抵抗」は、プロパガンダによって強制された「新教育の地平」を、「感性の自由空間」を確保することで、乗り越えようとする試みとみなされる。「新教育の地平」を突き抜けた向こう側で、どのような教育を構想するかが今井の課題となっている。

山名淳『ドイツ田園教育舎研究：「田園」型寄宿制学校の秩序形成』（2000）は、新教育をみる視点を転換させる画期的な成果である。取り上げたのは新教育の実践としてよく知られているリーツの田園教育舎であるが、分析の方法は斬新である。田園教育舎の生活規則、時間編成、空間構成、人間関係のそれぞれを、可能な限り詳細に、そして具体的に描いた。教育舎にいる子どもたちの自己活動が推奨されていると同時に、子どもたちの〈違反行為〉もが、〈見通し性〉構造のなかに囲い込まれていて、教育舎の秩序が形成されていたことを丁寧に描き出している。「教育舎における秩序形成の『構造』とは、対象となる人々の様々な肯定的および否定的な反応を煽りたてながら、それにもかかわらず、諸個人の様々な充足感を喚起しつつ全体の秩序形成に寄与する仕掛けとしてみなされる」（p.381）という。「保護の包囲網」（p.385）という山名の表現には、新教育が、「保護」と「包囲」という両面の機能を含んでいることを示そうとする意図がある。

このように新教育の重層的な構造を捉えようとする山名は、今井のいう「新教育の地平」という視点を受け入れない。もし「地平」というのであれば、新教育であるところと、新教育でないところを明確に区別する線がなければならないが、その線がひけるであろうか。今井のいう「子供の自己活動を目的合理

的に制御する」ことをもって新教育とみなしてよいであろうか。山名はこのどちらにも否定的である。新教育の典型である田園教育舎での集合写真を例にあげ、その中に、「新教育の地平」を突き抜けたはずのベンヤミンも収まっていたことを紹介する。つまり、山名は、「新教育の地平」を超える思想も、実は新教育のなかに収まっていることに注意を促すのである。

　山名の視点は、『夢幻のドイツ田園都市――教育共同体ヘレラウの挑戦』(2006) にも貫かれている。同書が対象としたのは、ヘレラウという都市の構造全体であり、教育はその中に含まれている。新教育の時期に、美と労働と生活を結合することで「新しい生活」を作ることを夢見た田園都市ヘレラウの実験が、しだいに民族至上主義的ナショナリズムの空間へと変質していった過程を臨場感あふれる筆致で描き出している。だが、本書は改革の失敗を断罪することがねらいではない。改革のダイナミズムに着目し、「近代に対する批判は、それが常態化すると本来の力を喪失し、やがては批判の対象であったはずの近代へと回収されていく」(p.323) というメカニズムを指摘したうえで、その事実が示唆する意味を、現代のわれわれに問いかける。山名にとって、新教育は乗り越えられるべきものではなく、自己革新の可能性を秘めているものなのである。

　山名の3冊目『都市とアーキテクチャの教育思想史――保護と人間形成のあいだ』(2015) は、この視点をさらに明確に示している。本書が取り上げるのは、具体的なひとつの都市ではなく、一般的な都市である。そこには、近代社会全体を視野にいれようとする意図があると思われる。副題が「保護と人間形成のあいだ」になっていることに注意したい。都市のなかに「保護」や「包囲」だけでなく、人間形成の機能を見出そうとしているのである。著者は、近代の都市がアジール（避難所、曖昧な機能をもつ空間）を計画的に組みこんでいる事実、そして、その形跡を新教育の実践、すなわち人間形成の試みのなかに見出そうとしている。書評のなかには「大自然の懐に戻り、大都市から逃れればよい、という単純な神話を突き崩した第一級の新教育批判の研究書」（高橋勝『近代教育フォーラム』25：p.210）という評価があるが、筆者にはむしろ新教育思想擁護の研究書であるように読めてくる。この点だけを見れば、山名の視点は、意外にも、今井よりも小峰に近いのかもしれない。

　渡邊隆信『ドイツ自由学校共同体の研究――オーデンヴァルト校の日常生活

史』(2016) は、リーツの田園教育舎から分離した学校であるオーデンヴァルト校での新教育の実態を詳細に分析している。同校は、田園教育舎とは区別される自由学校共同体でありながら、同時に、リーツから分かれてドイツ各地に派生していた他のいくつかの学校とともに、ドイツ自由学校連盟という学校相互のネットワークをつくっていた。このことが田園教育舎運動の中に、分離とネットワークという矛盾が当初からあったこと、すなわち新教育運動内部の確執を示していた。それは新教育の多義性を意味しているともいえる。

　同書の特徴は、生徒や教師の日常生活にまで分け入って、従来の新教育解釈からは見えてこなかった新教育の諸側面に光をあてたところにある。山名の方法を参考にしたと思われるが、生徒と生徒、生徒と教師、教師と教師、男女共学などの人間関係や、自由学校共同体を支える時間や空間を、日常生活に焦点をあてて詳細に明らかにした。その結果、生徒と教師の関係についていえば、「生徒の自由な発達」と「生徒が教師と同等の責任を担う」というような、相対立する原理の併存、もしくは、「自由の組織化」(p.173) というパラドックスの存在を発見した。渡邊が目指したのは、「新教育の地平」を超えることではなく、「新教育の地平」にとどまりつつ、新たな可能性、すなわち「ナチスの狭隘な民族共同体にけっして還元することのできない、人間性の尊厳に根ざした教育の論理」(p.10) を、オーデンヴァルト校の新教育実践のなかで探求することなのである。新教育を批判しながら、同時に、新教育の新しい可能性にかける姿勢は、山名と共通している。

　新教育の機能の変質を指摘したのが倉石一郎『アメリカ教育福祉社会史序説──ビジティング・ティーチャーとその時代』(2014) である。ビジティング・ティーチャーは、貧困対策や福祉政策が社会の改造と結びついていた時代、すなわち、アメリカ史でいう革新主義（プログレッシブ）の時代に出現した。倉石は新教育という表現をしないが、ビジティング・ティーチャーは革新主義の時代の産物であるから、新教育運動の一部とみてよいであろう。倉石によると、ビジティング・ティーチャーは、20世紀のはじめころに、怠学・長欠問題への対処と学校の福祉的機能を拡大させるという社会福祉の一環であった。ところが、彼らは、1920年代から1930年代にかけて、子ども中心の学校を実現しようとする当時の思潮のなかで、精神医学や精神衛生学の下請けとなり、福祉

の専門家(スクール・ソーシャル・ワーカー)として学校の中に地位を確保するにつれ、社会改革者としての機能を失っていった。子ども中心の思想が普及する中で、スクール・ソーシャル・ワーカーは制度化され、専門性を高め、保守的な社会統制者になったのである。倉石の解釈は、新教育の理念が社会改革から個人の救済へと変化していったことを示唆している。

新教育の国際的な連携の実態を詳細に解明したのが、岩間浩『ユネスコ創設の源流を訪ねて――新教育連盟と神智学協会』(2008)である。新教育連盟は、ベアトリス・エンソアを代表として、1921年にロンドンで設立され、その後、世界各地で国際会議が開催された。スイス、インド、アフリカでの新教育の活動や、日本の新教育の推進者である下中弥三郎、三浦修吾の活動などが、具体的に紹介されている。貴重な写真が多く掲載されており、現代とのつながりを彷彿させる。

第3節
教育方法史・教科教育史

第三番目のジャンルとして、教育方法史の観点から、教育の実態を具体的に描き出したものをみていこう。この類の研究は21世紀になって大きな進展をみた。とくに顕著な成果を挙げたのは、デューイ実験学校の実践についての研究である。デューイ著作集と書簡集が完結し、それらのデジタル版の利用が可能になったこと、またデューイ実験学校に関する史料の公開が進んだことが、研究を後押しすることになった。20世紀までのデューイ実験学校の事例は、形成期のデューイの教育思想を解明するための手掛かりとして利用されることが多かったが、21世紀になってからは、教材論、カリキュラム論、特別支援教育、教師教育論など、様々な観点から研究されるようになった。

その先鞭をつけたのは、小柳正司の論文(1999、2000)である。図書としてまとまってはいないが、実験学校の教育実践を年度別、教科別、学年別、さらに日付ごとにまとめ、詳細に紹介・分析している。その分析によって、デューイ

がめざした社会的オキュペーションなどを具体的に知ることができる。21世紀になって小柳が書き続けた論文は、『デューイ実験学校と教師教育の展開──シカゴ大学時代の書簡の分析』(2010) にまとめられた。実験学校の基盤であったシカゴ大学教育学科・教育学部でのデューイの苦闘を、多くの書簡等をつかいながら、赤裸々に描き出している。デューイのシカゴ大学への着任、実験学校の開始、『学校と社会』の出版、シカゴ学院の編入と学部長就任、シカゴ大学教育学部の組織改革、デューイと旧シカゴ学院教員団との対立、シカゴ大学辞職の経緯など、多くの先行研究のなかで断片的に触れられているところもあるが、時系列にそって整理されている。小柳によると、実験学校は研究大学を基盤にした教育専門職養成をねらっていたこと、『学校と社会』刊行後、デューイは中等教育に関心を向けていたこと、教育学部長としては初等中等一貫校を置き、さらには教育専門職養成の課程（教育専門職博士号授与）までを構想していたことなどが、新しい発見であったという。また、コロンビア大学に異動の際には、デューイは、哲学研究よりも、管理職ポストに就くことに興味をもっていたことも紹介している。たくさんの情報が集められており、デューイの思想の体系を示しているとは言いがたいが、今後、実験学校のカリキュラム理論や実際を考察するための重要な基礎資料となるであろう。

2009〜10 年にかけて、小柳の図書のほかに、デューイ実験学校についての研究書が 4 冊相次いで公刊された。いずれも実験学校の教育実践に関する一次資料をもとに、実験学校のカリキュラム論や学校の実態を解明しようとしたものである。1 冊目は、千賀愛『デューイ教育学と特別な教育的配慮のパラダイム』(2009) である。タイトルからは特別支援教育分野の研究のような印象を受けるが、その内容はデューイ実験学校における教育実践の分析であり、デューイ教育学を検討したものである。著者は、19 世紀末から 20 世紀初頭までのデューイ実験学校の教育実践を詳細に分析したうえで、デューイ教育学が、多様な立場やニーズをもつ人々を受けとめ、多様な差異をもつ個人が学習活動に参加し、その実践が子どもの多様な困難やニーズに柔軟に対応していたこと、それらの問題を個人の問題に矮小化せずに、社会的関係の中で問題解決を追求したことなどを実証している。その結果として、デューイ教育学に「教育の共同化」という視座があったと結論づけている。シカゴ大学およびコロンビア大学

に残されている貴重資料の中から、実験学校の記録を丹念に拾いだし、多様な困難・ニーズをもつ子どもへの対応という観点から整理したことに意義がある。また、デューイ教育学の特質として、教育の共同化を認めること自体は常識的な見解にとどまるが、それが教育実践のなかで具体的にどのような形で現れていたかを示したことも貴重な研究成果といえる。しかしながら、「特別な教育的配慮のパラダイム」という概念が不明確であり、著者の意図が十分には伝わっていない。多様な困難・ニーズをもつ生徒への対応がデューイ実験学校のように通常の生徒が通う学校でも十分可能であったとすれば、そもそも特別な教育的配慮のパラダイムは必要ないのではないだろうか。

　2冊目は、高浦勝義『デューイ実験学校カリキュラムの研究』(2009) である。高浦は、1899年以後を実験学校の完成期としてとらえ、1900年の教育実践に絞って分析している。具体的には、1900年の2月から12月にかけて刊行された実験学校の実践記録集9冊をとりあげ、実践をグループ別（年齢別）、活動の種類別に、詳細に示した。最後に、実験学校のカリキュラム編成の原理的特質として8点を導き出した。

　3冊目は、伊藤敦美『デューイ実験学校におけるカリキュラムと学校運営』(2010) である。実験学校に関する資料を、デューイによる授業計画、教員による授業実践、デューイによる授業実践の解釈という三つに区別して、デューイ理論の変化や深化を捉えようとしている。授業実践は1898～99年度のものを取り上げ、子どもの学習活動のつながりを図示したカリキュラム系統樹を作成しているのが特徴である。デューイのカリキュラム構成原理は11にまとめられている。また、実験学校の運営と教師教育の機能にも着目し、シカゴ大学の学生によるアシスタントやペアレント・アソシエーションの活動を紹介している。本書を通して、実験学校の実態をかなり知ることはできるが、デューイ理論の変化や深化については、実験学校の実践からみえてきた、という限定をつける必要がある。

　4冊目は、山上裕子『デューイの〈教材〉開発論とその思想』(2010) である。山上の関心は実験学校よりも、デューイの教材論にある。進歩主義教育には教材論がないと、しばしば批判されてきた。それに対して、山上は、デューイの教材論は、「体系化された theory ではなく、実践を生むための logic、考え方」

(p.ii) であったという。デューイの教材概念を彼の著作をもとに抽出したあとで、最後に実験学校での実践を教材の視点から分析している。〈教材〉は、オキュペーションから生ずるものであり、実験学校は「〈教材〉を開発するための観点を実験し、検討する実験室だった」(p.234) という結論である。だから、デューイの教材論というものはなく、あるのは〈教材〉開発論なのである。

　こうした多くの先行研究を参照しつつ、デューイ実験学校におけるカリキュラム開発と授業実践を分析した最新の研究は、中野真志『デューイ実験学校における〈統合的〉カリキュラム開発の研究』(2016) である。実験学校に関する一次資料を詳細に分析することはもはや常套手段となっている。中野は四つの研究課題を立てる。①19世紀末から20世紀初頭のアメリカにおけるカリキュラム改革運動について検討する、②デューイのカリキュラム理論をヘルバルト主義との関連から考察する、③統合的なカリキュラムの実態を明らかにするために、オキュペーションの本質と意味を考察する、④教師たちの協同とコミュニケーションという観点から、実験学校とシカゴ大学との連携、実験学校の保護者会の目的と役割について考察する (p.20)。以上のうち、とくに③と④が注目すべき成果を挙げている。実験学校の実態を子どもの観点と教師の観点から分析するという方法およびオキュペーションによって社会的諸要因と心理的諸要因が同等に調和していることを確認したことが重要であろう。また、教員相互の協力、保護者の協力、さらには保護者への教育も、実験学校で相当の効果があったことが確認されたこと、などが本研究の成果である。

　このように、デューイおよび実験学校に関しては多数の研究がある一方で、アメリカの進歩主義教育の実践を取り上げたものは少ない。先に挙げた佐藤隆之 (2004) のほかは、宮本健市郎『アメリカ進歩主義教授理論の形成過程：教育における個性尊重は何を意味してきたか』(2005) と伊藤朋子『ドルトン・プランにおける「自由」と「協同」の教育的構造』(2007) のみである。宮本は、まず、個性化と個別化の意味を区別し、次に、進歩主義教育を代表する実践であるドルトン・プランとウィネトカ・プランを取り上げて、個別化と個性化が統合されていった経緯を解明した。「統合」をもたらした論理を解明することは、課題として残っている。伊藤は、ニューヨーク市に1919年に開設されたドルトン・スクールのカリキュラムの変遷と、パーカーストの思想形成を追究し、パ

ーカーストおよびドルトン・プランにデューイの影響があったと指摘している。たしかにパーカーストとデューイの思想に共通点があるのはわかるが、進歩主義教育が流行していた時代では当然の傾向とみることもできる。共通点があるから影響があったと結論づけるのは性急ではないだろうか。

　本節で紹介したアメリカ進歩主義教育の教育方法に関する研究の多くは、デューイの思想の解釈も含みつつ、現実の教育実践や教師教育の改善への寄与をめざしている。対象がデューイにとどまらず、デューイの影響を受けた周囲の人々や学校に広がりつつあるのも近年の動向といえる。

　デューイ以外では、モンテッソーリの教育思想や教育実践を取り上げた図書が3冊ある。モンテッソーリについては、わが国でも戦前から研究書があり、保育現場では実用的な紹介もしばしばなされているが、意外にもモンテッソーリの主要な著書のほとんどは、英語やドイツ語からの重訳であり、イタリア語からの翻訳やイタリア語文献に基づく研究は非常に限られていた。この状況を打破したのが、次の3冊であり、幼児教育史の分野では重要な成果である。

　1冊目は前之園幸一郎『マリア・モンテッソーリと現代──子ども・平和・教育』(2007) である。かなり以前からイタリア近代教育史に取り組んできた著者が、モンテッソーリの人間像を中心に、平和と教育、子ども観、子どもの権利、宇宙的世界観などの観点から、モンテッソーリ思想を概観したのが本書である。著者は「概観」と述べているが、モンテッソーリの経歴やイタリア社会の現実について原資料に基づいて詳細に述べている。そのうえで、障害児教育への視座、カトリックからの批判とそれへの反論、コスミック教育の誕生などを、モンテッソーリの思想の核心として描き出しているのは、注目すべき大きな成果といえる。本書には詳細なイタリア語の注記が多く、イタリア語を解せない筆者には馬耳東風というところもあるが、専門の研究者には貴重な資料の提示であるにちがいない。

　2冊目は早田由美子『モンテッソーリ教育思想の形成過程──「知的生命」の援助をめぐって』(2003) である。従来のモンテッソーリの研究は、モンテッソーリ法や障害児教育の方法に限定する傾向が強かった。これに対して、本書は、モンテッソーリの思想の形成過程を「イタリアにおける当時の知的教育をめぐる歴史的社会的状況、学問や思想の状況との関連で」(p.9) 考察した。加え

て、教育の実践も詳細に紹介して、思想が成立する過程のダイナミズムを解明した。早田は、「生命」と「知性」が、「科学的教具」と子どもの「活動」によって結び付けられ、発展するという構造を確認し（p.289）、モンテッソーリの思想を国際的な新教育運動の流れのなかに位置づけた。

3冊目はオムリ慶子『イタリア幼児教育メソッドの歴史的変遷に関する研究──言語教育を中心に』（2007）である。イタリアの幼児教育の方法の変遷が主題であって、モンテッソーリに限定されているわけではない。副題にあるとおり、言語教育に焦点を絞り、アポルティ・メソッド、フレーベル・メソッド、アガッツィ・メソッド、モンテッソーリ・メソッドを、具体的に紹介している。イタリアの国家統一が言語教育に与えた影響や、各メソッドの相互影響関係も確かめながら、言語教育の方法の変遷を、実例をとおして分析したところに本書の独自性がある。とくに、モンテッソーリ・メソッド以前の言語教育方法については先行研究が少なく、貴重である。

モンテッソーリ研究は新たな段階に入ったとみてよいが、新教育運動のなかで、モンテッソーリはどのような位置を占めているかは、さらに慎重に考慮する必要がある。周知のように、アメリカのモンテッソーリ運動は、デューイやキルパトリックらから厳しい批判を受けて、20世紀前半にはほとんど忘れられていた。それにもかかわらず、モンテッソーリの影響を受けた国が少なくないのも事実である。モンテッソーリ思想の国際的な広がりまでを視野にいれた研究がいま求められている。

教育方法史の研究には、オーストリアの新教育をとりあげた伊藤実歩子『戦間期オーストリアの学校改革──労作教育の理論と実践』（2010）がある。第一次世界大戦後に小さな独立国家となったオーストリアの学校改革や新教育は、ワイマール共和国に比べて、あまり知られていない。著者は「戦間期オーストリアの学校改革を、国家の改革と改革教育学が学校改革として結実したもの」（p.7）と捉える。そのうえで、教育省次官補グレッケルの構想によるレーアプラン改革や教員養成改革、ブルガーの労作教育論、さらに、労作教育の実践例を多く示して、その特質を分析する。郷土科の実践モデル、労作学校教師論、労作共同体の実践として子どもの自己評価の導入、記述式評価などが、教育方法学の視点で取り上げられている。戦間期といっても、大部分は1920年代の

実践であり、1930年代の状況は紹介されないまま、戦後への影響が語られている。社会状況の変化よりも、教育方法学に焦点をあてたためであろう。しかし、新教育の実践と思想が、1930年代にどのように展開、変質したかを検討していない点では、歴史研究としては物足りない。

教科教育史については、ドイツの芸術教育を取り上げた鈴木幹雄『ドイツにおける芸術教育学成立過程の研究——芸術教育運動から初期G・オットーの芸術教育学へ』(2001) がある。この書が対象とするのは①ドイツ芸術教育運動とその展開、②改革芸術学校バウハウスと同校における芸術教育観の成立、③ドイツにおける芸術教育学の成立であり、それぞれの展開の過程と内実を明らかにすることがねらいである。鈴木の導いた結論は、1960年代のオットーが提出した芸術教育学理論によって、「新教育［改革教育学］の芸術教育理解が解決できなかった、社会的自立に方向づけられた、児童期から思春期にかけての芸術教育プラン［芸術教育構想］が可能となる」(pp.1-2) ということである。芸術教育学の学説史をたどり、そのなかで新教育の意義を認めつつ、最終的には、オットーの芸術教育論によって新教育の芸術教育論が乗り越えられたという評価である。しかし、1960年代に成立した芸術教育学の正当性を論証するために、その前段階である新教育については、その多面性や可能性が見にくくなっているように思われる。

小山英恵『フリッツ・イェーデの音楽教育——「生」と音楽の結びつくところ』(2014) は、イェーデの音楽教育論を取り上げている。イェーデの音楽教育思想が、生と音楽との結びつきを重視していたこと、「創造」的に音楽することを求めたこと、教師の指導を重視していたことなどを示し、イェーデの実践が改革教育から生まれながら、改革教育運動を超えるものであったことを示そうとしている。

アメリカについては、棚橋健治『アメリカ社会科学習評価研究の史的展開』(2002) がある。社会科の成立に関する研究は少なくないが、本書はその中でも、「学力に対応する評価法の確立」を目指しているところに特徴がある。「学習成果として評価可能になったもののみが、その社会科教育において実際に形成される学力となる。学力論と評価法は表裏一体のものであり、評価は、目標、カリキュラム、授業へとフィードバックされ、それらの改善に資する」(p.2) とい

う立場をとっている。現代のアメリカでは教育の成果を目に見える形で評価して、教育政策を導こうとする傾向がみられるが、その動きに対応した歴史研究といえる。

　当然のことながら、教科教育史は教科に関する具体的な授業実践を資料として提示する。それを通して、教科教育学の発展を論証する場合が多く、現状の正当化につながりやすい。しかも、教科を強調することは、総合的な学習や活動を重視する新教育の傾向に対しては批判的になりがちである。このことは、新教育運動と教科教育との親和性の低さを示唆しているようにみえる。教科の門外漢である教育史家が、教科教育史に対して、歴史的な観点や社会史的動向に対する思慮のなさを批判したり、一方向的な発展ではない多様な可能性を指摘したりすることは容易である。しかしながら、自戒をこめて記せば、教科の論理への無理解が、教育史の視野を狭くしている側面もあるように思う。教科教育史を新教育運動のなかで解釈しなおすという作業は、「新教育」の概念を拡大する可能性を秘めており、これからの課題といえる。

第4節 ナショナリズムと新教育

　新教育を子ども中心の思想の実現を意図していた運動の一部として限定的にとらえるとしても、ナショナリズムと新教育との関係を無視することはできない。二つの世界大戦を引き起こしたナショナリズムに新教育がどのような貢献をしたのか、あるいは抵抗をしたのか。これが、新教育を評価するための欠かせない視点のひとつであることは今も変わらない。もちろん、そのどちらかに決定してしまうことは過度に事実を単純化することであり、近年の諸研究は、単純化を拒否して、両者の複雑なつながりを解明することに精力を注いできた。ナショナリズムと教育については別の章で論じられるはずなので、ここでは新教育との関連に絞って簡潔に紹介する。

　ナチズムと新教育のつながりは、すでに言及したとおり、坂越（2001）、今井

(2015)、山名(2006)、渡邊(2016)などがかなり詳細に分析している。坂越は、新教育の思想が「意図せずに」ナチズムに組み込まれたという。今井(2015)はライヒヴァインが「新教育的な教育観を超え出て」(今井2015：p.287)いこうとしたことを強調する。對馬達雄(2006、2015)は、ライヒヴァインの思想と活動を「反ナチ抵抗運動」として明確に規定した。山名と渡邊は、新教育の思想がナチズム下で変容した経緯と、新教育が本来もっていた可能性に注意を向けている。もしライヒヴァインを、新教育運動を推進した思想家として捉えるならば、新教育の概念そのものを拡大させることになる。

　アメリカについては、20世紀初頭の革新主義運動（プログレッシブ運動）の中から現れたナショナリズムと、進歩主義教育の理念の関連を問う研究がある。松本悠子『創られるアメリカ国民と「他者」――「アメリカ化」時代のシティズンシップ』(2007)と中野耕太郎『20世紀アメリカ国民秩序の形成』(2015)が注目される。いずれも、第一次世界大戦前後に、ネイションの捉え方が大きく転換し、シティズンに特定の意味が付与されたことを示している。

　松本によると、革新主義の時代に、清潔さ、効率的家事、賢明な消費と家計経営というアメリカ的生活様式を満たしていることが「よきアメリカ人」であるための条件として確立した(pp.45-60)。新教育についての直接の言及はないが、生活改善の志向をもつ「よきアメリカ人」がコミュニティ（民主主義社会）を形成することをねらいとした改革は、新教育の理念に沿ったものとみてよいであろう。重要なのは、こうして「アメリカ国民」(シティズン)を創ることは「他者」(非アメリカ人)を創ることと表裏の関係にあったことである。すなわち、松本はシティズンシップに着目することで、新教育の機能の両面性を示したのである。

　中野も、20世紀初頭の革新主義がアメリカ人の新しいナショナリズム（「集合的なナショナリズム」）を創りだしたことを論証した。中野によると、革新主義は、先行する個人主義の世界観を超克し、「国民国家統合の課題として、新しいナショナルな社会的紐帯や協同意識を創出」(p.326)した。また同時に、特定の民族や人種集団を、市民的資質の欠如という理由で下位集団として秩序の中に組み込むことも正当化した。このようにして革新主義は民主主義の「浄化」に貢献したという。民主主義社会の形成を主要な理念としていた新教育が、中

野のいう「集合的ナショナリズム」を正当化し、国民秩序の形成を促したのである。民主主義という概念の多面性、多機能性が見えてくる。

　これらの諸研究をとおして感ずるのは、第一次世界大戦が国民と教育に与えた思想的影響の大きさである。人類は、国と国との全面戦争をはじめて経験した。そのとき、為政者は、国民を形成することの意味や方法について真剣に考え、取り組んだ。また、国籍を問わず、無国籍者も含めて、すべての人間は、自分の帰属する国を意識したはずである。このような政治状況のなかから、シティズンシップ教育がこの時期に登場した。新教育がそれにどのような影響を与えたかは、今後解明すべき課題である。

おわりに

　本章では、欧米の新教育に関して、21世紀以後に公刊された単著を中心に紹介してきた。最後に補足および気付いたことを記しておく。

　第一に、欧米の新教育の研究を全体としてみると、哲学・思想史研究が半数以上を占めている状況は変わっていない。

　第二に、地域別にみると、北アメリカとドイツ語圏を取り上げたものが圧倒的に多く、イギリス、フランス、ロシアその他の国に関するものはほとんどなかった。イギリスについては宮野安治・山﨑洋子・菱刈晃夫『講義　教育原論――人間・歴史・道徳』(2011) が、イギリスにおける新教育の実態を詳細に紹介した部分を含んでいる。また、山﨑洋子らによる2冊の翻訳書カニンガム『イギリスの初等学校カリキュラム改革――1945年以降の進歩主義的理想の普及』(2006)、ロイ・ロウ『進歩主義教育の終焉――イングランドの教師はいかに授業づくりの自由を失ったか』(2013) がある。どちらも第二次世界大戦以後の進歩主義教育について述べたものである。両書によると、イギリスの進歩主義教育は1960年代に最も普及し、20世紀末に終焉したと見なされる。進歩主義の中心的な理念を、ロイ・ロウは、教師の授業づくりの自由とみている。イギリスの進歩主義教育が20世紀前半の新教育運動の延長であることはいうまでもないけれども、本章でとりあげた新教育運動とは区別しておきたい。アメリカの進歩主義教育運動が終わったのは1950年代であるが、イギリスの進歩主

教育の実践は1960年代に隆盛を極めたのである。

　第三に、国境や学問の境界を超えた比較社会史の方法による研究が、生み出されつつある。中でも、望田幸男、橋本伸也らを中心とした比較教育社会史研究会は、共同研究の成果を次々に発表している。多くは共著という形の論文集だが、望田・田村（2003）、望田・橋本（2004）ほか、関連する図書は、2015年までに10冊（うち3冊は電子書籍）に上る。その中には、イギリス、フランス、ロシア、トルコ、その他いろいろな国における教育改革を取り上げた論文がある。山﨑洋子・宮本健市郎・山名淳・渡邊隆信は、イギリス、アメリカ、ドイツの新教育に関する共同研究を続けており、6冊の科研報告書を作成している。本章で紹介した図書はその成果の一部である。共通するテーマを設定したうえで、国境を超えた比較を試みた研究論文は着実に増えている。「新教育」の定義はますます難しくなりつつある。

　第四に、教育実践および教科教育史の研究が徐々に進んでいる。現地訪問やデジタル資料の入手がかなり容易になったことで、一次資料にもとづく詳細な研究は確実に増えている。しかし、複雑な事情が明らかになればなるほど、それらを合理的に説明する見取り図が重要になる。新教育の学説史研究が必要になるであろう。

　第五に、民主主義社会の形成あるいはシティズンシップ教育に関する研究が増えている。2016年にはイギリスで、デューイの『民主主義と教育』刊行100年を記念した国際会議が開かれた。排外主義や新自由主義が流行している現在、民主主義が危機に立っていることを感じている人が少なくないのであろう。かつて民主主義を打ち立てようとした新教育運動の理念とその運動の結末が、現代のわれわれに何を教えてくれるか。それは、われわれ自身の問いかけ次第であるといってよい。

●第6章　文献一覧

伊藤敦美（2010）『デューイ実験学校におけるカリキュラムと学校運営』考古堂書店
伊藤朋子（2007）『ドルトン・プランにおける「自由」と「協同」の教育的構造』風間書房
伊藤実歩子（2010）『戦間期オーストリアの学校改革──労作教育の理論と実践』東信堂
今井康雄（1998）『ヴァルター・ベンヤミンの教育思想──メディアのなかの教育』世織書房

今井康雄 (2015)『メディア・美・教育——現代ドイツ教育思想史の試み』東京大学出版会
岩間浩 (2008)『ユネスコ創設の源流を訪ねて——新教育連盟と神智学協会』学苑社
上野正道 (2010)『学校の公共性と民主主義——デューイの美的経験論へ』東京大学出版会
上野正道 (2013)『民主主義への教育——学びのシニシズムを超えて』東京大学出版会
オムリ慶子 (2007)『イタリア幼児教育メソッドの歴史的変遷に関する研究——言語教育を中心に』風間書房
加賀裕郎 (2009)『デューイ自然主義の生成と構造』晃洋書房
カニンガム（山﨑洋子・木村裕三監訳、2006）『イギリス初等学校カリキュラム改革——1945年以降の進歩主義的理想の普及』つなん出版
倉石一郎 (2014)『アメリカ教育福祉社会史序説——ビジティング・ティーチャーとその時代』春風社
小峰総一郎 (2002)『ベルリン新教育の研究』風間書房
小峰総一郎 (2007)『ドイツの中の《デンマーク人》——ニュダールとデンマーク系少数者教育』学文社
小峰総一郎 (2014)『ポーランドの中の《ドイツ人》——第一次世界大戦後ポーランドにおけるドイツ系少数者教育』学文社
小柳正司 (1999.03)「デューイ・スクールの真実：シカゴ大学実験学校はどのような学校だったのか」『鹿児島大学教育学部紀要』教育科学編　第50巻　pp.185-209
小柳正司 (1999.03)「シカゴ大学実験学校の創設の背景にあったデューイの教育学構想：師範教育から教育科学の確立へ」『鹿児島大学教育学部紀要』教育科学編　第50巻 pp.211-231
小柳正司 (2000.03)「シカゴ大学実験学校の実践記録：1896-1899年」『鹿児島大学教育学部紀要』教育科学編　第51巻　pp.115-215
小柳正司 (2010)『デューイ実験学校と教師教育の展開——シカゴ大学時代の書簡の分析』学術出版会
小山英恵 (2014)『フリッツ・イェーデの音楽教育——「生」と音楽の結びつくところ』京都大学学術出版会
齋藤直子 (2009)『〈内なる光〉と教育——プラグマティズムの再構築』法政大学出版局
坂越正樹 (2001)『ヘルマン・ノール教育学の研究——ドイツ改革教育運動からナチズムへの軌跡』風間書房
佐藤隆之 (2004)『キルパトリック教育思想の研究——アメリカにおけるプロジェクト・メソッド論の形成と展開』風間書房
佐藤学 (2000)「公共圏の政治学——両大戦間のデューイ」『思想』（岩波書店）907号　pp.18-40
杉浦美朗 (2002)『デューイ教育学の再構築』八千代出版
鈴木幹雄 (2001)『ドイツにおける芸術教育学成立過程の研究——芸術教育運動から初期G・オットーの芸術教育学へ』風間書房
千賀愛 (2009)『デューイ教育学と特別な教育的配慮のパラダイム——実験学校と子どもの多

様な困難・ニーズへの教育実践』風間書房
高浦勝義（2009）『デューイの実験学校カリキュラムの研究』黎明書房
田中智志（2009）『社会性概念の構築——アメリカ進歩主義教育の概念史』東信堂
棚橋健治（2002）『アメリカ社会科学習評価研究の史的展開——学習評価にみる社会科の理念実現過程』風間書房
對馬達雄（2006）『ナチズム・抵抗運動・戦後教育——「過去の克服」の原風景』昭和堂
對馬達雄編（2011）『ドイツ——過去の克服と人間形成』昭和堂
對馬達雄（2015）『ヒトラーに抵抗した人々——反ナチ市民の勇気とは何か』中央公論新社
對馬登（2005）『デューイの経験的自然主義と教育思想』風間書房
長尾十三二監修（1983-90）『世界新教育運動選書』全30巻＋別巻3巻　明治図書
中野耕太郎（2015）『20世紀アメリカ国民秩序の形成』名古屋大学出版会
中野真志（2016）『デューイ実験学校における統合的カリキュラム開発の研究』風間書房
早田由美子（2003）『モンテッソーリ教育思想の形成過程——「知的生命」の援助をめぐって』勁草書房
藤井千春（2010）『ジョン・デューイの経験主義哲学における思考論——知性的な思考の構造的解明』早稲田大学出版部
前之園幸一郎（2007）『マリア・モンテッソーリと現代——子ども・平和・教育』学苑社
松本悠子（2007）『創られるアメリカ国民と「他者」——「アメリカ化」時代のシティズンシップ』東京大学出版会
宮野安治・山﨑洋子・菱刈晃夫（2011）『講義　教育原論——人間・歴史・道徳』成文堂
宮本健市郎（2005）『アメリカ進歩主義教授理論の形成過程——教育における個性尊重は何を意味してきたか』東信堂
望田幸男・田村栄子編（2003）『身体と医療の教育社会史』昭和堂
望田幸男・橋本伸也編（2004）『ネイションとナショナリズムの教育社会史』昭和堂
柳沼良太（2002）『プラグマティズムと教育——デューイからローティへ』八千代出版
柳沼良太（2008）『ローティの教育論——ネオ・プラグマティズムからの提言』八千代出版
山上裕子（2010）『デューイの〈教材〉開発論とその思想』風間書房
山名淳（2000）『ドイツ田園教育舎研究——「田園」型寄宿制学校の秩序形成』風間書房
山名淳（2006）『夢幻のドイツ田園都市——教育共同体ヘレラウの挑戦』ミネルヴァ書房
山名淳（2015）『都市とアーキテクチャの教育思想——保護と人間形成のあいだ』勁草書房
ロイ・ロウ（山﨑洋子・添田晴雄訳、2013）『進歩主義教育の終焉——イングランドの教師はいかに授業づくりの自由を失ったか』知泉書館
渡邊隆信（2016）『ドイツ自由学校共同体の研究——オーデンヴァルト校の日常生活史』風間書房

（宮本健市郎）

第7章

ジェンダーと教育

はじめに

　ジェンダーと教育というテーマは、教育史研究においてここ 15 年でめざましく研究が進んだ分野の一つであると言えるのではないだろうか。その最も著しい特徴についてまとめるとするならば、下記の 3 点になるのではないか。

　第一に、なんといってもアジアを研究対象としたジェンダーと教育研究が進みその成果が蓄積されてきたことをあげなければならないだろう。本企画に先立って 50 周年誌が書かれた時にも、ジェンダーと教育が一つのテーマとして取り上げられているが、そこにまとめられているのは日本と西洋に関する研究であった。それが今回 60 周年企画で文献のサーベイをするにあたり、東洋教育史研究に分類されるジェンダー研究が数多く蓄積されてきたことから三部構成にできた点は非常に大きな意味があると思われる。先進国のフェミニストたちによって作られたジェンダーという概念は日本でも受け入れられたが、第三世界と言われる地域でも、その先進国中心主義的側面に対しては批判的でありつつも導入されていた。日本の歴史研究においても同様にジェンダー視点にたつ研究は、西洋史研究では早い時期から、また日本史研究においても分厚い女性史の蓄積に支えられつつ発展してきた。日本における東洋教育史研究の層が厚くなって来たこともその背景にあると思われるが、アジアにおけるジェンダーと教育という研究分野の目覚ましい発展がこの 15 年の最も大きな変化であるといえよう。そして、アジアにおけるジェンダーと教育を検討するにあたり、民族や植民地という概念が鍵を握るものとなっていることは、ジェンダーと教育という研究ジャンルにおいて、なお国家というテーマがきわめて重要なことを意味している。

　このことは、ジェンダーと教育の研究動向において、第二の特徴として、「国民化」が重要なテーマとなっていることと関連している。東洋教育史研究において、植民地と日本との関係でいかなる国民が作られようとしたのか、という問題が重要な問題となっているが、このジェンダー関係を媒介とする国民形成という課題は、当然のことながら日本における課題でもあり、それは欧米列強諸国においても同様である。もちろん、国民国家論それ自体は 80・90 年代から歴史研究において重要なテーマであったが、教育と国民化の関係をジェンダ

一の視点から分析する研究成果が、実を結ぶようになってきたことが近年の特徴といえよう。たとえば、ジェンダーの視点にたつ学校の歴史的研究において女性の国民化の問題を抜きにしては議論できないことが示されてきたように、この点は、東洋教育史のみならず、日本・西洋に共有される論点として重要となろう。

　さらに、第三の特徴として、ジェンダーに関する規範と表象研究の蓄積がなされてきたことに注目することができる。規範と表象は、その背後にあるジェンダーをめぐる権力のポリティクスが発動する場でもある。たとえば、20世紀前半の日本について言えば大正期が注目されてきたが、いわゆるモダンガール（あるいは、「新しい女性」）の出現とそれに関する研究の成果が蓄積されて来ている。モダンガールの登場、ないしはそれについての言説分析を通じて、ジェンダーがどのように規定され、どのように提示されるのか、数々の研究成果が出された。これらの研究は単にモダンガールに関する研究にとどまらない。むしろ、こういった新しい女性の出現の裏側には、いわゆる良妻賢母（あるいは近代家族）にかかる規範や表象があることを浮かびあがらせる。一方で、公的な場に姿をあらわす女性たちに関する表象があり、他方で、私的な場に位置付けられる女性たちの規範が議論される。日本でも、東洋でも、そして欧米でも時を同じくして出現したモダンガールたちの表象は、その対極にある良妻賢母の規範と無関係ではなく、対局にあるかのような二つの表象は時に錯綜しつつ登場する。加えて、女性や子どもの身体に関わる規範や表象もまたジェンダーにかかるポリティクスを示すものに他ならない。ジェンダーにかかる規範や表象の分析は、地域を超えて共時的に生じていることに注目するならば、国民国家の枠を超えるジェンダー研究の可能性を開くものとして注目される。いわば、トランスナショナルな歴史研究の可能性を私たちは見逃すことはできないのではないだろうか。

　詳しい研究は以下に譲りたいが、近年の研究蓄積から、地域をこえて同時に起こっている現象が捉えられ、また、地域ごとの違いがあることに注目していきたいと考えている。

（小玉亮子）

第1節

日本における近代教育とジェンダー

1. 学校種ごとの研究の深化

　それぞれ長年にわたって蓄積してきた成果が刊行されたことによって、大学、高等女学校、女児小学に関する研究が大きく前進した。

　旧制大学が例外的に少数の女性を入学させていたことは周知であったものの、その「例外」の制度的な仕組みは曖昧であった。それを解明してきた湯川次義がその成果を核に、1910年代初頭から1945年までの大学の女性への教育機会開放をめぐるうねりを①女性の大学教育をめぐる議論・理念や政策、②女子高等教育振興運動、③制度構想、④大学の門戸開放の実態、⑤女子高等教育機関による女子大学設立構想、⑥女子高等学校の制度化要求、⑦男女共学論と高等教育の関係という多岐にわたる角度から詳述したのが『近代日本の女性と大学教育──教育機会開放をめぐる歴史』である。

　水野真知子の『高等女学校の研究──女子教育改革史の視座から』では、「高等女学校を中心とした女子教育体制は、半ば必然的とも言うべき避けがたい振幅をもって揺らぎ続け、……女子教育界・高等女学校関係者、婦人運動家等による女子教育改革の潮流を生み出していくことになったのではないか」との「本研究の問題関心の源」を大切にしながら、制度の変遷、文部省の政策、市川源三・市川房江たちの動向の分析によって、「高等女学校の史的展開過程」が立体的に明らかにされている。

　高野俊『明治初期女児小学の研究』は、「女児小学」に焦点を当てたはじめての単著である。制度上は「学制」の1872年から「教育令」の1879年までの短期間しか存在しなかった女児小学を「男女差別の原型である」と規定し、全国の公立女児小学350校の一覧表作成から始まり、その名称と内容から類型化するとともに、その3類型の典型例として石川県・千葉県・宮城県を取り上げ、詳細に比較分析している。ただ、独立型（単独校）の女児小学ではない、女子の

みに裁縫を課す男女共学校も「女児小学」の範疇に含めているにもかかわらず、その後の法令で裁縫が女子のみに必修科目に定められた旧学制下の小学校との区別には言及されていない。

また水野が「制度化以前の女子教育」として重視している「女紅場」と高野の「女児小学」の分析において、同一のデータが扱われている箇所がある。高野は坂本清泉・坂本智恵子の女紅場に関する研究[1]に触れているものの、水野は女児小学について触れていない。近代初期における女子教育機関の定義と実像についての研究課題がまだ残されているといえる。

他方、主に教育社会学の手法により、女子の高等教育、高等女学校研究が進展している。その特徴は、新中間層の拡大に伴う女子の中等・高等教育要求の増大に焦点を当てている点である。その中で、とりわけ土田陽子『公立高等女学校にみるジェンダー秩序と階層構造——学校・生徒・メディアのダイナミズム』は、旧城下町が近代化・都市化する中で旧士族層が流出して代わりに新中間層が入り込んで文教地区を構成し、入学者の大きな層を構成することになった県立和歌山高等女学校を事例として取り上げ、新中間層・旧中間層・商工層という出身階層による違いを軸としながら、統計分析とともに、地元の新聞記事によって学校イメージを、同窓会誌等の学校史料によって教育指導の内容や学校文化の変遷を、正級長・副級長になった生徒の分析によって学校が期待した模範生徒像を、卒業生たちへのインタビューによって学校文化の生徒側の視点からの内実を、というように確かな史資料をもとに実証している。ただし、階層による違いが様々に析出されたとはいえ、5年間共に学ぶ中で階層を超えて交流・友人関係が深まることはなかったのかインタビューされていない。この点は、本書の研究の目的にかかわる大きな問題であると思われる。

2.「少女」「子どもと母親」「手芸」をめぐる表象

雑誌を分析対象とした表象研究も活発である。

今田絵里香『「少女」の社会史』は、少女雑誌と少年雑誌に分化する前の「子

---

[1] 坂本清泉・坂本智恵子『近代女子教育の成立と女紅場』あゆみ出版、1983

ども」雑誌の『穎才新誌』(1877年創刊)と、その後登場する少女雑誌・少年雑誌をとりあげて「少女」の誕生・変遷過程を分析するとともに、少女雑誌の読者による「少女」の受け止めと「少女」形成への関与について明らかにしている。そして、「女子も男子も『少年』というカテゴリーに含みこまれていた」ところから「少女」が分化し、「少年」が勉強とスポーツ、童心主義という安定した近代的な「子ども」という存在で一貫していたのに対して、「少女」は「幼女時代とも既婚時代ともつながらない特異な時代」とされていたのが、芸術主義・純真主義の点で「少年」とは差異化されながらもようやく近代的な「子ども」ととらえられるようになり、さらに総力戦体制の時代になるとそれにふさわしい「日本の少女」へと修正されるという男女での違いについて、「新中間層における『子ども』の誕生は、決してジェンダーに関係なく生じたわけではなかった。……しかも女子は男子とは異なる形で『子ども』になっていった」と結論づけ、近代における「子どもの発見」に関わって新たな知見を提示している。一方、「少年」に比して「少女」が「大きな変容を遂げた」原因や、「『少女』というヴィジュアル・イメージでは一貫して妻・母役割に結びつく家事労働は表象されることがなかった」という指摘から、「少女」期が「良妻賢母」としての生活目前の猶予期間であると考え得るならば、「少女」と「良妻賢母」との関係についてさらに考究する余地があると思われる。

　大橋眞由美『近代日本の〈絵解きの空間〉——幼年用メディアを介した子どもと母親の国民化』は、「19世紀末から20世紀中頃の約50年間の子どもを読者対象とした絵本・絵雑誌……の表象と関連文書の言説を分析することを通して」「絵本・絵雑誌と母親と子どもで構成された〈絵解きの空間〉に着目して、家庭教育に於ける母子を一体のものと見なして遂行された国民化の問題」を探求している。絵本・絵雑誌の表紙と内部の図像を丁寧に分析する一方で、根強く読まれていたそれまでの地本系絵本が「大正から昭和に入り、……〈赤本〉と蔑称され」、倉橋惣三等によって批判される。それに代わって、拡大する新中間層の子どもたちのための「童心主義で彩られた絵雑誌」が登場し、「〈お母さま方〉への呼びかけ」が掲載されることによって、母親が「メディアの意図を子どもに忠実に絵解きするエージェントとして位置づけられ」る。さらには『婦人之友』の子誌である『子供之友』によるイベント「甲子上太郎会」が開催されて、

〈賢母〉である母親が媒介者となり自己を点数化して報告することで〈良い子〉という「理想像に回収」されていく。このような動向を背景にして、1938年の内務省警保局図書課通達によって「母の頁」を設置し、「読ませ方」や「読んだ後の指導法」などの母親への解説を絵本・絵雑誌に掲載するよう指示がなされ、戦時下には「臣民として主体化された子どもも母親も『高度国防国家』構築のためのメディア＝手段」にされるに至ったことを明瞭に析出している。

　山崎明子『近代日本の「手芸」とジェンダー』は、「皇后の表象研究」の一環をなすものである。「（前近代からの）広範で雑多な日常の手仕事を表す」ものから「明治二〇年代から次第に狭義の家庭内装飾品を制作する」ものへと概念を変化させた「手芸」に関して、①「女性を国民化していくセオリーとして有効性を持つ」ものとしての下田歌子の手芸論を、そして②「養蚕を『育児』の疑似行為として」、また「『手芸』の最重要領域」として位置づけて、「『手芸』全般が重要な女性役割である」とするその象徴として「皇后親蚕」を、さらに③近代日本における「手芸」テキストと学校教育による奨励システムを分析する。芸術とはみなされず、生産労働とも切り離された明治期の「手芸」は、担い手が中・上流階級の女性であり、「女性に不可欠なものとされながらも、生活に不可欠なものではなかった」、すなわち主婦の労働の中の「趣味的な水増し労働」であるという著者の指摘は、高等女学校において随意科目とされていた学科目「手芸」の本質をついているといえる。

3. 小学校女性教員研究の前進

　時をほぼ同じくして、女性教員問題に関する研究書が2冊刊行された。しかも、女教員会・女性教員の側から議論を展開している点も共通している。

　齋藤慶子『「女教員」と「母性」』は、小学校の女教員大会で「〈職業と家庭の両立〉への『配慮』と支援を必要とするか否かの議論が繰り返された」1910～1920年代に焦点を当て、全国と各地の女教員大会の史資料を詳細に分析している。同じ時期に定着する「母性」という語を女性教員の特性として強調するのか、そうはせずに男性と対等に仕事をするのか、また「部分勤務制」（俸給削減を伴う勤務時間削減）の実現を主張するのかについての、全国大会での女性教

員たちと沢柳政太郎（帝国教育会長）等の思惑とのズレ、さらに全国と各地の女教員大会とのズレからは、文部省訓令（1922）によって産前産後休暇制度が実現した時期であるとはいえ、当時の女性教員の置かれた困難な状況が窺われる。

河上婦志子『二十世紀の女性教師——周辺化圧力に抗して』は、① 20 世紀初頭から世紀末までの長期間を通観し、旧学制・新学制を一貫して分析する「20世紀の視角」、②女性教員自身の意見や経験をできるだけ活用する「『女性の経験』の視角」、③「国際比較の視角」、から女性教員を「男性教員より劣った二流市民として周辺化」させ、「常にその存在意義を自ら立証せざるを得ない立場」に追い込んだ「女教師問題」言説の内実と消長を分析する。戦前期を分析する際の本書の特徴は、小学校教員を多様な種類の教員免許状——尋常科・高等科の本科正教員、尋常科のみの本科正教員、准教員、専科正教員（裁縫科等のみを担当する教員）、代用教員——に分けて分析した点である。それにより、たとえば1907年に女性教員を3分の1に抑制するのが望ましいとの言説が登場したのは女性教員が増えたからだと従来の研究では指摘されてきたものの、その増えた女性教員は専科教員と代用教員だけで、それも「20％を少々超えたばかりで、しかも本科正教員はその3分の1に過ぎ」なかった。それにもかかわらず、同年の義務教育年限延長に伴う尋常科と高等科の再編、そして本科正教員の高等科から尋常科への移動に際し、女性の本科正教員を多く移動させるとともに尋常科低学年の担当に限定させるために「3分の1説」が主張されたと、新たな知見を得ることができた。このような「その時々の社会的背景や教育制度の改編と連動して」主張された「女教員3分の1説」が戦前期に3回存在したその内実、女性教員を雇用する理由は安上がりであるばかりでなく、女性の正教員に裁縫科の授業を余分に担当させるとともに学校内の「主婦労働」も担わせる、すなわち女性教員の「学校の主婦」化、女教員会の男性支配の問題など、漫然とした通史ではない女性教員問題史となっている。ただ女性教員の「周辺化」はイメージとしては理解できるものの、定義を明確にする必要があったと思われる。

4. 小括

この他にも優れた研究書が多数あるにもかかわらず、取り上げることができ

なかったのは残念である。

この間、石崎昇子『近現代日本の家族形成と出生児数』、樋上惠美子『近代大阪の乳児死亡と社会事業』が公刊された。幕末維新期以降の出生児数の変遷や乳児死亡への対処の仕方の歴史などの、このような基礎的なデータを基底に置きながら、ジェンダー教育史研究を今後深めることも求められる。

また荻野美穂による身体・性・生殖に関する研究（荻野2002、2008）を含むセクシュアリティの史的研究、また前川直哉（2008、2011）や小山静子（2015）による男性教育史研究など、さらに多岐にわたる研究が発展することを期待する。

● 第1節 文献一覧

今田絵里香（2007）『「少女」の社会史』勁草書房
石崎昇子（2015）『近現代日本の家族形成と出生児数——子どもの数を決めてきたものは何か』明石書店
大橋眞由美（2015）『近代日本の〈絵解きの空間〉——幼年用メディアを介した子どもと母親の国民化』風間書房
荻野美穂（2002）『ジェンダー化される身体』勁草書房
荻野美穂（2008）『「家族計画」への道——近代日本の生殖をめぐる政治』岩波書店
河上婦志子（2014）『二十世紀の女性教師——周辺圧力に抗して』御茶の水書房
小山静子編（2015）『男女別学の時代——戦前期中等教育のジェンダー比較』柏書房
齋藤慶子（2014）『「女教員」と「母性」』六花出版
髙野俊（2002）『明治初期女児小学の研究』大月書店
土田陽子（2014）『公立高等女学校にみるジェンダー秩序と階層構造——学校・生徒・メディアのダイナミズム』ミネルヴァ書房
樋上惠美子（2016）『近代大阪の乳児死亡と社会事業』大阪大学出版会
前川直哉（2008）「近代学校と男性のセクシュアリティ形成」小山静子・太田素子編『「育つ・学ぶ」の社会史』藤原書店
前川直哉（2011）『男の絆——明治の学生からボーイズ・ラブまで』筑摩書房
水野真知子（2009）『高等女学校の研究——女子教育改革史の視座から』（上）（下）、野間教育研究所
山崎明子（2005）『近代日本の「手芸」とジェンダー』世織書房
湯川次義（2003）『近代日本の女性と大学教育——教育機会開放をめぐる歴史』不二出版

（井上惠美子）

第2節
東洋における近代教育とジェンダー

　日本教育史研究においてジェンダー概念を用いた研究の必要性が語られるようになったのは 1990 年代に入ってからであり、90 年代半ばになるとジェンダーを分析概念とする研究が本格的に登場する（教育史学会 2007）。一方、東洋教育史研究においては 2000 年代に入ってからジェンダー概念を用いた研究が本格化し、その主な研究対象国・地域は中国、朝鮮、台湾等の東アジア諸国・地域であり、研究対象時期は植民地期を含む近代が大半である。そして、女性史研究においてもアジアを対象とする研究が増えており、その中には近代教育との関係性が見られるものもある。
　その他に、戦後の在日朝鮮人女性の教育（韓 2006、徐 2012）やインドネシアの近代女子教育（服部 2001）、マレーシア青年期女性の進路形成（鴨川 2008）などに関する研究があるが、本節では近代の中国、朝鮮、台湾に関する研究を中心に検討したい。

1.「新女性」の登場

　アジアの女性、とりわけ日本の旧植民地の女性への関心が高まりはじめたのは 1990 年代に入ってからであり、その背景には「慰安婦」問題の糾明と解決への動きや、台湾および韓国における民主化運動に伴う女性運動の影響等があったとされる（洪 2001：pp.1-6、申 2013：pp.106-108）。2000 年代に入ると、台湾と朝鮮における「新女性」に関する研究が日本でそれぞれ刊行される。
　2001 年に洪郁如の『近代台湾女性史――日本の植民地統治と「新女性」の誕生』が刊行された。本書は、植民地期台湾に生まれた「新女性」の形成過程（第 1 部）とその社会的位相（第 2 部）が日本による「植民統治戦略」と、その政治情勢の変化および支配者の交代に対処しつつ家の存続と利権を確保するための台湾社会による「家族戦略」の中で規定されていく点を明らかにしたものである。

本書では、「新女性」の概念を「狭義には高等女学校の在学生、卒業生をさしているが、広義には内地留学により高等教育を受けた者や、場合によって小・公学校出身者もその中に含まれる」「社会階層の視点からみれば、新女性と呼ばれる人々は、元纏足層でありかつ教育資源を享有できる集団、すなわちエリート層に属する女性たち」(p.14) と定義している。植民統治者と台湾社会（男性）が新しい女性像を追求する過程において解纏足運動と女子教育が展開されるが、その教育による新女性の誕生はエリート層と民衆層における経済的分化とともに、階層間の文化的分化をももたらすなど、台湾社会のエリート層の階層文化を大きく変容させたとしている。

一方、2011年に出された井上和枝の『植民地朝鮮の新女性──「民族的賢母良妻」と「自己」のはざまで』は、「新女性」という新たな社会的集団の登場からその存在の具体的ありようについて検討したものである。本書では、「新女性」の概念について、植民地期に使われていた概念も、新女性研究における概念も、非常に大きな幅があるとしながら、「新教育すなわち学校教育（中等程度以上）を受けた女性」(p.15)、「女性全体の中では数少ないエリートに属する」(p.215) 女性を新女性としてとらえている。新女性の具体的な存在様態でいえば、社会運動家（婦人運動家）、職業（に就いている）婦人、無職者、新家庭婦人、女学生がその範疇に入り、朝鮮における新女性は日本の「新しい女」のような結社や組織体として規定することは難しく、1920～30年代におけるひとつの緩やかな社会的集団 (p.16) だったとする。

新女性にはその登場段階（1920年代前後）から民族精神の回復という民族的使命が課され、そのために「民族的賢母良妻教育」が求められ、多くの新女性たちは「職業婦人」も含めて「新家庭」の主人公としてその要求に沿う生を生きたと論じている。それゆえ、新女性たちが受けた教育は、植民地における「国民」育成のための徳育と生活運営に必要な普通知識に限定されており、専門的な知識や高度な学問の修学を目指す女子学生たちは、外国への留学を選択せざるを得なかったという (p.23)。実際、「一部の新女性たちは、民族的賢母良妻である前に、人間としての『自己』を追求し、自己実現を希求する生を生きようとして、周囲との衝突を生じ、社会から非難・排斥を受けることになった」(p.215) こともある。つまり、新女性たちは、女性としての「自己」の確立と「民族的

賢母良妻」のどちらを重視するかで進む道が分かれたということである。しかし、本書は新たな社会集団として存在した新女性の思想と行動の持つ意味、そして彼女たちの実態の検討に重点が置かれており、新女性が形成される教育的側面について詳しくは触れていない。

　以上のように、両研究は近代女性史研究として「新女性」に注目しており、近代教育との関連に特化した論考にはなっていないが、台湾と朝鮮における「新女性」の形成と位相に近代学校教育が深く関わっていることを示唆するものとして、注目に値する。

2. 女性の日本留学

　2000年以降、近代女性の日本留学に関する研究も刊行されている。その代表的な研究として、周一川（2000）の『中国人女性の日本留学史研究』（国書刊行会）と朴宣美（2005）の『朝鮮女性の知の回遊──植民地文化支配と日本留学』（山川出版社）があげられる。この両研究は、近代女子留学生に関する学務統計等の資料をもとに留学生数の年次変化、在籍した学校の種別、学校名等の調査をはじめ、当時の新聞・雑誌、女子留学生の主要受け入れ校の調査、そして元女子留学生への聞き取り調査までを行い、留学生の意識と留学体験、学習内容、帰国後の役割等について明らかにした点で共通しており、その成果は大きい。

　周（2000）の研究は、近代中国における女性の日本留学に関する研究が主に清末期に集中され、民国期についての研究はあまり行われてこなかったということから始まる。とくに民国初期に焦点を当て、清末期に比べて、留学先が高等・専門教育機関へ高度化し、女子留学生の組織や雑誌等の社会活動が乏しくなるが、女子留学生たちが婦人解放や男女平等、婚姻の自由を求めていたことは清末期と同様であったこと、帰国後は医学、教育事業、蚕糸業等の多様な専門分野で活躍し、中国社会の女性観の革新に積極的に影響を与えたことを明らかにしている。

　朴（2005）の研究は、1990年代以降、植民地研究において従来支配的であった「支配と抵抗」の二分法的な視点ではみえなかった植民地支配の経験の多様性に着目し、植民地支配の様相を冷静にとらえようとする動きと、近代家族批

判の見地に立つジェンダー研究、女性史研究が登場する流れの中で注目されるようになった朝鮮人女子留学生を主題とする初めての研究書である。本書では、植民地期の朝鮮人女子日本留学生を、「性別役割分担の近代ジェンダーシステムに規定されながらも、女性自らが日本支配によって出来上がった『道』を歩んだ『知』と『学歴』をえて、それを突破し社会に出ていき、そして女性自らそのシステムを強化するエージェント（植民地権力が利用しうる人材）になることで、植民地支配下における近代ジェンダーシステムを再生産する」(p.173) 存在だったととらえている。言い換えれば、植民地期における朝鮮女性の日本留学は、植民地社会のあり方をはじめ、ジェンダーを規定するさまざまな「知」が朝鮮社会にもたらされ、形成されていく旅、すなわち「知の回遊」だったと論じている。

3. 植民地教育とジェンダー

　日本の旧植民地においては、「内地」とは異なる教育政策が展開されたことは周知のことである。従来の研究は、植民地教育対民族教育、いわゆる「支配と抵抗」という二分法な研究枠組みが多かったが、1990年代に入ってから総督府の政策と植民地下の民衆の対応との双方を検証しようとする実証的な研究が進むようになっていく。しかし、それらの研究にはジェンダーが明確に意識されていないために、見落としてしまう様相が生じ得る。

　このような問題意識から取り組まれた研究が、2005年に刊行された金富子の『植民地期朝鮮の教育とジェンダー——就学・不就学をめぐる権力関係』である。本書は、1920〜30年代半ばまでの植民地期朝鮮を対象として、普通学校への朝鮮人児童の就学・不就学に作用した〈民族〉、〈階級〉、〈ジェンダー〉の諸規定要因とその変化に着目し、ジェンダーを分析の基軸にしながら当時の就学構造の構築過程を解明しようとした研究である。それにより、第一に、植民地朝鮮における初等教育機関への就学機会は「日本人（民族）」「富（階級）」「男性（ジェンダー）」というカテゴリーに対して優先的に配分されたこと、第二に、こうした階級限定的かつ男性優先的な就学構造のもとで、普通学校への「就学」という形で「包摂」される朝鮮人児童が増えていたが、その外部に膨大な数の

児童が「不就学」という形で「排除」され続けていたこと、第三に、男性優先的にジェンダー化された就学構造の中で、経済力の有無を分岐点に1933年以降朝鮮人女性間の就学・不就学の分化と階層化が鮮明化していったこと、第四に、この朝鮮人女性間の就学・不就学に際しては、その両者をそれぞれ正当化する際にも、女性にのみ課されるジェンダー規範が構築され作用したことが明らかとなった。すなわち、普通学校の「就学」に関してジェンダーの視点を導入することによって、男性とは異なる女性独自の入学率推移や就学動機を提示し、先行研究（韓1991、呉2000）が男性の教育経験の分析に過ぎないものであったことも指摘できたのである。なお、研究手法として植民地期に生をうけた朝鮮人女性たちのライフヒストリーに基づき、文献中心的な研究を補強したことも評価すべき点である。

4. 女性の高等教育

　日本の旧植民地の女学校や女教師に関する研究は少しずつなされてはきたものの、まだ初歩的なレベルにとどまっており、研究書として刊行されたものはない。1990年代に植民地期台湾の女教師に関する研究が、2000年代に植民地期朝鮮の高等女学校に関する研究が行われたが、女教師と女学校卒業生へのアンケートやインタビュー調査による個別の事例調査を中心とした研究が大半であり（新井淑子1998、太田孝子2004）、当時の女学校や女教師の全体像に迫った研究までにはいたってないようにみられる。

　一方、2008年に刊行された香川せつ子・河村貞枝編の『女性と高等教育──機会拡張と社会的相克』の中に収録された洪郁如による「女子高等教育の植民地的展開──私立台北女子高等学院を中心に」という論文が目を引く。本稿は、植民地期台湾における唯一の女子高等教育機関であった私立台北女子高等学院（以下、学院）を検討し、当時の台湾における女子高等教育の特質を明らかにしている。学院は在台日本人を中心とした女子高等教育機関設立の要望から設立されたものであるが、「専門学校」ではなく、「各種学校」として設置され、その後の専門学校への昇格要請にもかかわらず、終戦直前まで昇格は行われないなど、女子高等教育への台湾総督府の消極的な対応が指摘されている。しかし、

このような学院の運営や教育方針に対し、在台日本人社会と台湾人社会の間では相違するとらえ方がなされていた。すなわち、日本人社会は子女の就職のために専門学校への昇格や中等学校教員免許の付与を求める運動を行ったが、台湾人社会は植民地就職市場における台湾人の資格保有と学歴獲得の無意味さをもたらす差別的構造があることから専門学校への昇格には沈黙し、学院を内地進学の代替物として学歴を獲得し、高等女学校時代に受容したモダン文化を引き続き享受する空間としてとらえていたと分析する。本稿は、植民地台湾における女性の高等教育に光を当てることで、台湾人女性に対する乏しい高等教育政策だけではなく、周縁化される在台日本人女性の位相も浮き彫りにした研究といえよう。

5. 在朝日本人女性の役割

　植民地における植民者たちの日常生活についての研究が近年注目され始めている中で、植民地朝鮮での日常に関する研究も登場しているが、女性を扱う研究はまだ少ないということから、古橋（2017）は在朝日本人女性の役割、とりわけ朝鮮で生まれ育った在朝日本人二世の女性たちへの教育に注目し、二世の日本人女性たちに求められた役割とイメージを考察する。研究対象は、在朝日本人女性を対象とし、とくに緑旗聯盟が1934年5月に設立した1年制の「清和女塾」に注目して、緑旗聯盟が刊行した雑誌『緑旗』に掲載された清和女塾関連の内容をもとに分析している。在朝日本人二世の女性に求められた役割は、日本内地の女性たちよりも複雑であったという。まず朝鮮で生まれ育ったという理由だけで「日本女性性」が疑われ、なおかつ2世女性への否定的なまなざしが存在していたため、清和女塾での学びを通じ日本国体の実践者としてそのまなざしを克服することが目指されており、そして朝鮮民衆に日本国体を伝える役割も付与されていたと論じる。広瀬（2014）も在朝日本人女性一世・二世の経験としてそれぞれ「愛国婦人会」の活動と京城公立第一高等女学校の生活に注目し、在朝日本人女性が植民地支配を支える役割を果たした側面を明らかにしている。まだ初歩的な研究レベルではあるものの、「女性の植民地での活動と生活を考察すること、いわば『平時の植民地主義』の側面を明らかにする

ことで、女性植民者が植民地支配に果たした固有の役割と責任に迫ろうとした試み」（広瀬 2014：p.18）として、その意義は大きいと思われる。

6. 小括

　東洋教育史、とりわけ中国・朝鮮・台湾の教育史研究においてジェンダー概念を用いた研究は、上述した研究を含めてその多くが 2000 年代以降行われている。2000 年代以降の研究傾向としては、従来の研究で植民地権力側が女性に押しつけた統治イデオロギーとしてだけ認識されがちであった「良妻賢母」を、女性たち自らが「良妻賢母」というジェンダー規範や階層分化を構築していく主体であったという認識に立つ研究が増えているようにみられる。そしてそれらの研究は、「支配と抵抗」という二分法的な研究枠組みから脱し、当時の女性たちによる経験の多様性に着目し、文献資料だけではなく、当時に生を生きた女性たちへの聞き取り調査を通じて、女性たちの意識や行動をよりリアルに描き出そうとしたという特徴がある。

　なお、本節では取り上げることはできなかったが、女子教育における日中教育文化交流史を扱った研究（山崎 2003、李 2009、佐藤 2010）や、ジェンダーの観点から東アジアの近代を検討した研究（早川ほか編 2007、伊藤ほか編 2010）なども注目すべき研究としてあげられる。

●第 2 節　文献一覧

新井淑子（1998）「植民地台湾における高等女学校出身の女教師の実態と意識——アンケートとインタビュー調査資料」平成 7 年度—平成 9 年度科学研究費補助金（基盤研究（C）（2）課題番号 07610239）研究成果報告書
伊藤るりほか編（2010）『モダンガールと植民地的近代——東アジアにおける帝国・資本・ジェンダー』岩波書店
井上和枝（2013）『植民地朝鮮の新女性——「民族的賢母良妻」と「自己」のはざまで』明石書店
太田孝子（2004）「日本植民地時代における朝鮮の高等女学校に関する実証的研究」平成 15 年度—平成 16 年度科学研究費補助金（基盤研究（C）（2）課題番号 15530499）研究成果報告書
鴨川明子（2008）『マレーシア青年期女性の進路形成』東信堂

呉成哲（2000）『植民地初等教育の形成』ソウル：教育科学社
金富子（2005）『植民地期朝鮮の教育とジェンダー――就学・不就学をめぐる権力関係』世織書房
教育史学会編（2007）『教育史研究の最前線』日本図書センター
洪郁如（2001）『近代台湾女性史――日本の植民地統治と「新女性」の誕生』勁草書房
洪郁如（2008）「女子高等教育の植民地的展開――私立台北女子高等学院を中心に」香川せつ子・河村貞枝編『女性と高等教育――機会拡張と社会的相克』昭和堂、pp.84-113
佐藤尚子著・阿部洋編（2010）『中国ミッションスクールの研究――米中教育交流史研究序説』龍渓書舎
周一川（2000）『中国人女性の日本留学史研究』国書刊行会
申東洙（2013）「韓国の新女性研究の軌跡と今後の方向性」『政策科学』21-1、pp.105-111
徐阿貴（2012）『在日朝鮮人女性による「下位の対抗的な公共圏」の形成――大阪の夜間中学を核とした運動』御茶の水書房
朴宣美（2005）『朝鮮女性の知の回遊――植民地文化支配と日本留学』山川出版社
服部美奈（2001）『インドネシアの近代女子教育――イスラーム改革運動のなかの女性』勁草書房
早川紀代ほか編（2007）『東アジアの国民国家形成とジェンダー――女性像をめぐって』青木書店
韓東賢（2006）『チマ・チョゴリ制服の民族誌（エスノグラフィー）――その誕生と朝鮮学校の女性たち』双風舎
韓祐熙（1991）「普通学校に対する抵抗と教育熱」ソウル大学校師範大学教育学科『教育理論』6-1、pp.53-76
広瀬玲子（2014）「植民地支配とジェンダー――朝鮮における女性植民者」『ジェンダー史学』第10号、pp.17-32
古橋綾（2017）「在朝日本人女性の「役割」――緑旗聯盟の清和女塾（1934-1945）を中心に」『ジェンダー研究』第19号、pp.29-53
山崎朋子（2003）『朝陽門外の虹――崇貞女学校の人びと』岩波書店
李紅衛（2009）『清水安三と北京崇貞学園――近代における日中教育文化交流史の一断面』不二出版

（李正連）

第3節
西洋における近代教育とジェンダー

　ジェンダー、とくに女性と近代教育の関係史を紐解くとき、私たちは、啓蒙主義と文明化、国民化、身体の科学化というテーマに三重に呪縛されていることに気づかざるをえない。

　「ヨーロッパの歴史において、一八世紀は「啓蒙の世紀」「啓蒙の時代」と呼ばれる。「啓蒙」とは、人間の理性に重きをおき、教育と知識の普及によって、無知蒙昧な段階から人びとを啓発することを意味する。学問・科学が発達する一方で、古い非合理な制度が見直され、ヨーロッパ各地で種々の社会改革がおこなわれた。「人権」の理念を掲げて、幸福と公正な社会が追求されるようになったのもこの時代である[2]。」人間は（性差や人種、出自などにかかわらず）平等であるという考え方そのものが、社会生活の前提、普遍的真理として語られはじめたのである。それまでの優劣、完全不完全といった価値観でのグラデーションを含んだ男女区別（ワンセックスモデル）が、社会原理として無効とされた。しかし、そこには、男女に二分された身体観（ツーセックスモデル）を、解剖学、生物学、医学などの科学によって根拠づける認識枠組が同時に孕まれていくのである[3]。すなわち、男女は平等だが生物学的、身体的に異なるという認識である。近代女性の教育、労働、生活を制約した母性主義は、ここから派生する。そして、国民教育制度としての近代教育は、接近や程度の男女による差異とともに、母性主義による女性の包摂／排除を含み込んでいく。換言すれば、男性向けの国民教育制度のスタンダードに対して、子産み・子育て役割（生物学的性差）を根拠に、女性には別系統、別課程の教育が整備され、時期や期間、内容、程度などにおいて差異化されていく。しかしながら同時に、女性もまた男性同様に、啓蒙思想によって確立した近代教育への志向性に組み込まれていく。近

---

[2] 弓削尚子（2004）『啓蒙の世紀と文明観』山川出版社、2頁。弓削尚子（2009）「「啓蒙の世紀」以降のジェンダーと知」姫岡・川越編『ドイツ近現代ジェンダー史入門』青木書店

[3] T. ラカー（1998）『セックスの発明――性差の観念史と解剖学のアポリア』工作舎

代において、合理的、科学的精神とその普及が社会の発展と連結し、公共圏における地位の獲得や活躍の場は、ますます教育を媒介とするものへと展開した。つまり女性も、教育による進歩、そして国民化のベクトルの上に置かれることになった。にもかかわらず、その延長上にある近代科学を根拠とする性差によって、差異化され続けるというパラドックスを抱え込むのである。歴史叙述もまた、そこから出ることは至難であるといわざるを得ない。

ジェンダー史分野は、2000年以降の西洋教育史研究のなかでも最も量質ともに進展した領域のひとつと言っても過言ではない。そもそも、男女が同じように歴史を紡いできたとすれば、それぞれの領域にジェンダーの視点が含まれて当然である。『近代ヨーロッパの探究11　ジェンダー』（ミネルヴァ書房、2008）、および相次いで出版されたイギリス（2008）、ドイツ（2009）、アメリカ（2010）の女性史・ジェンダー史研究入門書（青木書店）、『ジェンダー史叢書』（全8巻、明石書店、2009～2011）はその対象領域と視座の広さと多様性を物語っている。さらに、『叢書・比較教育社会史』シリーズ（昭和堂）は、いずれも女性やジェンダーの視座が加味されている。

1. 女子教育の展開と教職・福祉職——トランスナショナル史へ

女子教育については『女性と高等教育』『帝国と学校』『国家・共同体・教師の戦略』など『叢書・比較教育社会史』にモノグラフが数多く発表されている。それを含み特記すべき研究として、坂本辰朗（2002）は、J. コンウェイの研究に即しつつ「男性と同一の教育への女性の参加、すなわち、共学制の実施を無条件によいものとし、女性の入学がすなわち性差別の解消であるとする伝統的な解釈に疑義」を呈し、アメリカ高等教育の多様化、拡大の論理のもとでの女性の包摂／排除の様相を活写した。母性主義や女性の領域の議論を根拠とした入学生数、カリキュラム、クラブ活動等の差異化による、女性たちの葛藤が描かれる。香川せつ子（2003）は、とくに医学分野の高等教育進出を女性の身体観をめぐるジレンマに着目しつつ具体的に明らかにしている。河村貞枝（2008）や山口みどり（2008）は、社会改革運動や宗派教育との関連で女子高等教育創設期の攻防を解明した。他方で、田村栄子（2008）の下記のような言葉は、女

子教育史の語りの難しさを浮き彫りにするだろう。「ナチス時代の女子高等教育の、抑制から拡大への方向を、「拡大」という事態のみをもって喜ぶべきことと評価することはできない。また女性が家庭の枠を超えて「社会的に活動」することも無前提的に首肯しうることではない」(p.306)。さらに、ロシアの女子高等教育の特質を他西欧諸国との比較において論じた橋本伸也 (2004) もまた、「西欧型の「近代化」の度合いを基準とした場合の各国の序列は、女子教育普及の度合いを尺度とした場合のそれとはかならずしも一致するわけではない」とし、ロシア特有の近代化過程における身分制、社会階層の再生産との連動を指摘する。以上のように、女性の地位向上や、男女の機会均等といった運動論のベクトル自体が当時の社会制度において有した文脈、つまり女子教育振興の社会的機能や帰結のプロセスを、各々の国家や地域の社会史の文脈のなかで探究が進みつつある。

　母性主義を論拠として振興された女子教育は、その帰結として、女性が教職や福祉職に参入する道筋を用意した。佐久間亜紀のアメリカ教師教育史研究 (2017) は、教職の女性化過程とその論理、その後の教師養成機関の制度化、大学化と科学的教育研究の進展の一方で、同時に軽視化と脱女性化が進む過程を明らかにしている。教師教育史、教員養成史は、教育学の学問史、学説史として今日ますます重要であるが、ジェンダーの視座を抜きにそれを叙述することが困難であるということを、佐久間の研究は示唆している。さらに、母性帝国主義[4]に裏打ちされた女性たちの国境を越えた教育経験については、高橋裕子 (2002) による津田梅子の研究や、堀内真由美 (2008) によるイギリス女性のアフリカでの教師経験、彼女たちが教育したネイティブの女性教員たちの研究に結実している。高橋は、津田梅子の個人的な経験を軸に据えながら、留学派遣制度、学校制度、社会規範との対峙や妥協を日米両国の社会的文脈でとらえ、津田の西洋優位視に拘束された帝国主義、オリエンタリズムを指摘している。アメリカ女性宣教師の教育機関の設置や教育活動に関する小檜山ルイ (2006)

---

[4] 「母性帝国主義」については、井野瀬久美惠 (2004)『植民地経験のゆくえ——アリス・グリーンのサロンと世紀転換期の大英帝国』人文書院、31-34 頁。国民教育における母性主義については、アメリカ、イギリス、ドイツ、フランスおよび日本を含む東アジアの教育史研究においてすでに周知されており、研究も枚挙にいとまない。

の研究は、アメリカのキリスト教伝道事業による日本はじめ東洋の女子教育創始とその展開過程における友達関係モデルによる文明化過程に着目し、帝国主義の文化のひとつとしての機能に言及する。これらの女性の教育をめぐるトランスナショナルヒストリーによって、現地の女性たちを啓蒙し文明化する権力と、科学的な性差観念による束縛とのあいだで行われた教育事業や実践の軌跡と歴史的意味が解明されつつある。

　母性主義による福祉職としての女性の役割については、杉原薫 (2009)、中野智世 (2010) や米澤正雄 (2011) による研究がある。慈善、救貧から福祉国家への展開と女性については、教職の歴史と同様に、母性主義によるその論拠を伴いつつも、制度化過程における軽視化や脱女性化などの問題、さらに、貧困層への母性主義的関与、生活改善指導を通した女性福祉職の軋轢や葛藤、福祉職養成と女子教育の関係などの解明が進みつつある。

　井野瀬久美惠 (2004) は、大英帝国のレディトラベラー、女性地理学者らによるアフリカの「発見」、植民地経験を支えたサロンや協会の組織や活動、彼女たちによる著作などを丹念に読み解き、その帝国観をイギリス、アフリカ、アイルランドというトライアングルで捉えなおし、大英帝国史の再考を試みている。トランスナショナルヒストリーの可能性は、こうした越境経験の歴史的解明にある。その一方で、彼女たちの活動の受け手である、サバルタン[5] としての植民地の被支配層、貧困層の女性との権力構造も徐々に解明されつつある。たとえば粟屋利江 (2011) は、英領期インドにおける女嬰児殺しの慣習根絶への英国人の試みを「植民地政権と現地社会双方の「家父長」制の共犯関係」「植民地支配の意志と陥穽」として捉える。救済、援助という営みは、「普遍的な博愛・人道的精神」に根拠づけられるがゆえに、救済側の優越性と、被救済側の後進性と野蛮、前者による後者の啓蒙の必要性、必然性が無前提的に当然視され語られることが多い。この語り自体の権力性を教育史研究は深く受け止め、発信していくべきであろう。

---

[5] スピヴァク『サバルタンは語ることができるか』みすず書房、1998 (初版 1988)

2. 生(生命・生活)の科学史とジェンダー

インドの女嬰児殺し慣習の英国人による根絶は、女性と生命／死とのあいだに生じた、帝国主義とジェンダー関係の複雑な権力関係において生じたとみることができるだろう。ここに表れているように、ジェンダー研究の進展は、母性主義、すなわち産み育てる身体への女性の呪縛に関する研究と同時に、M. フーコーの一連の生権力論、T. ラカー等の影響から、生命や生活に関わる領域への眼差しと関係性についての研究へと広がりと融合をみせている。

長谷川まゆ帆(2011)のフランス近代産科医(男性)誕生の社会史研究は、王権による大学統制下の医学界のヒエラルキーとその関係性における女性の身体をめぐるポリティクスを、彼らがその知を普及すべく認めた書物の編纂、改訂や修正などなどのプロセス、すなわち読書の文化史研究のうえに解明する。さらに『身体と医療の教育社会史』(2003)所収の、とくに橋本・香川・田村による研究は、女性医師の養成や組織化を通じて生命観、身体観を問うている。

河合務(2015)・岡部圭史(2017)らの出産、乳幼児、児童、母子の保護事業や政策研究、さらには松原宏之(2013)の公衆衛生運動史研究は、生殖、胎児、授乳、買売春といった、女性の身体とその周辺をめぐるポリティクスの具体を論じる。生殖や、母子の身体的関係という一見非政治的にみえる空間が、統治権力の場として機能し、近代的な生のあり方を規律化していく過程である。そこでの母親と生命との関係は単純ではない。生命科学の進展は子宮ないし胚との関係において精緻化し、科学の介入度合が進むにつれて、女性の身体が周縁化されつつあるともいわれる[6]。ミクロな関係、さらに身体や生の領域にも散在し、強さも方向も多様で複雑な権力について、その歴史化が求められている。

3. 男性、ジェンダー、セクシュアリティと教育史

女子教育史が、身体史、身体の社会史へとその研究の射程を深化、拡大させ、

---

[6] 三成美保「戦後ドイツの生殖法制——「不妊の医療化」と女性身体の周縁化」ジェンダー史叢書第1巻『権力と身体』161頁

同時に、女性史研究が批判した普遍史＝男性史という図式を男性たちが内在的に崩しつつ書き直しを進めたことで、セクシュアリティやジェンダーの規範化を根本的に問う研究が充実し始めたのが2000年代の特徴である（小玉編2004）。星乃治彦（2006）は、19世紀末以降のドイツで成立した同性愛が、政治や軍隊の場で存在し、いかに機能し利用されてきたのか、その歴史を解明する。福元圭太（2005）は文学に描かれた学童悲劇やヴァンダーフォーゲル、男性同盟などから20世紀初頭のドイツ青年と同性愛の展開を論じる。井上美雪（2011）はイギリスのパブリック・スクールを舞台に男性性と階級性の連動を明らかにしている。男性史研究が、その担い手を含めて稀少であることは、男性が普遍史、すなわちメインストリームを構成することへの違和感や疑念が少ないことを物語っているだろう。

ジェンダー、ないしセクシュアリティと教育のヒストリオグラフィーにおいては、各々のテーマ、分野の歴史叙述に、性差観念やそれに基づく（それを作り出す）様々な歴史事象を捉えかえし、多様な歴史を積み重ねていくことが必要であろう。女性、男性ともに、その区分自体の歴史化、すなわち性差を規定してきた解剖学や医学、生物学、生命科学などの科学の成立と機能の詳細とともに、啓蒙、文明化、国民化という近代教育の根本的契機自体を含め、ジェンダーやセクシュアリティが機能する複雑な歴史的、社会的、政治的な文脈を丁寧に解明することが、ますます求められよう。

4. 小括

ジェンダー研究、セクシュアリティ研究は、生命・生活をめぐる科学史、政治史研究の深化と連動し、さらに、植民地経験やオリエンタリズムを包含するトランスナショナルヒストリーの文脈のなかで、その複雑な権力関係を読み解いた研究が積み重ねられてきた。そのなかで、近代教育は、近代的生活を基礎づけ、人間形成の多くを支配するものとして、無知蒙昧から啓蒙に導く経路として、歴史的、社会的な文脈において様々な意味を持った。教育をめぐるジェンダー、セクシュアリティの歴史は、女子教育史というジャンルのゲットー化が懸念されていた時代から大きく転回し、むしろそれなくしては教育史を語る

ことはできないのではないか、という局面を迎えているように思える。男性だけではなく女性も、ではなく、また、女性、男性という二分法的思考でもなく、多様な人々の経験、行為と、それを枠づけようとした制度や慣行、その歴史的意味を、複雑な社会関係や政治的状況のなかで解明していくことが必要である。

●第3節 文献一覧

粟屋利江（2011）「「女児の命」をめぐる闘争──英領期インドにおける女嬰児殺しをめぐって」ジェンダー史叢書第7巻『人の移動と文化の交差』明石書店

井上美雪（2011）「19世紀後半のイギリスのパブリック・スクールにおける「男らしさ」」『ジェンダー史叢書第2巻家族と教育』明石書店

井野瀬久美惠（2004）『植民地経験のゆくえ──アリス・グリーンのサロンと世紀転換期の大英帝国』人文書院

岡部造史（2017）『フランス第三共和政期の子どもと社会──統治権力としての児童保護』昭和堂

香川せつ子（2003）「医学と女子高等教育の相克──ヴィクトリア期における「女性の身体」」望田幸男・田村栄子編『身体と医療の教育社会史』昭和堂

河合務（2015）『フランスの出産奨励運動と教育──「フランス人口増加連合」と人口言説の形成』日本評論社

河村貞枝（2008）「イギリスにおける「ミネルヴァの娘たち」の挑戦：ベドフォード・カレッジの創設と発展」『女性と高等教育』昭和堂

小玉亮子編（2004）『マスキュリニティ／男性性の歴史』至文堂

小檜山ルイ（2006）「友情の帝国──「東洋の七つの女子大学」にみるアメリカ的「帝国主義の文化」」『シリーズ・アメリカ研究の越境　第5巻　グローバリゼーションと帝国』ミネルヴァ書房

坂本辰朗（2002）『アメリカ大学史とジェンダー』東信堂

佐久間亜紀（2017）『アメリカ教師教育史──教職の女性化と専門職化の相克』東京大学出版会

杉原薫（2009）「ヴァイマル期ドイツにおけるアリス・ザロモンの女性社会福祉職教育：「女性社会福祉職・教育職のためのドイツ・アカデミー」に注目して」教育史学会機関誌編集委員会編『日本の教育史学』第52集

髙橋裕子（2002）『津田梅子の社会史』玉川大学出版部

田村栄子（2003）「「医の既存世界」を超える「女性個人の身体」論──ワイマル期「ドイツ女性医師同盟」に見る」『身体と医療の教育社会史』昭和堂

田村栄子（2008）「「母性礼讃」の国を支えた若き女性教養市民層：ナチス時代の女子学生と「新しい女性運動」」『女性と高等教育』昭和堂

中野智世（2010）「近代ドイツにおける女性福祉職：ある女性福祉職員の日記から」ジェンダー史叢書第8巻『生活と福祉』明石書店

橋本伸也（2003）「女性医師課程の誕生と消滅――帝制期ロシアにおける女性医師と医学教育」『身体と医療の教育社会史』昭和堂

橋本伸也（2004）『エカテリーナの夢　ソフィアの旅――帝制期ロシア女子教育の社会史』昭和堂

長谷川まゆ帆（2011）『さしのべる手――近代産科医の誕生とその時代』岩波書店

福元圭太（2005）『「青年の国」ドイツとトーマス・マン――20世紀初頭のドイツにおける男性同盟と同性愛』九州大学出版会

星乃治彦（2006）『男たちの帝国』岩波書店

堀内真由美（2008）『大英帝国の女教師』白澤社

松原宏之（2013）『虫喰う近代――一九一〇年代社会衛生運動とアメリカの政治文化』ナカニシヤ出版

山口みどり（2008）「英国国教会とその娘たちのために：レディ・マーガレット・ホールという試み」『女性と高等教育』昭和堂

米澤正雄（2011）「ジェーン・アダムズはいかにしてセツルメント事業を発見・選択したのか？――女性の公的役割論の具体化過程とこれを支える思想構造に焦点をあてて」ジェンダー史叢書第2巻『家族と教育』明石書店

（野々村淑子）

おわりに

　見てきたように、ジェンダーと教育というテーマは近年目覚しい成果をあげてきたといえるが、しかしまだまだ明らかにされるべき論点は尽きない。

　ジェンダーの視点に立つ歴史研究が目指すところが、「『真理とは何か』を規定する権力である『知』によって、身体的性差にさまざまな意味が付与されて、女・男の差異化が行われ、ヒエラルキー（序列）を伴う二項対立的なジェンダー（性差）が構築されていくという把握である」[7]とするならば、教育史こそがその中心的研究を担う領域ではないかと考えるからだ。真理を探究すると同時に、時代の真理を構築し、それに基づいて次世代を育成していくこと。教育をそのように理解する時、ジェンダーの視点に立つ教育史研究は歴史研究に多大な貢献をするものとなるし、これまでの教育史研究に対して新しい地平を示す

---

[7]　姫岡とし子（2009）「はじめに」姫岡とし子・川越修編『ドイツ近現代ジェンダー史入門』青木書店、p.iii

ことになると思われる。

　ジェンダー視点に立つ教育史研究にはまだまだ多くの課題が残されているが、そこには女性をめぐる問題群があるだけではない。最近の動きとして注目されるものに、男性史研究の動きがある。本章の日本史や西洋史でも言及されているが、ジェンダー形成の過程で、女性が形成されるだけでなく男性もまた形成されていくプロセスが明らかにされるようになってきている。教育におけるジェンダーの視点に立つようやく男性研究は先鞭がつけられたところであるが、今後ますます研究の蓄積がなされていく分野ではないかと思われる。さらに、男性史研究が明らかにしたのはヘゲモニックな男性性の構築の背後には、差異化され差別される男性性があること、すなわち性におけるヒエラルヒーというテーマではなかったかと思う。つまり歴史的に性は単純な二項対立のみで議論できるものではなく、近代以降、異性愛絶対主義の元で、多様な性が抑圧され、性のヒエラルヒー化というプロセスがあったことが明らかにされるようになって来ている。

　このような展開は、実はジェンダー視点そのものに対する再考を迫るものとなりうる可能性を持っている。ジェンダーが男女という二項対立を問うものであるとするならば、多様な性を想定する議論は二項対立を超えた課題に応えることを私たちが求めるものであるといえる。

　ジェンダー視点に立つ研究はまだまだ進められていく必要があるだろう。しかし、同時に、ジェンダーの視点を超える性に関わる視点もまた求められている。

　　　　　　　　　　　　　　　　　　　　　　　　　　　　（小玉亮子）

第8章

高等教育史

はじめに

　本章の課題は、50周年記念誌の教育史学会編『教育史研究の最前線』(2007)で論じられている高等教育史研究の到達点を踏まえて、近年、高等教育史の分野でいかなる研究が行われてきたのか、現状と展望について西洋、日本、アジアという対象別に検証することである。また、本章においては、西洋、日本、アジアという他の章とは異なる順番になっている。これは大学という教育機関の発生が、そもそも12世紀のヨーロッパにさかのぼることができ、西洋の大学モデルが日本、アジア諸国に伝播し独自に発展を遂げたという歴史的な順序に従ったためである。

　まず、西洋高等教育史については、学会シンポジウム・特集等の動向、対象国別の特徴、横断型問題史研究の興隆、課題と展望について論じていく。日本高等教育史に関しては、戦後大学教育、学術研究体制、大学高等教育と地域という側面から検証を行っていきたい。さらにアジア高等教育史については、その可能性、学問上の位置、傾向、課題という論点から検討する。

　また本章で取り上げるアジア高等教育史であるが、とりわけ日本と関係の深い東アジア地域(中国、韓国)を、中心として論じていくものとする。

(新保敦子)

第1節
西洋高等教育史研究の現状と展望

1. 本節の課題と検討の前提

　筆者は、本学会50周年記念出版(教育史学会編『教育史研究の最前線』2007、以下、「50年誌」)において、当時の西洋高等教育史研究の特色として次のことを指摘した。①実態として展開しているのは各国高等教育史研究であり、地域横断的な「西洋」高等教育史への関心は希薄である。②対象とする時期や主題は各国

ごとで特徴的であり、日本の現実的な改革や政策課題との連動性は弱い。③何のための西洋高等教育史研究なのか、という議論の活性化が求められる。これら3つの論点である。

　今回筆者に与えられた課題は、2000年頃以降約15年間の日本における西洋高等教育史に関する研究動向を概観し、とくに新たに加わった傾向を明らかにすることである。その際、50年誌において指摘した上述の3つの論点を中心に考察する。

　なお議論の前提として、次の諸点について、あらかじめ確認しておく。
(1) 大学史と高等教育史は必ずしも同一ではない。大学は「教育」以外の機能をもつ。また高等教育機関は大学に限定されない。高等教育という概念は歴史的には19世紀以降に成立したと考えられるが、大学の歴史はそれよりも遥かに古い。今回は研究動向の把握が目的であるので、高等教育史の概念的な範囲を広くとっておく。教員養成史に関しては、別の章が設けられているので基本的に除外する。
(2) 同様に「西洋」という区分も難しい。その概念的な範囲を議論すればきりがない。たとえばオセアニアをどう考えるか。また後に述べるように、最近の高等教育史研究では関係史的なアプローチをとるものが増えている。ここでは基本的に欧米と捉えることとするが、関係史的な研究についても広めに目配りする。
(3) 検討対象とする文献は、本書の編集方針に則り、刊行された書籍とする。大学・高等教育研究の書籍には、当該主題に関する歴史的概観を含むものが少なくないがそれらは除外する。またこの分野では翻訳書も重要であるが、日本における研究動向の把握という趣旨からは必ずしも適合的ではないので含めない。また50年誌においては、2004年までの刊行文献が検討対象に含まれている。今回の対象設定（2000年頃以降）と重複する場合でも取り上げることとした。

　以上の前提のもとで、2000年頃以降の約15年間の日本の西洋高等教育史研究の動向を概観し、そこに見られる新たな傾向を析出する。もっとも西洋教育史の他の領域と同様であると思われるが、この分野の研究成果は決して多くはなく、書籍のみでは大きな研究動向を把握するには十分ではない。そこで個別

的な研究成果を概観する前に、本学会および関連学会のシンポジウムや機関誌の特集などを手がかりに、この領域全体の関心の方向性や動向を確認しておく。

2. 学会シンポジウム・特集等における動向

　学会等の動向として最初に取り上げておきたいのは日本高等教育学会である。同学会紀要『高等教育研究』第10集（2007）は、創設10年を記念して「高等教育研究の10年」という特集を組み、そこに「大学史・高等教育史研究の10年」（羽田貴史・大塚豊・安原義仁 2007）が掲載されている。欧米（西洋）については安原が執筆している。そこでは、欧米における社会史的大学史・高等教育史研究の隆盛が指摘された後、日本における欧米大学史・高等教育史研究の動向が紹介されている。安原は率直に「いささか停滞気味の感なしとしない」（p.46）と評し、欧米の最新の研究動向との溝が広がっている、と指摘する。そして歴史研究が、より現実的な問題と対峙することを提案している。

　一方教育史学会では、2011年の第55回大会および13年の第57回大会のシンポジウムで大学史が主題とされ、それぞれ翌年の『日本の教育史学』（第55・57集）においてその記録が掲載された。前者は「教育史研究における大学史研究の位置」をテーマとした。大学の諸制度に則して、原理的・歴史的な検証が試みられ、教育史研究上における大学史の課題の明確化がめざされた。西洋関係では別府昭郎が「ドイツ大学史と教育史」を報告し、児玉善仁が指定討論者となっている。また後者は、「大学の歴史を大学教育の視点から振り返る」をテーマとし、前者のシンポジウムにおいて課題となった大学教育とその担い手である教育者（教授）のあり方を歴史的に考察することをめざした。西洋関係では、井ノ口淳三「大学における教養教育とコメニウスのPansophiaの理念」および中村勝美「大学の歴史を大学教育の視点から考える――イギリスの大学教育改革の歴史から」の報告があった。指定討論者は別府昭郎であった。

　このほか教育思想史学会では、第22回大会（2012）シンポジウムで「『大学の危機』を思想史が問う」がテーマとなり、翌年発行の『近代教育フォーラム』第22号に関連論文が掲載された。いずれも西洋関係を主たる内容としている。報告論文として吉見俊哉「メディアとしての大学」、金森修「専門知と教養知の

境域」、松浦良充「脱・機能主義の大学像を求めて」のほか、司会論文2編とコメント論文2編を掲載している。

　またこの分野では、大学史研究会の動向も見逃せない。紀要『大学史研究』の特集等を概観する。2000年3月刊行の第15号では、第21回大学史セミナー課題研究「技師・技術者・工科大学——エンジニアの誕生」にかかわって、堀内達夫「グラン・ゼコールとエンジニアの養成」ほかの諸論考が掲載されている。その後同誌では、欧米の大学史については原著論文が数多く掲載されているが、いずれも個別のモノグラフであり、目立った傾向として指摘することはない。欧米の大学史にかかわる特集としては、第24号（2010）の「世界の大学改革」がある。児玉善仁「「世界の大学改革——伝統と革新」をめぐって」、木戸裕「ヨーロッパの高等教育改革とドイツの大学」、福石賢一「実業界は大学に何を求めたのか」、立川明「初期植民地カレッジとランド・グラント・カレッジ」ほかの論考が掲載されている。さらに第25号（2013）の特集は「教養教育の国際比較」である。中村勝美「19世紀イングランドにおける大学改革と教養教育をめぐる論争」、立川明「20世紀前半のアメリカ合衆国における教養教育」などが掲載されている。

　教育史学会、教育思想史学会そして大学史研究会も、現在の大学とその改革にかかわってシンポジウムや特集を企画していることがわかる。それらは必ずしも現実的・具体的な改革についてではないにしても、現在の課題にそれぞれの専門分野の立場から応答しようするものである。そしてそうした傾向はとくに2010年頃以降に顕著になっている。50年誌で筆者が指摘した改革連動性や、先に触れた『高等教育研究』において安原が指摘した「現実的な問題との対峙」ということについては、少なくとも学会レベルでは、少しずつ課題意識の素地が形成されつつある。

3. 対象国・地域別の特徴

　続いて、アメリカとヨーロッパにわけて、研究成果を概観する。研究動向の析出を目的とするため、個々の研究の評価は行わない。さらに最近顕著になった新しい傾向とみられる、地域横断型の問題史研究についても確認する。

(1) アメリカ

　個別大学史としては、川島（2012）が、スタンフォードの現状の紹介を中心としつつも「スタンフォード大学120年の歴史」および「アメリカ高等教育史」の章を含んでいる。また清水（2005、2011）は、専門的な大学史研究書とはみなせないものの、同大学史にかかわる豊富な情報を提供している。同様にエッセイ集に近いが、森（2004）は草創期のハーヴァードについて、その大学名の由来となっているジョン・ハーヴァードのイギリスでの生い立ちや彼の学んだケンブリッジのイマニュエル・カレッジにもさかのぼって描き出している。この点では、英米の大学史における関係史の視点が含まれている。関係史の視点は、後にも述べるように、最近顕著になっている傾向の一つでもある。

　五島（2008）は、大学・高等教育史と社会教育・生涯学習史の交差に位置し、大学拡張に焦点化した問題史的研究である一方、ウィスコンシン大学史としての意義もある。50年誌で筆者は、大学拡張への関心を、同書を構成することになる五島の関連論文を含めて、アメリカ高等教育史研究における特徴の一つであると指摘したが、その後、五島の著書以外には目立った研究はみられない。

　大学拡張以外に、50年誌においては、ジェンダーや女性の高等教育への関心が強いことも指摘した。ただし同様に、村田（2001）や坂本（2002a、2002b）以降、少なくとも書籍としては、この分野の後継となる研究成果が出てない。こうしたことも、残念ながら、研究動向の一つの傾向として指摘せざるを得ない。

　このほか問題史型の研究としては、前田（2003）や田中・木下（2010）がある。後者は教員養成史であるが、コロンビア大学ティーチャーズ・カレッジをはじめとした大学における技術教員養成に着目している。いずれも日本の大学における現実的な（改革）課題と緊密な関連にある研究成果であるとみなせる。

　このほかエスニシティの問題に取り組んだ日本では稀少な高等教育史研究として北（2009）がある。1910年代末～50年代にかけてのアメリカ高等教育機関におけるユダヤ人学生の「割当制」とその撤廃運動を歴史的に検討している。

　ところで日本の大学・高等教育史は、とくに第二次世界大戦後アメリカからの影響を強く受けてきたが、最近日米高等教育についても関係史にかかわる書籍が相次いで刊行されている。小川（2012）や同志社大学人文科学研究所編（2013）である。前者は琉球大学史でもあるが、琉球大学の成立とその歴史的展

開をアメリカのパブリック・ディプロマシーの観点から検討する。そしてその支援の役割を果たしたのがミシガン州立大学である。その意味でそれはアメリカ高等教育史研究でもある。また後者は、創設者新島襄の縁で結びつく両大学の関係史である。

　以上、2000年頃以降の日本におけるアメリカ高等研究史を概観した。総括すると、研究対象についての顕著な特徴は認められなかった。50年誌で指摘した、ジェンダーや女性の高等教育史や大学拡張への関心については、その後目立った研究成果の進展はほとんどない。大学改革などの現実的な課題にかかわるものも若干はみられるが、必ずしも多くはない。ただし最近の特徴として指摘できるのは、関係史にかかわる研究があらわれていることである。

　なお今回は残念ながら、カナダや中南米に関する目立った成果はなかった。

(2) ヨーロッパ

　ドイツについては、平野（2001）以外はやはり18世紀以降の「近代大学」をめぐる研究が主である。別府（2014）は、ハレ・ゲッティンゲン両大学の創設をはじめとした個別大学史と、18世紀の大学教師や学生生活、近代大学論などを考察する。別府（2016）はその続編である。また曽田（2005）は思想史的研究であるが、19世紀の大学（そしてギムナジウム）史と密接な連関をもつ。さらに潮木（2008）は本格的な専門的研究とはいえないが、2001年のパレチェクによる定説批判によって問題化した「フンボルト理念」を軸に、大学のドイツ・モデルの米日への「移植」の問題にも触れており、やはり関係史的視点を含んでいる。現代史としては、芸術大学改革に関して、鈴木・長谷川編（2009）がある。

　フランスに関しては、池端（2009）が、大学人の歴史という観点から、18世紀後半アンシャン・レジーム末期から20世紀への転換期にかけての近代フランス大学史を扱う。そのなかで、第三共和政初期の高等教育改革の際にドイツ大学が参照されたことについても検討されており、やはりここでも関係史的視点がみられる。また必ずしも高等教育史に限定されるわけではないが、フランスにおける「教養」をめぐる研究も最近相次いで刊行されている。上垣（2016）は、ナポレオン時代から第三共和政までの教育史を社会史的に読み直す。そのなか

で、第三共和政初期の大学改革、高等師範学校、アグレガシオン、女性の高等教育などの主題が扱われている。さらに綾井（2017）も、中等教育が中心ではあるが、大学・高等教育を含めてフランス近代における「教養」の思想史を描出している。

　イギリス等では、舟川（2000）と小泉（2007）が対象を同じくしているが、前者は英文学者、後者は教育学者によるもので、不思議なほどに内容上の接点はみられない。北（2001）は、スコットランドのグラスゴー大学が19～20世紀にかけて、日本の工部大学校を中心として、近代日本の形成に果たした役割を検討する。こちらもやはり関係史的な視点からの研究である。また竹腰（2017）は、イギリス高等教育に特徴的な教授形態であるチュートリアルについて、オックスブリッジからロンドン大学・新大学や市民大学へ、さらにはイギリスからオーストラリアへと伝播・変容する歴史的過程を追う。こちらも一種の関係史である。さらに宇田川（2011）は、概説的であるが、16世紀末以降のアイルランド高等教育史の概要と20世紀後半の発展について述べている。

　最後に中世大学史としては、児玉（2007）が、ボローニャ大学およびパドヴァ大学を中心とした詳細な研究となっている。また岩村（2007）は、古代末期（5世紀）からカロリング期（10世紀）までを対象としており、大学史の前史にあたるが、「自由学芸」史として広い意味での高等教育史研究とみなすことができる。

　以上ヨーロッパ高等教育史研究の傾向としては、50年誌での指摘と同じく、各国でその研究主題は多様である。ただ総じて、人文学・人文主義・教養などへの関心が強くみられる。それは現在の大学改革からの影響があることも推測できる。またここでもやはり、関係史的視点を含むものが増えている。

4. 地域横断型問題史の興隆

　これまでみてきたように、各国・地域別の研究においても、関係史的視点を含むものが増えてきている。このこととも強く関連すると考えられるが、最近、国・地域や時代を横断・縦断した共同研究や共著書が多く発表されるようになっている。ただしそれらは西洋高等教育史に限定されない幅広い射程を持つものが多い。

たとえば望田・広田編 (2004) は、日本を含めた商工業にかかわる比較教育社会史の共同研究であるが、イギリス、ドイツ、フランスなどの大学・高等教育史関連の論考も含む。また香川・河村編 (2008) も、西洋に限定しているわけではないが、スイス、イギリス、ロシア、フランス、ドイツの女子高等教育史にかかわる論考が含まれる。なお同書第2章「津田梅子の広報戦略」（髙橋裕子）は、津田のアメリカでの留学経験を核とする論考であり、関係史の視点を含んでいる。

　さらに南川編 (2007) は、古代ローマから始まって、ヨーロッパ中世・近世・近代における人文学・人文主義の諸相を描出している。とくに第Ⅲ部を構成する4つの章は大学に焦点化され、中世パリ大学、近世ポーランド、フランス第三共和政初期の中等教育改革、近代のオックスフォード大学などが主題とされている。西洋史学（思想史、政治史、宗教史、史学史）を中心としながらも、西洋中世哲学、教育（社会）史などの広範な領域・関心から構成された共著書である。

　また鈴木編 (2014) は、第二次世界大戦中・後にアメリカに亡命・移住したドイツの芸術大学・学校関係者たちに着目し、ドイツ、アメリカにおける戦後芸術アカデミー改革の動態を解明しようとする共同研究の成果である。これもやはり関係史の新しい動向を担う研究成果のひとつである。

　そして別府編 (2011) は、「大学」「学部」などの概念をめぐる比較史的研究である。やはり問題史ではあるが、上述してきた諸研究とは少し趣を異にし、(比較) 大学史の方法論にもかかわる共同研究である。西洋関係としては、中世ヨーロッパ、フランス、「アングロ・サクソン」、ドイツなどを含んでいる。「大学」等の概念受容や影響関係の議論もあることから、関係史としても位置づけられる。

5. 課題と展望

　最後に、冒頭に述べた3つの論点に即して、新たにみられる特徴を概括する。
① 以前は地域横断的な研究が少なかったが、その傾向には変化が生じている。各国・地域を越えた関係史的視点を含む研究が増加している。もっともそれは「西洋」という枠を越えて広がってもいる。50年誌において、「西洋」高等教育史研究への関心は稀薄であると指摘したが、西洋高等教育史（研究）とは

何か、という観点は依然として弱い。もはや「西洋」という概念装置自体の意味が薄れているのかもしれない。また関係史的な問題史研究においても、多くの場合、特定のさまざまな国・地域や時代のモノグラフを集成したものにとどまっている。全体を一貫・総合した歴史像がみえにくい場合も少なくない。いわゆる「グローバル化」の趨勢のなかで、関係史的な高等教育史の重要性は増しつつある。それだけに、関係史の基盤となる高等教育史像の明確化が今後の課題になっている。

② 現在の高等教育改革や政策課題との連動性については、依然として必ずしも明確な関連はみいだせなかった。とはいっても、①で述べた関係史への関心は、現在の大学がおかれている状況と無関係ではないであろう。またヨーロッパを中心として人文学や教養への関心が強まっていることも読み取れる。現代的な関心を視野に含めつつ、時流に流されることなく歴史研究としての矜持を保つという姿勢が堅持されている。個々の研究成果について詳しく触れなかったが、西洋高等教育史研究として、一見現在の大学の諸問題とは距離があるようにみえても、それぞれの書籍の序文などでは、現実的な課題意識を読みとることができる。高等教育史研究の relevance は、歴史研究の枠に閉じこもるのではなく、高等教育研究の他分野や教育学以外の領域との協働によって発揮されるのではないか。関係史研究の隆盛の延長上に浮上してくる課題であると考えられる。

③ 最後に、何のための西洋高等教育史研究なのか、という問題についての議論である。すでにみてきたように、各学会では高等教育史研究のあり方について、相次いで議論が行われてきている。その根底にはそうした課題意識があるものと考えられる。今後も議論が継続されることに期待したい。もっとも①でも述べたように、はたして「西洋」高等教育史という範疇がどこまで、あるいはなんのために有効であるのか、という議論は残っている。これも大きな今後の課題である。

●第1節 文献一覧

綾井桜子 (2017)『教養の揺らぎとフランス近代——知の教育をめぐる思想』勁草書房
池端次郎 (2009)『近代フランス大学人の誕生——大学人史断章』知泉書館

岩村清太（2007）『ヨーロッパ中世の自由学芸と教育』知泉書館
上垣豊（2016）『規律と教養のフランス近代——教育史から読み直す』ミネルヴァ書房
潮木守一（2008）『フンボルト理念の終焉？——現代大学の新次元』東信堂
宇田川晴義（2011）『アイルランド高等教育の発展』尚文社ジャパン
小川忠（2012）『戦後米国の沖縄文化戦略——琉球大学とミシガン・ミッション』岩波書店
香川せつ子・河村貞枝編（2008）『女性と高等教育——機会拡張と社会的相克』昭和堂
（ホーン）川島瑤子（2012）『スタンフォード——21世紀を創る大学』東信堂
北政巳（2001）『スコットランドと近代日本——グラスゴウ大学の「東洋のイギリス」創出への貢献』丸善プラネット
北美幸（2009）『半開きの〈黄金の扉〉——アメリカ・ユダヤ人と高等教育』法政大学出版局
教育史学会編（2007）『教育史研究の最前線』日本図書センター
小泉一太郎（2007）『一九世紀オックスフォド大学の教育と学問』近代文芸社
五島敦子（2008）『アメリカの大学開放——ウィスコンシン大学拡張部の生成と展開』学術出版会
児玉善仁（2007）『イタリアの中世大学——その成立と変容』名古屋大学出版会
坂本辰朗（2002a）『アメリカ大学史とジェンダー』東信堂
坂本辰朗（2002b）『アメリカ教育史の中の女性たち——ジェンダー、高等教育、フェミニズム』東信堂
清水畏三（2005）『列伝風ハーバードの学長さんたち——成功者と失敗者』自費出版
清水畏三（2011）『列伝風ハーバード大学史（1636〜2007）——学長さんたちの成功と失敗』自費出版＝清水（2005）の改訂増補版
鈴木幹雄（2014）『亡命ドイツ人学長達の戦後芸術アカデミー改革——アメリカ・ドイツにおける戦後芸術大学改革の起源と遺産』風間書房
鈴木幹雄・長谷川哲哉編著（2009）『バウハウスと戦後ドイツ芸術大学改革』風間書房
曽田長人（2005）『人文主義と国民形成——19世紀ドイツの古典教養』知泉書館
竹腰千絵（2017）『チュートリアルの伝播と変容——イギリスからオーストラリアの大学へ』東信堂
田中喜美・木下龍（2010）『アメリカ合衆国技術教育教員養成実践史論』学文社
同志社大学人文科学研究所編（2013）『アーモスト大学と同志社大学の関係史』晃洋書房
羽田貴史・大塚豊・安原義仁（2007）「大学史・高等教育史研究の10年」『高等教育研究』第10集、日本高等教育学会
平野一郎（2001）『中世末期ドイツ大学成立史研究』名古屋外国語大学
舟川一彦（2000）『十九世紀オクスフォード——人文学の宿命』上智大学・信山社
別府昭郎編（2011）『〈大学〉再考——概念の受容と展開』知泉書館
別府昭郎（2014）『近代大学の揺籃——一八世紀ドイツ大学史研究』知泉書館
別府昭郎（2016）『大学改革の系譜：近代大学から現代大学へ』東信堂
前田早苗（2003）『アメリカの大学基準成立史研究——「アクレディテーション」の原点と展開』東信堂

南川高志編（2007）『知と学びのヨーロッパ史──人文学・人文主義の歴史的展開』ミネルヴァ書房
村田鈴子（2001）『アメリカ女子高等教育史──その成立と発展』春風社
望田幸男・広田照幸編（2004）『実業世界の教育社会史』昭和堂
森良和（2004）『ジョン・ハーヴァードの時代史』学文社

（松浦良充）

第2節

日本高等教育史研究の展開

　ここでは大学を始めとした日本の高等教育機関に関する歴史研究について2000年以降の展開を中心に、戦後大学史、学術研究体制史、高等教育機関と地域の関係史の三つに整理して記述していきたい。

1. 戦後大学史

(1) 2000年までの到達点

　初めに2000年までの到達点をその前年に刊行された二つの文献により確認しておく。

　一つは大﨑（1999）である。本書は概説的なテキストではあるが、戦後改革から大学の大衆化を背景にした私学政策、高等教育計画の策定など曲折に満ちた大学政策の50年間に及ぶ大きな見取り図を示した。戦後大学史の課題と枠組みを提示した先駆的研究である海後・寺﨑（1969）が1960年代までだったから対象期間を大幅に広げたことになる。大﨑（1999）は戦後改革について、CIEこそが政策文書としての位置があいまいな日本側教育家委員会の報告書を利用し、現状維持的な米国対日教育使節団（以下、使節団）の報告書をこえて高等教育の大学一元化に導いた「真の推進者」だという。教育刷新委員会（以下、教刷委）は、旧制の高校と専門学校の温存を念頭に柔軟な制度を建議したが、CIEの介入で学校教育法は四年制大学に一元化したと主張した。一般教育について

もCIEが大学基準協会（大学基準設定協議会）をコントロールし、そのイニシアティブで導入されたとする。

　もう一つは羽田（1999）である。本書は①大学の地方分散政策、②科学・技術と大学とのリンクの二つを主題とした。①は大都市集中の排除を要点とした戦時体制下の国土計画を端緒として敗戦直後の学校整備方針、教刷委の建議に引き継がれたとする。その後、文部省の新制国立大学再編計画策定過程で財政抑制的観点から一府県一大学主義が立てられ、実施段階で地域利害の影響により不十分なものとなりかけたもののCIEの高等教育班が11原則を提示し地域不均衡を一定緩和したと論じる。②については、敗戦直後、戦時科学技術動員体制の解体により文部省が科学技術行政を一元的に把握した。経済復興のため科学を強調した米国学術顧問団報告書によりESSとCIEの対立が表面化し、自然科学はESS、教育と人文社会科学はCIEと棲み分けが決まった。占領政策の転換後、日本学術会議の応用研究への傾斜、文部省所管外の応用研究費の成立などにより文部省の科学技術行政における地位が低下し、そのなかで新制大学が発足した。結局、1950年以前は、科学技術体制は未確立で高等教育とのリンクも未確定だったという。

　大﨑は日本側資料により戦後改革でのCIEの主導性を強調し、また戦後大学史の長期的な見通しを示した。羽田は日本側・米国側の資料を用い、第一にCIE高等教育班の独自性やESS対CIEというGHQ内部の複雑な構造を明らかにすることで米国側対日本側という構図を克服し、第二に戦後改革期の政治・経済状況全般とのかかわりで高等教育改革を捉える必要性を提起した。

(2) 戦後改革のイニシアティブ

　2000年代に入って刊行された土持（2006）は、米国側資料を駆使し、戦後高等教育改革は日本側の意に反した「押しつけ」ではなかったとして大﨑の見解を批判した。土持によれば、使節団は日本の実情に配慮して当初から高等教育改革を検討の対象外とし、米国内にも四年制大学への批判がありそれへの一元化を勧告できる状況になかった。旧制の高校と専門学校を廃止し大学に一元化する構想は、南原繁と高木八尺が戦前の教育改革同志会や教育審議会以来の課題として早くから使節団とCIEに示し、日本側教育家委員会も多数意見とし

て三年制上級中等学校のうえに四〜五年制大学を設けることを、大﨑のいうイレギュラーな手法ではなく正規ルートでCIEに報告していた。教刷委は四年制大学を原則としつつもより柔軟な建議を出したが、確たる方針を持たなかったCIEは日本側教育家委員会報告書を根拠に四年制大学への一元化を求め、学校教育法でそれが規定されたとする。また本書は、大学基準協会がCIEの意向を強く受けていたことまでは否定しないが、そもそも使節団報告書にゼネラル・エデュケーション（一般教育）が盛り込まれたことについては南原の進言を受けた団長ストッダードの独自の判断だったと明らかにした。

　一方で日本側資料に依拠する研究は基本的にCIEが主導性を発揮したとみる傾向にある。教刷委の審議内容を詳細に整理した天野（2016）は、戦中から戦後への連続性を重視しながらも大﨑の見方を踏襲している。ただしCIEの役割への評価の違いは、資料の違いというよりも改革理念の継承プロセスに注目するのか、立法過程に注目するのかの相違によるようにもみえる。後者の場合、なぜそこにCIEが介入したのか、意図は何か、解明することが課題となる。そのためにはGHQ内部やCIE内部の錯綜した組織構造と動きを時間的変化を踏まえて押さえることも必要だろう。その点で橋本（2008）が第3章「占領下における医師養成政策」で医師養成制度改革に圧倒的なイニシアティブを有したPHWとその意向を受けた医学教育審議会に、ときにCIEと文部省が手を組み対峙するという横断的な対立構図さえ成立したことを詳細に解明したことは研究手法の面でも参照に値する。

(3) 大学教育への外的要求と内的変容

　戦後大学史における教育面での長期的な変化をとらえようとする研究も刊行されるようになった。飯吉（2008）は、1950年代以降の55年間に主要経済団体が出した教育や人材養成に関する提言を悉皆調査することで産業界が大学教育に求めた内容の変化を探り、創造性、個性の多様化、課題発見・解決能力や批判的思考力などをめぐって新たな提言がなされるようになった1980年代が重要な画期だとした。

　同書が外部社会からの大学への要求を検討の俎上にのせたのに対し、大学教育そのものの変化を追ったのが吉田（2013）である。本書は、多くの先行研究

が戦後高等教育改革は「挫折」した、一般教育は定着しなかったとみるのに対して、一般教育は定着したとの立場をとる。そのうえで一般教育を「目的」「内容」「接続」「組織」の四要素に分解し、敗戦後から1960年頃まで、1975年頃まで、1991年頃まで、2000年代までの四期に区分して検討する。それによって、大学の大衆化を軸に各時期に大学が直面した課題への対処において一般教育が要素間での整合性を欠きながらも、全体としては有効な役割を果たしてきたと論じている。

　両書は、ともに1980年代において大学教育の目標に「能力」概念が登場したことに注目するが、時期区分は大きく異なる。まずは妥当な時期区分の設定が課題となろう。また産業界など外側からの要求が大学教育の内的な変容にもった意味の解明にも今後取り組む必要があるように思われる。さらにいえば、両書の関心からは外れるが、戦後大学史は成立期を除いて短期大学を十分に位置づけてこなかった。だが、短期大学と四年制大学が同じ高校卒業者を受け入れる教育機関として設計されていることを踏まえれば、それぞれの教育への期待や果たした役割の相互連関も予想できる。とすれば短期大学と四年制大学における教育の歴史的展開を総体として押さえることも今後の課題となるのではないだろうか。

2. 学術研究体制史

　米田（2000）は、戦時下のさまざまな審議会のなかでの教育審議会の位置と答申の歴史的意義を解明した。本書によれば、企画院所管の科学審議会に対する文部省の科学振興調査会が理工系拡充の答申を出し科学動員政策を進めたのに対して、教育審議会は平時を見越した高等教育改革を提言した。東京帝国大学総長平賀譲や穂積重遠らを中心に大学令第1条への「国体の本義」挿入の圧力に抗して「大学の自治」と「研究の自由」への制約に一定抵抗した。また医師養成に関する答申にも大学での養成に一元化するという従前の原則を確認する意味があったとする。

　畑野（2005）は、明治維新期から戦時期にかけての科学技術動員を論じた。同書は、海軍技術官僚の経歴をも有する平賀譲を軸に海軍・重工業界・大学の

関係とその変容について、陸軍系列との対抗に注目しつつ描いている。本書によれば、教育審議会での平賀の動きは、結果として理工系だけでなく、田中耕太郎や田中二郎など人文社会系をも含む大学関係者の平賀への支持を強化し、戦時体制への科学技術動員に資したとされる。海軍の動向は、他方で東条英機首相や陸軍の権限強化につながり、大学自治を崩壊に導くことになったとする。本書は、米田（2000）とは対照的に、「軍産学複合体」を一身に体現したという平賀の別の側面を照射したといえる。

　吉葉（2015）は、修業年限短縮と卒業者使用制限令による学卒研究要員の不足の一方で科学技術動員が要請されるという矛盾が大学院改革を促進し研究者養成を目的とした大学院特別研究生制度を発足させたとする。だが、その実施過程では、学術研究会議の研究班制度による共同研究体制が求められたものの、戦局の悪化とともに大学院特別研究生制度は研究者養成よりも研究補助者を供給すべく機能したと論じている。本書は、最後にこの研究補助者としての側面が戦後の大学院制度に持ち込まれたのではないかとの見通しを提示している。

　沢井（2012）は、第一次世界大戦から1950年代までを一続きの「近代後期」と捉え、戦前・戦後の連続性の軸を政府部門主導の共同研究ネットワークにみている。本書によれば、戦中における高等教育機関の大拡張による理工系卒業生の急増と、陸海軍が統括者となり大日本航空技術協会、研究隣組、戦時研究員制度、学術研究会議、日本学術振興会などを舞台に構築された軍官産学の共同研究ネットワークが敗戦後もESSによる応用研究支援を受け、産業技術の軍民転換において実践的アプローチ導入の基盤となった。このように本書は、軍事的研究機関の廃止など研究組織面での断絶に対し、ネットワークとそれを支えた人的側面での連続性を強調している。

　人文社会科学系学問の統制と動員に関する本格的な研究は着手されたばかりである。駒込ほか編（2011）は、天皇機関説事件を契機に文部省思想局（後に教学局）に設置された日本諸学振興委員会が戦時下の学問をどのように「統制」「動員」したかを検討した。本書は、国家権力が国家的に有用な学説を構成させることを目的に禁圧的措置と誘導的措置とを組み合わせて展開する「構成的統制」概念を採用することで、国家による学問の統率・体制化は必ずしも成功したわけではなく、内在的な路線対立をも露呈させたことを示した。結章にお

いては、日本諸学振興委員会の働きが、研究の評価基準としての「国家的有用性」の共有化、大学ヒエラルヒーを温存しつつも学閥割拠的状況の打破の契機となったという点で戦後に連続したのではないかとの見通しを提起している。

　学術研究体制に関する歴史研究では、戦前・戦中から戦後への連続／非連続が重要な論点となっている。自然科学系学問を対象とした研究と人文社会科学系学問対象のそれとを比べると、戦時下での動員を戦後における学術研究の共同性の基盤とみる点で両者は軌を一にするが、「国家的有用性」の問題は前者では十分に展開されていない。その意味では今後、廣重（1973）以来の蓄積を踏まえ、学術研究体制に対する「国家的有用性」の観点からのさらなる検討、それと学術研究が本来的に有する普遍性への志向やグローバル化とのかかわりなどが論点となってくるのではないだろうか。

3. 高等教育機関と地域の関係史

　高等教育機関と地域との関係については、清水編（1975）のように教育社会学者の手により戦後の地方国立大学の〈地方〉性に注目して歴史的検討がなされたことはあったが、教育史研究では長く主要なテーマとはなってこなかった。しかし、2000年以降、「地域」をサブタイトルに付した単著として、①高橋（2009）、②吉川（2010）、③田中（2012）の三冊が刊行されるなど、関心が高まりつつある。

　①は戦前から2000年までの通史を描く。戦前・戦時下、戦後改革期、高度成長期、18歳人口急増期（1970年代半ば～1992年）、18歳人口急減期（1993～2000年）に区分し、戦後の公立大学の増加に対する国土政策や高齢者保健福祉政策のかかわり、一部事務組合立や広域連合立、公設民営など設置形態の多様化もそれを支えたことなどを解明した。②は公私立大学を認める大学令の制定への動きが第二次西園寺内閣の行財政改革を契機に始まり第一次大戦を背景に政策主体主導で進められたとしたうえで、地域で展開した専門学校の公立大学への昇格運動を考察した。③は「官」とは区別される府県と「民」としてのキリスト教界（アメリカン・ボード）が協力・対抗しつつ医学・洋学教育機関を設立する1870～90年代初頭の地域の様相を詳細に描き、そうした状況のなかで登

場した森有礼文相による中学校令と諸学校通則に基づく高等中学校制度が地域の教育体制を活性化させるために経費負担の境界を緩めるものだったとする。

扱う時期はそれぞれ異なるが、いずれも高等教育機関の設置・昇格に向けて地域がどう動いたかということを政策とのかかわりで検討している。ただし②と③が政策の成立過程や意図を再検討したのに対し、①は政策を前提に地方への波及効果を論じた。①が示したように、戦後の大学の地方分散は高等教育の機会均等に加え国土開発や地域振興に果たす大学の役割を重視して進められるようになるため、国土庁や自治省、厚生省などが関与した政策の立案・成立過程やその特質の解明が今後の課題となる。ただ高等教育史においては、現在でも個別大学史などの二次資料に依存することが多い。しかし、個別大学史には負の側面を捨象した「サクセスストーリー」として描かれたものもみられる。そのため適切な史料批判が不可欠であることも指摘しておきたい。

● 第 2 節　文献一覧

天野郁夫（2016）『新制大学の誕生──大衆高等教育への道』上・下、名古屋大学出版会
飯吉弘子（2008）『戦後日本産業界の大学教育要求──経済団体の教育言説と現代の教養論』東信堂
大﨑仁（1999）『大学改革── 1945～1999』有斐閣
海後宗臣・寺﨑昌男（1969）『大学教育──戦後日本の教育改革 9』東京大学出版会
駒込武ほか編（2011）『戦時下学問の統制と動員──日本諸学振興委員会の研究』東京大学出版会
沢井実（2012）『近代日本の研究開発体制』名古屋大学出版会
清水義弘編（1975）『地域社会と国立大学』東京大学出版会
高橋寛人（2009）『20 世紀日本の公立大学──地域はなぜ大学を必要とするのか』日本図書センター
田中智子（2012）『近代日本高等教育体制の黎明──交錯する地域と国とキリスト教界』思文閣出版
土持ゲーリー法一（2006）『戦後日本の高等教育改革政策──「教養教育」の構築』玉川大学出版部
橋本鉱市（2008）『専門職養成の政策過程──戦後日本の医師数をめぐって』学術出版会
羽田貴史（1999）『戦後大学改革』玉川大学出版部
畑野勇（2005）『近代日本の軍産学複合体──海軍・重工業界・大学』創文社
廣重徹（1973）『科学の社会史──近代日本の科学体制』中央公論社
吉川卓治（2010）『公立大学の誕生──近代日本の大学と地域』名古屋大学出版会

吉田文（2013）『大学と教養教育——戦後日本における模索』岩波書店
吉葉恭行（2015）『戦時下の帝国大学における研究体制の形成過程——科学技術動員と大学院特別研究生制度　東北帝国大学を事例として』東北大学出版会
米田俊彦（2000）『教育審議会の研究——高等教育改革』野間教育研究所

（吉川卓治）

第3節 アジア高等教育史研究の展開

1. アジア高等教育史研究の可能性

　アジアの高等教育をひとまとめにして論じようとするのは、いったいなぜであろうか。たとえば、フィリップ G. アルトバック・馬越徹編（2006）では、以下のようなデータに基づき、それはアジアの急激な高等教育拡大を支えている主要な原因を探ることにあるとされている（pp.38-39）。

　　すなわちユネスコ統計により過去15年間（1980/81〜1995/96）の高等教育人口の増加趨勢をみると、アジアは世界の他のいかなる地域より高い成長を記録しており、ついにトロウ・モデル（1973）によるユニバーサル・アクセス段階に達した国（韓国52.0％—1995）が現れ、マス段階からユニバーサル・アクセス段階に移行しつつある国として日本、マス段階のただなかにあるフィリピン、タイ、そしてインドネシア、マレーシアもマス段階に接近してきている（UNESCO 1999、2000）。さらには、社会主義市場の経済化を強力に推進中の中国、ベトナムの高等教育も急激な拡大を示している。

　このようなアジアの状況のなかで大きな位置を占めている「高等教育の大衆化という挑戦」（p.4）にくわえて、「グローバル化が進む今日のアジア諸国においてはいわゆる「アメリカ化」に取って代わられつつあり、国際的な競争力の向上を目指すが故の、画一的な高等教育改革が多くの国で導入されているとい

う現状がある」との指摘もある (p.404)。こうしたマス化／画一化の進行がアジアの高等教育を一括して論じようとすることを可能にするのであろう。

　それでは、アジアの高等教育史は、ひとまとめにして論じることは可能であろうか。フィリップG.アルトバック・馬越徹編(2006)では、アジアの諸大学が高等教育の発展における多様な歴史的ルーツとパターンを有していることが指摘されたうえで、次のように述べられている(pp.4-5)。

> すべての国で共有される「アジアの現実」(Asian reality) というようなものは存在しないのだが、アジアにおけるそれぞれ固有の経験から多くを学ぶことができるはずである。アジア諸国の間の「差異」(differences) は、多くの意味で「共通性」(similarities) と同じくらい大きなものである。明確な歴史的モデル、対照的な経済システム、教授言語に対する多様なアプローチ、富の偏在、経済成長の段階、そして、その他のさまざまな要素に関して、アジアにおいて差異が存在することは明白である。これらの多様性、ならびに発展パターンのある種の共通性が、アジアの地域的な独自性を生み出している。

　差異の存在に歴史研究により気づかされ、これにより多様性が認識される。いっぽうで今のマス化／画一化の進行から共通性が見出されようとしている。アジアの高等教育史を一括して論じるのは難しいと思われるが、歴史と現状を繋げるような考察から「アジアの地域的な独自性」が生み出されるのであれば、アジア高等教育史研究の可能性は、1つにアジアの高等教育の独自性を追求することにあるといえるだろう。

2. アジア高等教育史研究の位置

　大塚(2007a)は、戦後の1945年から90年代初頭までおよび90年代以降の2つの時期におけるアジア地域の高等教育に関する日本での研究のレビューを試みたことがある。これに基づき、2つの時期の計1,269点の著書・論文からアジア高等教育史研究関連に限って考察が行われた。90年代以降のアジア高等教育研究の急激な発展ぶりとは裏腹に、その歴史研究に関しては現状研究が8割弱を占める一方で戦前期を対象とする研究は77点 (14.7%) にとどまること

から、歴史研究の不振が指摘されている。とくに古代、中世など近代より前の事柄を扱った研究は皆無に近く、近代以前に対する研究関心の衰退が指摘されている。そのうえで、「制度・政策」「留学・国際交流」「学生・教師」「植民地と大学」の4項目に限って歴史研究の成果が論じられている。現状研究の発展ぶりに比べれば歴史研究の不振ぶりが目立つものの、専ら高等教育について論じた相当数の著書の出版のみられることが評価されており、内容的にも従前のような概論的・紹介的な論考が減り専門的な研究成果が生まれたとも指摘されている。こうしたアジア高等教育史研究関連の専門的な研究成果は、ひきつづき2000年頃以降にも生まれているのだろうか。

まずは、教育史学会の『日本の教育史学』や日本教育学会の『教育学研究』の各書評・各図書紹介の対象になった著書からアジア高等教育史研究関連であるとみられるものを拾い出した。その後、大学史研究会の『大学史研究』や広島大学高等教育研究開発センターの『大学論集』・『高等教育研究叢書』の各目次に目を通すことで漏洩の有無を確認した。本節で検討の対象とした著書には、高等教育史が部分的に論及されているものも含めた。

なお、先述のとおり近代より前の事柄を扱った研究は皆無に近いといった指摘が大塚（2007a）によりなされていたが、関西大学で2007年9月に「東アジア文化交渉学教育研究拠点」が設立され、その2008年6月の『東アジア文化交渉研究』別冊2では、吾妻重二「東アジアの書院について――研究の視角と展望」をはじめ各国の書院研究の目録や動向などが記載され、当研究の成果が特集されていることを特記しておきたい。

3. アジア高等教育史研究の傾向――外来性／土着性／多様性の各視点

大塚（1996）では、中華人民共和国の建国前後の数年間に絞って、教育行政、カリキュラム、教師、統一大学入試制度、卒業生、助学金、学内居住の側面から詳細かつ総合的な検討がなされることで、同国の高等教育の原型が形作られた過程が明らかにされている。

大塚（2007b）では、その前著（1996）に対して「いわば現代中国における高等教育の出発点に限って考察したものであり、「成立」の後に続く「展開」過程を

筆者なりの通史的視点からまとめるまでは「未完」との思いを拭い去ることができなかった」と吐露されている（「まえがき」:p.5）。第1章では、1950年前後の統一大学入試制度の導入過程が実証的に解明されており、この制度の意義や導入が促された背景・要因が考察されている。日中戦争の時期に短期間だけ全国統一入試という形態が試みられたことがあったことにも目配りがなされている。統一大学入試制度のモデルに言及し、ソ連がいまだかつて統一試験による入学者選抜という方法を採用したことがないことから「大学入試制度に関する限り、「ソ連モデル論」は妥当しない」と指摘されている（p.55）。そのうえで、「人材選抜の方法となれば、他国に範を求めるまでもなく、中国には「科挙」の長い歴史があったことをすぐに想起しうる。この統一試験の最たるものとしての「科挙」試験の伝統が、建国初期の統一入試制度導入の、少なくとも遠因になっていることを誰も否めない」とも指摘されている（p.55）。こうした考察結果の根底には、大塚の前著（1996）における以下のような問題関心が一貫されていることが看取される（大塚1996:p.17）。

> 新たな外来モデルとしてのソ連モデルは、いったいどのようにして導入され、中国の教育の土壌に浸透していったのか。その際、土着的な慣行や制度、より広くは前代までの外来事物であってもすでに中国のシステムの中に十分に根付いているものも含めて、いわば既存の伝統的制度、慣行、内容、方法などとの間に、いかなる関係や交渉が生じたのか。

大塚（2007b）は、このような中国高等教育の外来性／土着性の各視点を有しながらも、全7章の構成により中国社会の変貌する様を捉えつつ建国前後から市場経済移行期までの大学入学者選抜を明らかにしている。とりわけ、文革期に考えられた大学入学者選抜が積極的に回顧され再検討されることがないなかで、第3章では、あえてこれが取り上げられ、「「教育と労働の結合」から期待される効果も部分的にはあがったと見るべき」であるとされ、「よりよい選抜制度・方法を模索し追及する上で、一定の有益な示唆を与えたことは否定できないであろう」と再評価されている（pp.105-106）。中国高等教育の土着性を考察する際に、このような再評価は有意義であると思われる。

南部（2009）では、中国で1980年に導入された高等教育独学試験制度に焦点があてられている。導入以降の展開や基本的枠組み、90年代以降における変

容が明らかにされている。中国の多様化し拡大する高等教育システムにおけるその位置づけや役割が検討されている。第1章では、現在の中国における高等教育システムの範囲が確認され、そのうえで現在のシステムを構成する機関や制度について建国後から現在までの歴史的な変遷が整理されている。この50年間にわたる期間で当初の機関に新たな種類の機関や制度が付け加えられた過程が丁寧に描かれ、これによりその多様化の過程が跡づけられている。この高等教育の多様化過程が丁寧に描かれている第1章は、その実際が雑駁としている印象を受けるだけに中国高等教育史研究者は大いに参照するであろう。

　著書ではないが、橋本学の一連の論文を紹介しておきたい。橋本 (2008)「南京国民政府の高等教育政策に関する一考察――「大學區」制構想の構造的分析を軸に」『アジア教育史研究』(17)、同 (2011)「南京国民政府の高等教育政策に関する検証：旧北京地区の高等教育状況と「國立北平大學」の設置を軸に」『広島国際大学医療福祉学科紀要』(7)、同 (2013)「南京国民政府下における高等教育機関の動態（上）一九三〇年代前半の教育部による国立大学評価を踏まえて」『アジア教育史研究』(22)、同 (2014)「南京国民政府下における高等教育機関の動態（下）一九三〇年代前半の教育部による国立大学評価を踏まえて」『アジア教育史研究』(23) などである。ここでは部分的な紹介にとどまるが、南京国民政府期の高等教育史研究の空白部分を埋める成果として貴重である。

　1995年に名古屋大学出版会から『韓国近代大学の成立と展開――大学モデルの伝播研究』を出版した馬越徹は、2000年以降に「韓国の大学改革を体系的に論じたものは寡聞にして知らない」とし、馬越 (2010) を出版した。鮑 (2006)、王 (2008) のような中国高等教育の現状研究に関する著書が出版されているのに比べて、韓国高等教育の場合、現状研究に関するものさえ見当たらない。著書ではないが、韓国高等教育史に関する論文では、李吉魯 (2016)「京城帝国大学における付置研究所の設立：成立過程を中心に」『比較文化史研究』(17) や通堂あゆみ (2017)「医師免許保有者の帝国内移動と京城帝国大学：専攻生制度に注目して」『史潮』(81) など李や通堂の各一連の論文に目を配る必要がある。

　近田 (2005) では、「近現代のベトナム高等教育が自国の社会状況に適切なものであったのかどうかという「静態」ではなく、どのようにして土着化を進めてきたか、もしくはなぜ土着化できなかったかという「動態」を調べる」こと

が意図され、外来の西洋教育モデル導入に対するベトナムの主体的な反応が焦点化されている (p.14)。ベトナム高等教育の形成過程において導入された複数の外国教育モデルが、時間軸と空間軸の両軸により比較・分析されている。時間軸を一定にし、空間的比較を行う「共時比較」では (pp.365-366)、主としてベトナムと諸外国の教育システムの比較が行われている。同時に、特定の教育事象が時間軸によってどのように変質していくのかを観察する「通時比較」では、政治経済体制の転換および変化によって、ベトナム高等教育がどのように変質したのかという「動態」が考察されている (p.368)。終章では、序章で設定された以下のような3つの問題提起に対する結論が述べられている (pp.373-381)。

  問題提起1：現在のベトナム高等教育システムはどの外国教育モデルに由来するのか
  問題提起2：ベトナムは新しい外国教育モデルをどのように受容・反応してきたか
  問題提起3：ベトナムでは新旧の外国教育モデルがどのように競合・共存してきたか

 馬越 (1995) や大塚 (1996) で掲げられていたような課題がベトナムの文脈でも取り組まれたことが看取できるだろう。

 和氣 (2015) では、インドネシアの私立高等教育の拡大の背景、発展の仕組み、その発展に私立大学が果たした役割が明らかにされている。アジアが「世界で最も巨大でかつ多様な私立高等教育セクターを有している」なかでの (フィリップ G. アルトバック・馬越徹編 2006：p.39)、インドネシア私立高等教育の特徴が考察されている。第3章では、その歴史的発展が「植民地時代から独立へ（～1945年）」「独立戦争期 (1945～1950年)」「スカルノ初代大統領の時代 (1950～1965年)」「スハルト第2代大統領の時代 (1965～1998年)」「「改革」の時代 (1998年～)」の各節により述べられている。

4. 課題――アジア高等教育史研究の果たす役割は何か

 大塚 (2007a) では、「留学・国際交流史」や「植民地大学史」の各項目も設けられて歴史研究の成果が論じられていたが、そこでは前者であれば周 (2000) が、

後者であれば山根（2003）がすでに取り上げられていた。本節で検討の対象とするべき後者関連の著書は見当たらなかったが、前者の場合には大里・孫編（2002）、王（2004）、王（2010）、白土（2011）の各著書を紹介することができる。とくに「中国人留学生史研究は相当数にのぼる」と指摘されているし（大塚2007b：p.94）、杉本編（2014）ではトランスナショナル高等教育の展開が世界各国において大きな流れになりつつあるなかで「留学というものの定義、留学という現象への根源的な問い」が突き付けられているとも指摘されている（「はじめに」：p.5）。「アジア高等教育史研究」のなかで「留学・国際交流史」関連の研究成果を扱うのか。それとも別で扱うのか。今後に検討されるべき問題点であると思われる。

さて、本節で検討してきた著書のなかでも、とくに大塚（2007b）、南部（2009）、近田（2005）、和氣（2015）の各著書からは、歴史研究を現状研究につなげるような問題意識が示されたり方法が採られたりしており、アジア高等教育史研究関連の専門的な研究成果は、ひきつづき生まれていることがわかった。

近田（2005）では、研究意図の前提には「途上国の高等教育は、必ずしも西洋大学モデルを無自覚的・盲目的に受容するわけではなく、一般的には自国の状況に適した大学を主体的に作ろうとする意思を持っているとする考え方」があると述べられている（p.14）。大塚（1996）による外来性／土着性の各視点から中国高等教育を問う姿勢は、馬越（1995）にもみられ、近田（2005）へと継承されているとみられる。植民地期も踏まえた「共時比較」や当該国の時間軸に沿った特定の教育事象の変質ぶりを観察する「通時比較」の各方法は、従前の分析枠組みや方法が深められたものであり、従前から継承されているとみられる問いに対する解決を精緻化させている。

フィリップG.アルトバック・馬越徹編（2006）では、「ほとんどのアジア諸国は植民地主義を経験しており、かつての宗主国の学術的な考え方が、それぞれの国の現在の学術システムに大きな影響を及ぼしている。植民地主義を直接的には経験していない国々（日本、タイ、中国）においてさえ、大学の形成においては外国の学術モデルを活用したのである」と指摘されている（p.5）。アジア高等教育史研究においては、外来性／土着性の各視点をもちながら、同時に対象国によっては植民地主義の経験も踏まえたうえでの課題設定・方法が求められる。

米田俊彦は、「高等教育史研究を全体として見るならば、高等教育の比較史研究や第二次世界大戦後の高等教育史研究」が求められていると指摘している（教育史学会編（2007）『教育史研究の最前線』日本図書センター、p.97）。アジア高等教育史研究では、個々の研究者により比較史研究や第二次世界大戦後の高等教育史研究が進められている。

　冒頭でも述べたように、アジアの高等教育を大観すれば、マス化／画一化が進行している。いっぽうで、たとえば南部（2009）からはマス化のなかで機関や制度が多様化してきた様子や、あるいは和氣（2015）からはマス化を私立高等教育セクターの拡大が後押しする姿をみることができる。

　アジア高等教育史研究は、アジア高等教育研究にいかにつながるのだろうか。その可能性が、冒頭で述べたように「1つにアジアの高等教育の独自性を追求することにあるといえる」のであれば、外来性／土着性／多様性の各視点から取り組まれる第二次世界大戦前や近代より前の事柄を扱う研究がとくに俟たれる。

●第3節　文献一覧

王傑（2008）『中国高等教育の拡大と教育機会の変容』東信堂
王元（2010）『中華民国の権力構造における帰国留学生の位置づけ——南京政府（1928-1949年）を中心として』白帝社
王嵐（2004）『戦前日本の高等商業学校における中国人留学生に関する研究』学文社
大里浩秋・孫安石編（2002）『中国人日本留学史研究の現段階』御茶の水書房
大塚豊（1996）『現代中国高等教育の成立』玉川大学出版部
大塚豊（2007a）「第3節　アジア高等教育史研究の展開」教育史学会編『教育史研究の最前線』日本図書センター、pp.91-97
大塚豊（2007b）『中国大学入試研究』東信堂
白土悟（2011）『現代中国の留学政策』九州大学出版会
周一川（2000）『中国人女性の日本留学史研究』図書刊行会
杉本均編著（2014）『トランスナショナル高等教育の国際比較』東信堂
近田政博（2005）『近代ベトナム高等教育の政策史』多賀出版
南部広孝（2009）『中国高等教育独学試験制度の展開』東信堂
フィリップG.アルトバック・馬越徹編／北村友人監訳（2006）『アジアの高等教育改革』玉川大学出版部
鮑威（2006）『中国の民営高等教育機関——社会ニーズとの対応』東信堂
馬越徹（1995）『韓国近代大学の成立と展開——大学モデルの伝播研究』名古屋大学出版会

馬越徹 (2010)『韓国大学改革のダイナミズム』東信堂
山根幸夫 (2003)『建国大学の研究――日本帝国主義の一断面』汲古書院
和氣太司 (2015)『インドネシアの私立大学――発展の仕組みと特徴』弘前大学出版会

(今井航)

おわりに

　本章においては、21世紀以降の高等教育史研究について、西洋、日本、アジアに分けて研究動向を検証してきた。

　まず、西洋高等教育史については、学会シンポジウム・特集等の動向、対象国別の特徴（アメリカ、ヨーロッパ）を指摘した上で、横断型問題史研究が興隆していることが述べられている。さらに今後の課題と展望の中で、「グローバル化」の趨勢の中で、関係史的な高等教育史の重要性が増しつつあること、また何のための西洋教育史研究か、あるいは「西洋」高等教育史研究という範疇がどこまで有効かという議論が今後の課題として指摘されている。

　日本高等教育史に関しては、戦後大学教育、学術研究体制という視点からレビューを行った。また、大学高等教育と地域は、従来主要なテーマではなかったが、近年、関心が高まっていることが指摘されている。さらにアジア高等教育史については、その可能性、学問上の位置、傾向（外来性／土着性／多様性）という論点から検討してきた。そして、今後の課題として、第二次世界大戦前や近代より前の事柄を扱う研究への期待が述べられている。

　金子は、『比較教育学事典』[1]の中で、今後の高等教育研究に関する展望として、20世紀後半の量的拡大に対して、21世紀前半には質が問題とされているとし、高等教育の質をいかに向上させるかという研究の重要性を指摘している。西洋、日本、アジア諸国の高等教育組織における構造的な相違は大きいものの、大学教育を問い直す上で、国際比較は重要な意味を持つと考えることができる。近年、高等教育史研究は、着実な研究成果をあげてきたが、その蓄積を踏まえて、今後の研究の進展が期待されよう。

(新保敦子)

---

[1]　日本比較教育学会『比較教育学事典』（金子元久「高等教育研究」）、159-162頁

第9章

教員史・教員養成史

はじめに

　教育史研究における教員史、とくに教員養成史研究は、学会の正会員の多くが現役の教員養成教員であるにもかかわらず、決して盛んではないことが指摘されている（船寄、2016）。本章では、ここ日本において、世紀の転換期以降、このジャンルの研究がどのように進展したのか、そこにどのような特色や課題があるのかを概観する。教員・教員養成の問題は、元来が近代国家の国民統合の手段としての側面を有するうえ、今日では教育のグローバリゼーション対応の中でいっそう国策とも直結した形で脚光をあびることが多い。教育史研究者は、過去〜現在〜未来をみすえて教員・教員養成に関わるどのような問題にどんな手法で取り組んできたのだろうか。ここでは、まずは日本の教育史学における伝統的な区分にもとづき、日本教育史、東洋教育史、西洋教育史の各領域別に概要を論じてゆく。

（一見真理子）

第1節
日本教育史における教員史・教員養成史

　2000年以降、日本における学校教員の養成・研修・採用をめぐる状況の変化は著しい。2001年「国立の教員養成系大学・学部の在り方に関する懇談会」の報告に端を発する国立の教員養成系大学・学部の統廃合問題、2004年国立大学の独法化、2008年教職大学院の設置、2009年教員免許更新制の導入など、そこには教員養成や教員研修に対する行政当局の一貫した圧力・介入の強化を見て取ることができる。近年では、2015年の中央教育審議会答申「これからの学校教員を担う教員の資質能力の向上について」において、教育現場で生じる問題状況への適応を旨とする教員養成の方針が示され、「実務家教員」の採用や教育委員会との連携強化が唱われた。2017年教育職員免許法の改正でも、教職科目に「コアカリキュラム」が設定され、教員養成の体制や教育内容に対

する規制強化が図られている。曲がりなりにも半世紀の間、維持されてきた「大学における教員養成」と「開放制」の原則が突き崩されかねない動きと、教員の自律性・専門性に対する尊重の精神が蔑ろにされる状況にあるといってよい。

　このような状況の中で、日本の教員史・教員養成史は、第二次大戦後に成立した理念を検証すべく、その実態を明らかにした研究が蓄積されつつある。本節では、2000年以降に刊行された30冊の関連図書を中心に、研究の動向と課題について、①第二次大戦後の教員養成史・教員史、②全国・地方教育会史、③多様な教員輩出経路の解明、④その他、に分けて検討する。

1. 第二次大戦後の教員養成史・教員史の進展と課題

(1) 教員の養成・研修に関する研究

　2000年以降における日本の教員史・教員養成史の特徴として、第二次大戦後の教員の養成・研修に関する研究の進展を挙げることができる。

　教員養成史は、TEES研究会編『「大学における教員養成」の歴史的研究——戦後「教育学部」史研究』(学文社、2001)によって、大きく前進した分野である。「教育学部」を「教員養成を（主として）行う」という「機能」として捉えるのではなく、「大学（教育学部）の主体性」に基づく学問認識による「領域」として捉える観点に立ち、「大学における教員養成」の原則を検証した。新制大学として「教育学部」が成立していく過程を、創設の経緯、学部理念、組織構成、カリキュラムなどの事実解明を通じて検討している。そこでは「その内実たる教育学と教員養成が貧困なままに『教育学部』が見切り発車的にスタートし、その後の展開においても大学の中に十全に位置付くことのないまま、基本的には外的な規定要因の変化におおむね従属する形で推移してきたことの具体相」が明らかにされた。教育学と教員養成の「貧困」とは、「『学』としての自立を求めることが、本来の教育学の立脚点であるべき教育的な営み（教育実践）からの遊離（あるいは意図的な忌避）を産み、その延長線上で展開されてい」くような教育学であり、教育職員免許法の規定や師範学校の組織を前提とする思考の中で、「多くの大学が自らの主体性において『教員に必要な力量』を見据える営みを充

分に行わないままに教員養成を行いつづける」ことである。これまで制度論、政策論が中心であった戦後教員養成史を、個々の大学（教育学部）のカリキュラムを中心とする内的事項に踏み込んで、教育学教育・教員養成を担う「主体」の問題として捉え返した画期的な研究として位置付けることができる。

同書の方向性を継承する研究も現れた。「教養教育」のカリキュラムとそれを担う教員体制から戦後の教員養成を検討したのが、山崎奈々絵『戦後教員養成改革と「教養教育」』（六花出版、2017）である。山崎は「教養」を重視して「師範タイプ」を克服するという、戦後教員養成改革の柱となる教育理念が、当初から実質が伴っていなかったことを指摘した。「教養」が教師の専門性や力量の形成・向上にどういう意味を持ちうるのか。今日でも決着しているとは言いがたい重要な問題であるとともに、戦後の「学芸」の内実を検証する上で不可欠な観点である。政策課題に即応した実践性のみに教師の専門性を見出す現在の教員養成にとって「教養」の持つ意味は重い。

ただし、山崎の研究はカリキュラムとそれを支える教員体制の分析が中心である。吉田文『大学と教養教育――戦後日本における模索』（岩波書店、2013）は大学の教育システムにおける「教養（一般教育）」の位置付けとその変容を明らかにしたものであり、戦後の大学教育全体における教員養成の独自性を検討する上で重要な研究となりうる。今後はカリキュラム分析から教育内容そのものに踏み込んで、たとえば科目の具体的内容や教育実践、使用テキスト等、また教養論研究にみられるような学生の学習・生活レベルでの解明を通して、教養教育や教育学教育が果たし得た教員養成や教師の力量形成、あるいは人間形成の役割の検討が課題となろう。

この他、早稲田大学からブックレット『戦後の教員養成改革と私立大学――早稲田大学教育学部の回顧から』（教育総合研究所監修、学文社、2016）が刊行されている。戦後の同大学の教員養成の草創期に携わった教員の回顧と討論会の内容を中心としたものである。また、1999年に創立50周年を迎えた国立大学（教育学部）が『50年史』を刊行しているところも多く、戦後における各大学の教員養成に関わる史料の状況が明らかになっている。「大学における教員養成」の内実を解明する上での基礎的研究といえる。

一方、制度としての教員研修史においても進展が認められる。久保富三夫

『戦後日本教員研修制度成立過程の研究』（風間書房、2005）は、第二次大戦後における教員の研究・研修の自由を保障するという理念がいかに制度化されたかについて、教育公務員特例法の研修条項の形成過程を検討した。さらに法制レベルにとどまらず、実際の研修体制や実態に即して、この分野を切り拓いたのは、前著『近代日本教員現職研修史研究』（風間書房、1999）によって現職教員の研修史に先鞭を付けた佐藤幹男である。同著者による『戦後教育改革期における現職研修の成立過程』（学術出版会、2013）は、第二次世界大戦後の教育改革期の現職研修の成立過程に関して、CIEと日本側の教育政策の動向を押さえつつ、認定講習、IFELや「ワークショップ」、地方の教育研究所の設立等、現職研修の全体像を明らかにした。いずれの研究も戦後初期に限定した研究であり、依然として1960年代以降の研修史には大きな空白があるものの、現在の教員の教育研究や研修のあり方を検証する上での基盤となるものである。

　他方、いかなる教員を採用・配置するか。養成、研修と並んで教員史の重要な領域でありながら、その解明・分析が進んでいないのが、この教員採用・教員人事（校長や指導主事の選任等）の仕組みと実態の歴史である。ただし、新制学校が発足するとともに、適格審査が行われた戦後の被占領期に関しては、研究の前進が認められる。山本礼子『米国対日占領下における「教職追放」と教職適格審査』（学術出版会、2007）は、米国の日本に対する民主化政策の一環として行われた、教育界に対する人事刷新政策である「教職追放」の実態を解明した研究である。日米の史料の分析を通じて、中央・地方の教職適格審査と「教職追放」の実施過程の全体像が明らかにされた。門脇厚司『東京教員生活史研究』（学文社、2004）の「第8章　新制度発足期の教員特性と教員生活」は、戦後期東京都において採用された教員の特性を明らかにしており、貴重である。新制学校の教員がどのように「リクルート」されたのか、全国平均とは異なる東京都の地域的特質が、教員の履歴書の分析を通じて検討している。新制度発足直後の小・中学校教員の3～4割が25歳未満であったこと、小学校では4割、中学校では5割が「経験5年未満」の若年教員によって占められていたことなど、戦後の教員の活動を理解する上で重要な事実が明らかとなった。

　被占領期以外の時期に関しては、計画養成や服務義務などがあることから採用への関心は低いのかもしれないが、教員採用・人事は、教員の資質を検討す

る上でも、教員社会の特性を知る上でも重要な領域である。

(2)「戦後派教師」への着目

　第二次大戦後の教師、あるいは教師集団による自主的・自律的な教育実践・教育研究サークル活動への着目を、この10年間の研究動向の特徴として挙げることができる。上述した教員の研修と深く関わる領域でもあり、注目できる。
　二谷貞夫・和井田清司・釜田聡編『「上越教師の会」の研究』(学文社、2007) は、1950年代に江口武正を中心として結成された民間教育研究サークル「上越教師の会」の、現在に至る実践の継承を跡付けたものである。戦後における地域の教師たちの自律的かつ創造的な教育活動を、当時の史料と当事者の証言で裏付けた基礎研究として意義深い。また、野々垣務編『ある教師の戦後史――戦後派教師の実践に学ぶ』(本の泉社、2012) は、21人の「戦時下及び敗戦直後に"自我形成期"を送った『同時代人＝戦後派教師』」のインタビューに基づくライフヒストリーである。「戦後派教師」の特徴として、①「権力からの自立性」、②「日本国憲法・教育基本法的価値を実践理念として保持したこと」、③「子ども・学校・地域の現実と切り結ぶ実践を構築した」ことなどを挙げ、戦後民主主義教育の到達点と位置付けている。その自己形成の契機として、①「敗戦による転換」、②「勤評闘争の試練」、③「自主的サークルの組織」(和井田清司「解説」) が指摘されている。教育史研究者の手による本格的な研究書ではなく、そのための基礎となる二次資料の発掘、整理としての性格が濃い。しかし、戦後の混乱の時代に新たな教育の可能性を求めて格闘した世代が老齢期を迎えた現在、その当時の経験を活き活きと後世に伝える貴重な活動であり、史料的な価値は高い。
　奥平康照『「山びこ学校」のゆくえ――戦後日本の教育思想を見直す』(学術出版会、2016) は、無着成恭の『山びこ学校』を中心とする生活綴方の実践とその展開の中に、アメリカ由来の新教育から離脱し戦後日本の教育学の自律に至る可能性をみたものである。戦後日本の教育（学）界は、地域の実態を出発点に子どもを学習と生活の主体者とする実践を編み出した一教師に、新たな理想的な教師像を見いだした。その実践と教師のあり方を理論化し、教育学的に昇華し得たか否か、教師と学者の実践と思想の営為をたどる研究成果は、「実践性」

「専門性」の旗印のもとで教育政策に絡め取られようとしている教育（学）界の自律性を捉え直す点で意味がある。

　この他、戦後の独創的な教育実践を展開した教師の人物史も蓄積されてきている。たとえば、増田翼『斎藤喜博教育思想の研究』（ミネルヴァ書房、2011）、横須賀薫編『斎藤喜博研究の現在』（春風社、2012）などの斎藤喜博に関する研究の他、和井田清司編『戦後日本の教育実践——リーディングス・田中裕一』（学文社、2010）、また無着成恭、大村はま、東井義雄、斎藤喜博ら戦後の教師たちと彼らが展開した独創的な教育実践を論じた田中耕治編著『時代を拓いた教師たち——戦後教育実践からのメッセージ』（日本標準、2005）も刊行されている。

　「戦後派教師」に関する研究は、民主化の観点から注目される教育実践を展開した教員へのインタビューや証言の段階にとどまっているものが多い。かつて稲垣忠彦・寺﨑昌男・松平信久編『教師のライフコース——昭和史を教師として生きて』（東京大学出版会、1988）が明らかにしたような、「コーホート（同年齢集団）」としての力量形成や特性を描き出すことができるのか。今後、確かな史料的裏付けと分析枠組みの確立が課題となる。

2. 全国・地方教育会史の開拓

　これまで教員史や教員団体史で「断片的、一面的に取り扱われてきた教育会史」に根本的な視点の転換の必要を提起したのが、梶山雅史編『近代日本教育会史研究』（学術出版会、2007）である。1870年代半ばの「学事会」「教育会」から第二次大戦後に「日本教育会」が解散に至るまでの70年以上に及ぶ期間、日本の中央・地方の、さらに植民地にまで展開した教育会を、「近代日本の教育実態の構造的解明」に不可欠な前提として位置付け、初めて正面から研究対象に据えた共同研究の成果であった。

　「戦後の教育団体に比して、教育行政担当者、師範学校等の教育機関のスタッフ、小学校長・教員そして地方名望家をメンバーとした教育会は、日本教育史上まったく新たな組織・システムの造出であ」り、「恒常的な運動体として教育情報を収集・循環させ、戦前の教員・教育関係者の価値観と行動様式を方向づけ、さらに地域住民の教育意識形成に大きな作用を及ぼした」「きわめて

注目すべき情報回路であった」ことが明瞭になりつつある。さらに続編である、梶山雅史編『続・近代日本教育会史研究』(学術出版会、2010) は、中央教育会としての大日本教育会・帝国教育会、地方教育会としての府県・郡市町村の各レベルの教育会、連合教育会それぞれの組織化の過程、教員の養成・研修事業、教育会機関誌を通じての教育研究の普及、会員間の情報交流、各地の教育問題、諸課題への対処、地方における教育政策と教育要求の現実的具体的な調整等、単に教育政策の翼賛機関としての受動的な活動にとどまらない、広範囲に及ぶ事業や活動内容に関する未解明な部分を明らかにしている。

　上記の2冊に関しては、書評により「教育情報回路」の概念が不明瞭であるとの指摘がなされている。各教育会の個別具体的な事業・活動内容、組織の実態の解明とともにその多様な姿が明らかにされてきており、その多様性を実態に即して分類・整理しつつ統一的に捉える観点が必要であることは指摘のとおりであり、「教育情報回路」概念の精緻化は今後の課題となろう。ただし、中央と地方、行政当局と教員・地域、教員間を結び、切り離すコミュニケーションの場、関係基盤の意として、またそれらの間を行き来する（権力の媒介物としての）情報の集積・増幅・遮断・変転・切替等の調整器の意として捉えれば、さしあたり多様な実態を整理する型枠として「教育情報回路」の概念は有用である。

　教育会史の意味は、研究対象・領域の拡張のみならず、それを促し得た新たな見方を示唆したことも大きい。第二次大戦前の教員史に対しては、「政策―運動」の対立構図を前提に、体制側の抑圧・弾圧に対する教員側の教育運動に関する豊かな研究蓄積がある。これら先行研究に対して中央・地方教育会の研究が明確にした研究視角は、対象を体制側と対峙し得た独自の思想・運動を展開した指導的教員以外の一般教員へと広げること、そして体制側の政策に対する受容の存在としてではなく、「受容」の仕方を選択的に選び取るような教員の主体性を前提としたことである。

　このような研究視角の定着に伴い、教育会史や教員社会の特質を解明する研究成果が現れてきている。たとえば、明治期における大日本教育会・帝国教育会を教員資質の形成・向上の観点から検討した白石崇人『明治期大日本教育会・帝国教育会の教員改良——資質向上への指導的教員の動員』(渓水社、2017)、

同『鳥取県教育会と教師——学び続ける明治期の教師たち』(鳥取県史ブックレット16、鳥取県、2015)、沖縄県教育会機関誌を通じて「沖縄人」の自己認識を検討した照屋信治『近代沖縄教育と「沖縄人」意識の行方——沖縄県教育会機関誌『琉球教育』『沖縄教育』の研究』(渓水社、2014)などがある。

　また、教員の主体性の観点から、教員社会を捉え返そうとする研究として須田将司『昭和前期地域教育の再編と教員——「常会」の形成と展開』(東北大学出版会、2008)がある。常会が「戦時下の所産」として論じられる限り、教員には「国策の下請けとしての姿」しかみえてこない。そこで教員が「自らの教育実践をさらに拡大せしめる好機」として、また「疲弊する地域社会の現実に直面し、その改善と向上を目指」して常会に取り組む姿を捉えようしている。

　この他、「統制」の概念を捉え返して、地方学務当局と教員社会の機能的な結び付きの過程を明らかにした山田恵吾『近代日本教員統制の展開——地方学務当局と小学校教員社会の関係史』(学術出版会、2010)も刊行されている。

　以上の教育会を中心とする教員社会の研究は、「政策―運動」の対立構図を越えて、行政側との機能的な関係性、教員間の関係に着目し、また優れた実践家や教育運動を推進した有力な教員だけではなく、一般の教員社会の日常的な生活・職務を明らかにする窓口となり得る。民主化の推進という研究者側の認識・評価枠組みに加えて、実際の教育活動の内実をつくり得た教員側の論理に即した、同時代史的な観点から教員史を豊かにする可能性を持っている。

3. 多様な教員輩出経路の解明——中等教員を中心とした

　近代日本の教員養成・創出が師範学校のみによって行われたわけではないことは、教育史学界ではすでに定着している。とりわけ中等教員輩出の機能を果たした「文検」の研究を中心に、その実像に迫る詳細な研究が、2000年以降も継続して行われている。

　試験科目「教育科」を対象とした『「文検」の研究——文部省教員検定試験と戦前教育学』(学文社、1997)に引き続いて発表された寺﨑昌男・「文検」研究会編『「文検」試験問題の研究——戦前中等教員に期待された専門・教職教養と学習』(学文社、2003)は、試験科目を英語、数学、歴史、家事及裁縫、公民、教

職教養等へと分析範囲を広げて、各科の試験問題の水準、試験委員、受験者の動機、中等教員への就職などの検討を行った。教育科だけではわからなかった「文検」の多様な側面が明らかとなった。「国語及漢文科」や自然科学関係学科目など未解明の科目が残されているものの、「『文検』の姿が見えてきた」（吉田文「書評」『日本教育史研究』第23号、2004）といえるほどの進展を示す研究成果であった。井上惠美子によって詳細が明らかにされた「家事及裁縫」（第5章「家事及裁縫」の試験問題とその分析）に関して、さらに合格者の動機や学習体験の聞き取りなど、その実態に迫った井上えり子『「文検家事科」の研究──文部省教員検定試験家事科合格者のライフヒストリー』（学文社、2009）が刊行された。「きわめてジェンダー・バイアスのかかった文検科目」（橋本紀子「書評」『日本の教育史学』第54集、2011）の合格に女性受験者が望んだものは何か。階層移動の問題にジェンダーの視点が加わり、中等教員の養成・創出の研究に奥行きを与えつつある。

多様な中等教員養成の経路の一つとして、第二次大戦後の課程認定制度に通じ得る無試験検定制度の実態を解明しようとしたのが、船寄俊雄・無試験検定研究会編『近代日本中等教員養成に果たした私学の役割に関する歴史的研究』（学文社、2005）である。これまでほとんど未解明の研究対象であり、「私学」を含め、広い視野から中等教員養成史の開拓の必要を説く研究成果である。

これらの成果は、従来、初等教育に偏りがちであった教員養成史に対して、中等教員を含めた教員養成の全体像解明の道筋を照らす役割を果たしてきたといってよい。そして中等教員だけでなく、小学校教員の供給経路もまた多様であった実態を、学制期から第二次大戦後改革期までの秋田県を事例として追究したのが釜田史『秋田県小学校教員養成史研究序説──小学校教員検定試験制度を中心に』（学文社、2012）である。小学校教員検定試験に焦点を当てながら、小学校教員講習科や准教員準備場との関連も視野に入れ、システムとしての小学校教員の輩出機能を明らかにした。「小学校教員史＝師範学校出身の教員史」の枠組みからの脱却を促す研究成果である。

なお、1964年に高等学校教員免許に関して教員資格認定試験が実施されて以来、小学校教員、特殊教育教員、幼稚園教員の資格認定試験が現在まで続いているが（高等学校に関しては現在休止中）、教育史の対象とはなっていない。

以上の教員養成制度や資格制度等、中等教員の輩出機能に重点を置いた研究の他に、多様な学歴や階層によって構成される中等教員社会そのものを対象に、出身階層、社会的地位、キャリア形成の観点から実証的な解明を試みたのが、山田浩之『教師の歴史社会学──戦前における中等教員の階層構造』(晃洋書房、2002) である。帝大と高師による学閥形成の要因に関心を持つ山田の研究は、上記のような教員養成の理念や制度では説明しきれない、社会的文脈の中で教員養成を位置付けるものであり、教員史の充実に果たす役割は大きい。

　この他、学制期から第二次大戦後に及ぶ東京の教員養成の通史的叙述として、陣内靖彦『東京・師範学校生活史研究』(東京大学出版会、2005)、量的なデータを活用しながら教員の生活の特性に焦点を当てた門脇厚司前掲書(『東京教員生活史研究』) など、『東京都教育史』を踏まえた成果が公にされている。

4. その他

　1960 年代中野光や海老原治善らによって切り拓かれた大正期〜昭和初期の教師と教育実践の歴史に関しては、あらためていうまでもなく、すでに多くの蓄積がなされてきている。近年、これまでとは異なる新たな観点からの研究成果が認められる。

　一つは、「大正新教育」における教師と児童の内面に迫る教育過程を検討した浅井幸子『教師の語りと新教育──「児童の村」の 1920 年代』(東京大学出版会、2008) である。池袋児童の村小学校を中心とする教師たちによる「私」という一人称の語りと固有名による子どもの記述に注目し、新しい教師のあり方や感性、子どもへのまなざしや関わり方、教育と学習の意味づけを明らかにした。制度化された「教師─児童」の関係に包摂しえない「私─あなた」の関係の成立に 1920 年代の教師の生身の身体に刻み込まれた教育思想と教育実践の特質を捉えようとした研究であり、「大正新教育」の新たな見方が提示されている。

　もう一つは、1910〜20 年代に議論となった小学校女性教員の「職業と家庭の両立」問題を検討した齋藤慶子『「女教員」と「母性」──近代日本における〈職業と家庭の両立〉問題』(六花出版、2014) である。「教員」という単一の職業枠組みでは収まりきらなくなってきた女性教員の問題を、「母性」の位相を分

析軸にして、財政問題を中心とする体制側の論理との関わりから明らかにした。少子高齢社会にあって、仕事、子育て、介護、あるいは長時間労働などにより、「両立」問題はより深刻化している。ジェンダーとともに、労働問題史として教員史・教員養成史が取り組んでいかなければならない研究課題であることを突きつける研究成果である。

　以上、2000年以降の研究の特徴と課題について検討してきた。なお、研究主体に関しては、①共同研究による新領域の開拓が行われた点、また、教育史学会編『教育史研究の最前線』（日本図書センター、2007）で取り上げられた研究と照らしてみれば、②女性研究者と若手研究者による単著刊行の増加、を特徴として挙げることができる。言い換えれば、教員史・教員養成史に携わる研究者層の厚みと、ジェンダーの研究視角を含め多様な視点からの豊かな成果が期待できる状況が作られてきた。教員社会と教員養成を取り巻く状況は、今後も厳しさを増すだろう。しかし、切実な課題意識から生まれた研究と多様な視点からの問題の検証こそが、困難な状況を克服していく確かなものの見方を提供するものになると思う。

● 第1節　文献一覧

浅井幸子（2008）『教師の語りと新教育――「児童の村」の1920年代』東京大学出版会
稲垣忠彦・寺崎昌男・松平信久編（1988）『教師のライフコース――昭和史を教師として生きて』東京大学出版会
井上えり子（2009）『「文検家事科」の研究――文部省教員検定試験家事科合格者のライフヒストリー』学文社
奥平康照（2016）『「山びこ学校」のゆくえ――戦後日本の教育思想を見直す』学術出版会
梶山雅史編（2007）『近代日本教育会史研究』学術出版会
梶山雅史編（2010）『続・近代日本教育会史研究』学術出版会
門脇厚司（2004）『東京教員生活史研究』学文社
釜田史（2012）『秋田県小学校教員養成史研究序説――小学校教員検定試験制度を中心に』学文社
久保富三夫（2005）『戦後日本教員研修制度成立過程の研究』風間書房
齋藤慶子（2014）『「女教員」と「母性」――近代日本における〈職業と家庭の両立〉問題』六花出版

佐藤幹男（1999）『近代日本教員現職研修史研究』風間書房
佐藤幹男（2013）『戦後教育改革期における現職研修の成立過程』学術出版会
白石崇人（2015）『鳥取県教育会と教師——学び続ける明治期の教師たち』鳥取県史ブックレット16、鳥取県
白石崇人（2017）『明治期大日本教育会・帝国教育会の教員改良——資質向上への指導的教員の動員』渓水社
陣内靖彦（2005）『東京・師範学校生活史研究』東京大学出版会
須田将司（2008）『昭和前期地域教育の再編と教員——「常会」の形成と展開』東北大学出版会
田中耕治（2005）『時代を拓いた教師たち——戦後教育実践からのメッセージ』日本標準
TEES研究会編（2001）『「大学における教員養成」の歴史的研究——戦後「教育学部」史研究』学文社
寺﨑昌男・「文検」研究会編（1997）『「文検」の研究——文部省教員検定試験と戦前教育学』学文社
寺﨑昌男・「文検」研究会編（2003）『「文検」試験問題の研究——戦前中等教員に期待された専門・教職教養と学習』学文社
照屋信治（2014）『近代沖縄教育と「沖縄人」意識の行方——沖縄県教育会機関誌『琉球教育』『沖縄教育』の研究』渓水社
二谷貞夫・和井田清司・釜田聡編（2007）『「上越教師の会」の研究』学文社
野々垣務編（2012）『ある教師の戦後史——戦後派教師の実践に学ぶ』本の泉社
平田宗史（1981）『教育汚職——その歴史と実態』渓水社
船寄俊雄・無試験検定研究会編（2005）『近代日本中等教員養成に果たした私学の役割に関する歴史的研究』学文社
増田翼（2011）『斎藤喜博教育思想の研究』ミネルヴァ書房
山崎奈々絵（2017）『戦後教員養成改革と「教養教育」』六花出版
山田恵吾（2010）『近代日本教員統制の展開——地方学務当局と小学校教員社会の関係史』学術出版会
山田浩之（2002）『教師の歴史社会学——戦前における中等教員の階層構造』晃洋書房
山本礼子（2007）『米国対日占領下における「教職追放」と教職適格審査』学術出版会
横須賀薫編（2012）『斎藤喜博研究の現在』春風社
吉田文（2013）『大学と教養教育——戦後日本における模索』岩波書店
和井田清司編（2010）『戦後日本の教育実践——リーディングス・田中裕一』学文社
早稲田大学（2016）『戦後の教員養成改革と私立大学——早稲田大学教育学部の回顧から』教育総合研究所監修、学文社

（山田恵吾）

第2節
東洋教育史における教員史・教員養成史

　教育史学会編『教育史研究の最前線』(2007)における「第6章　教員史」の導入部をこの章の編者(古沢)は、「日本・西洋の2地域のみを扱っている、それは東洋における教員史研究の蓄積が希薄な状況によるものである」と結んでいる。その30年前の『世界教育史大系30教員史』(講談社)においても取り上げられているのは、日本と西欧先進諸国のケースのみで、中国・ソ連を射程においていないことを心苦しく思う旨の編者の断り書き(石戸谷、1976)がある。同叢書においては、可能な限り欧米主要国以外の地域にも目配りをする方針のあったにもかかわらず、やはりそれは実現されていない。

　その主な理由は、研究者数の圧倒的不足である。また、近代国家成立の要件としての学校教育を成立させるための師範教育のモデルは日本では欧米にとられ、実施した成果がまた後日、東アジアの近隣諸国へと伝播した歴史的経緯からみて、東洋の教員史・教員養成史には、直接協力関与する場合を除いては、知的関心が向かないという傾向は今日もあるのかもしれない。ともあれ、教員史・教員養成史において、東洋諸国への研究的関心や研究を可能とする条件が、21世紀に入るまで相当に未成熟だったといわざるを得ない。

　『教育史研究の最前線』の刊行から10年を経た今、その状況はそれでも変化をみせている。研究成果の相対的少なさや担い手の層の薄さはあるが、関心をもって研究に取り組む若手中堅研究者が輩出しはじめ、さらにアジア地域の同業者と交流する教員養成校の教員集団が形成されてきたことは注目に値する。

　以下では、1. 戦前・戦時下の日本と東アジアの教育関係史から、2. 中国人研究者(留学生)の研究から、3. 東アジアの教師教育交流の中から、4. 東南アジアを含む比較教育学研究から、産出された成果を教員史・教員養成史研究の視点から概観するとともに、5. その他の新たな動向と課題に論及する。

　なお、筆者の専攻が近現代中国教育史であることから、他地域に関して重要な成果を採り漏らしている可能性のあることをあらかじめご寛恕願いたい。

1. 戦前・戦時下の日本とアジアとの教育関係史から

　東洋教育史において 1970～90 年代にかけての研究蓄積が比較的あるのは、戦前・戦時下の日本と東アジア地域との教育関係史研究（教育文化交流史、文化摩擦、植民地教育史研究など）である。清末の中国に例をとると、日本モデルの教育近代化の一環として京師大学堂師範館、直隷師範館などで教員養成にあたったのが、服部宇之吉や内堀惟文をはじめとする日本人教習であった。また、嘉納治五郎の薫陶のもと日本国内の弘文学院および東京高等師範学校等で学んだ留学生が帰国後に教育界で活躍した経緯については、阿部（2002）、蔭山（2011、2016）などの研究成果があり、またそうした研究のための史料調査を 10 年がかりで行った近代アジア教育史研究会（2002）は、明治後期の教育雑誌から網羅的に関連文献史料を収集・編纂している。これらも活用した研究成果も、後述のとおり少数ながら、みられるようになっている。なお、前掲・蔭山（2011、2016）は、その成果を国内ではなく中国本国の研究者に向けて中国語で刊行している点でユニークである。自らの研究論文が国内でよりもむしろ中国で参照、引用されたことに改めて応えようとしたものと思われる。

　教員史における人物研究としては、二見（2016）が、年来の松本亀次郎研究をまとめ上梓している。松本亀次郎は、北京の京師法政大学堂での教習経験ののち、東京に大挙押し寄せる中国人留学生のための予備教育機関（東亜高等予備校）での教育に尽力し、魯迅や周恩来はじめ歴代の錚々たる留日帰国者から恩師と敬慕された人物である。また、李紅衛（2009）は、桜美林大学の創設者である清水安三・郁子夫妻の戦前・戦時下の北京崇貞学園での女子教育実践の意義を明らかにしており、同じく、日中教育関係史における教師像研究としても貴重である。

　一方、旧韓末から植民地朝鮮時代の韓半島における日本人教員の派遣および異動状況を、西日本の県人関連史料および旧高等師範学校同窓会の史料などから綿密に追跡し、日本の植民地と内地との教員を通じた連続性、とりわけ広島高師の尚志会の影響力を明らかにしたのが、稲葉（2001）である。こうした基礎的な研究に後押しされる形で、次世代の研究者が、日本の租借地・植民地・占領地における教員に着目する実証的かつ着実な成果をあげるようになったこ

とは特筆すべきであろう。彼らのめざすところは、民族別のステロタイプな教師像や二項対立的構造把握を超えようとする点であり、山下（2011）、山本（2012）などがそれを代表する成果である。

山下（2011）は、植民地朝鮮の初等教員に着目し、内地出身の教員と朝鮮人教員の処遇や果たした役割、養成や内地教育経験の差異について分析し、教員集団が植民地支配全体についてもった意義や全貌を明らかにしようとした。一方、山本（2012）は、教員・教員養成そのものを主対象とはしていない。むしろ、青島という諸外国の影響を受けながら発展した都市における近代学校の史的重層性をさまざまなアクターに光をあてて丁寧に描き出そうとしている。その際、内地の教育との連続・非連続をみるのに有効な対象が内外を移動する教員とそのネットワークであったということになろう。

なお、上述の近代の中国ならびに韓半島を対象とした先行調査研究の中には、当然ながら女性教員の動向も視野に入っていた。東洋教育史における女性教員をめぐる単著の成果は、管見の限りまだ存在しないが、たとえば、加藤（2015）のような清末中国への女性教員派遣の動向を調査する研究成果もみられ、今後が期待される。さらに、植民地台湾を生きた女性教員の実態や意識に注目した研究も着手されており、新井（2001〜2006、2007）は、口述史に基づく報告として貴重である。

2. 中国人研究者（留学生）による研究から

ここで取り上げておきたいのは、当該時期の日本における中国人若手研究者による教員史・教員養成史関連研究である。彼らに共通するのは、1980年代以降の中国において、教員の地位向上・待遇改善・そのための資格制度見直しと再教育訓練（成人教育）・人事評価制度の導入、といったドラスティックな改革が進行していることと無関係には留日研究のテーマを設定できなかったという点である。

強烈な問題意識に基づくそうした研究は、①日本と中国の教員制度の比較対照研究、②母国の教員養成の歴史をさかのぼり跡付ける研究、③教育科学の専門的手法に基づく中国における教員政策の分析研究、といった所属研究室の強

みや指導教授との出会いといった縁にも導かれての傾向をもつ。いずれの場合にも、対象についての歴史的状況把握が必要なことから、異論はあろうが、教育史の中にも何とか位置付けてみることができよう。

1980～90年代の留学生／訪問学者による唯一の単著は、陳永明（1994）であり、それに続く書籍刊行は長らく黒沢・張梅（2000）のみだった。陳（1994）は、筑波大学大学院における博士論文をまとめたもので、中国と日本の教師教育制度の歴史を含めたマクロかつ素朴な比較分析研究である。分析のねらいは、当時、中国で論議されていた、教員養成の開放制の採用に関する調査資料の提示であり、制度移行期において陳の研究は寄与したとも伝え聞いている。黒沢・張梅（2000）の共同研究成果が出たのは、21世紀を目前に中国が進める「素質教育」改革のために、国策として大幅な現職研修プロジェクトが打ち出された時期である。すなわち教員の再教育制度が国立重点師範大学を中心に急速に整う時期の気運に促され、中国の教師教育に関心をもつ指導教授と留学生（当時・東京学芸大学修士課程）が分担して日中の教員養成・研修制度の比較を試みたものである。なお、同じ張梅による同時期の別論文には張梅（2000）がある。さらに留学生でなく中国本国での師範教育史研究者による荘明水（2001）は、日本の現代中国学研究者との共同研究の中で出された成果であり、同時代の師範教育改革の動向と問題をとらえていることも付記しておこう。

その後の、留学生による、より本格的な教員史・教員養成史研究としては、まず、経志江（2005）があげられる。同書は、神戸大学大学院に提出された博士論文に基づくもので、清末・民国前期の3つの学制改革における中等教員養成機関の成立と変遷、そこでの養成教育の実施に焦点をあてている。各時期の中等教育の養成機関（優級師範学堂、高等師範学堂、師範大学、総合大学の教育学科）の設置運営過程を追う研究は、日本で初の成果である。著者自身の問題意識は、現実の中国における教員養成制度改革が念頭にあったことはいうまでもなく、これに応える日本側の教員養成史研究者に出会い師事することで、初めて可能となった研究である。

80年代から急速にはじまる中国の教員人事・評価制度の導入過程とその実施状況を追うことにより、主として中央の政策が地方に波及する場合に生じる問題点を明らかにしようとした劉占福（2010）にも、研究の本格化がみられる。

教育行政学の研究手法をもちいて、教員人事・評価の諸改革が果たして実効性をもつのかどうかを見極めようとした意欲的研究であり、これまで法令レベルの実施案のみをフォローするにとどまっていた研究の限界を突破する基礎的研究ともなっている。以上は東京大学における博士論文をもとにした刊行である。

3. 東アジアの教師教育研究交流の中から

　教育史研究の成果といえるかどうかの異論はさらにあろうが、東アジアの教育学研究者としては無視しえない研究動向にも触れておきたい。教員養成系大学における国際コンソーシアムの形成がそれである。

　日本教育大学協会（2005）は、同協会が2001～2年度に取り組んだ世界の教員養成制度の調査研究プロジェクト（当初は欧米先進国が対象）に続く第2期（2003～4年度）の研究成果で、中国、韓国、タイ、台湾、マレーシア、シンガポール、ベトナムの7カ国の養成制度とその改革動向、日本との比較から得られる示唆を論じた横断比較研究となっている。手法的には、文部科学省の外国調査担当が手掛けてきた比較情報資料整理のスタイルが投影されている。教育大学の協会がこの成果を出していることが重要であり、当該時期のアジア諸国の教員養成史に資する研究意義を有している。

　なお、これに先立つ1991年に、日本教師教育学会が発足しているが、同学会も成立当初から中国など東アジア近隣諸国の研究者との交流を熱心に行い、1993年以降「日中教師教育研究国際シンポジウム」をはじめとして6回にわたり教師教育の改革動向の国際比較を進めている。こうした学協会が研究交流を積み重ねたところに、東京学芸大学の主唱による東アジアの中国・台湾・韓国の「東アジア教師教育コンソーシアム」が組織されたと、筆者は理解している。以下の報告書からは、各国の教師教育専門家が持ち寄る報告をもとに活発な議論が行われたことが読み取れる。まず、東京学芸大学教育養成カリキュラム開発研究センター（2008）の『東アジアの教師はどう育つか』では、教育実習と教員研修の高度化改革の経験を相互に交換し、数年をおいた同大学東アジア教員養成国際共同研究プロジェクトによる『「東アジア的教師」の今』（2015）では、東アジアの初等中等学校教員養成とスクールリーダー養成、教師教育者養成と

いった問題を質保証の観点から相互に問うており、「東アジア的教師像」についても検討している。

以上からは、教員史・教員養成史研究の前提となる、現実と切り結ぶ観点や貴重な情報を見出すことができる。またその成果は教育史学会も注目してきたところである（たとえば岩田、2016）。

4. 東南アジアを含む比較教育学研究から

ここで掲げるのは、教員養成系大学の教員もしくは教師教育を専門分野とする研究者が組織した比較研究ではなく、比較教育学者（養成に携わる者も多いがアイデンティティを比較教育学もしくは地域研究に置く研究者）が組織した「アジアの教員研究」である。将来の教育史研究につながる可能性のある成果として概観しておく。この項目の目下唯一の共同研究成果といってよい小川・服部（2012）は、アジア地域の日本以外の12カ国・地域（韓国・モンゴル・中国・香港・台湾・フィリピン・ラオス・カンボジア・タイ・マレーシア・シンガポール・インドネシア）をカバーしている。

研究の組織者はこれまでの東南アジア研究のリーダーからすでに次世代に移っており、研究方法や記述にも新たな特色がある。かつてマイナーな研究対象であった地域についても、現地滞在経験のある若手研究者が少数ながらも育ちつつあり、フィールド調査や現地インタビューを主体としたエスノグラフィックなアプローチが取り入れられている。このため日本の現実の教員養成・現職教育改革から導かれるホットな政策研究もしくは政策批判研究にコミットしすぎることなく、対象地域の教員の今・現在をソフトに捉える傾向がみられ、各地域の国策に基づく改革の矛盾や問題点もフィールドで得た声をもとに淡々と記述されることも多い。

この系列に属する研究成果としては、牧（2012）があり、タイの現職教師についての国内初の単著として貴重である。そこでは、1999年のタイ国家教育法以来、どのような教員の質向上のためのエンパワーメントが行われ、現場で実際に何が生起しているのかを明らかにしている。取り上げられるのは、教員に求められる資質能力と倫理性とは何か、教員の力量向上策として推奨されて

いるはずの校内研修のタイならではの実態、教員人事改革とその評判、外部評価制度の運営実態などである。牧は前掲の小川・服部（2012）のタイの章も分担しており、タイの教師像は伝統的な「聖職者」と教育法に規定された「専門職」の双方のおりあいをつけるところにあるとまとめている。さらに、インドネシア・イスラームの伝統社会における伝道師養成教育なども含んだフィールド調査研究成果としては西野節男・服部美奈編（2007）、があり、また西野編著（2009）では現代カンボジア教育の諸相を捉える中にカンボジアの教員養成制度についての現地調査結果をまとめている。

　最後に、日本におけるインドの教育研究者の層の薄さを反映してか、アジア地域の主要国でもあるインドについては前掲の「アジアの教員研究」では扱われていないが、赤井（2012）が、継続的な研究成果をアジア教育史学会10周年記念誌『アジア教育史学の開拓』にも寄せている。

5. その他の新たな動向と課題

　教員史・教員養成史といえば、初等・中等教育の教員についてが中心だが、『教育史研究の最前線』の西洋の節で特記されたように、東洋においても、ようやく就学前の教員研究が行われるようになったのも近年の傾向である。まず横断比較的研究でいえば、池田・山田ほか（2006）がアジア諸国の就学前教員制度について概説している。また、広島大学大学院の留学生だった何京玉（2010）が、日本で初めて中国の就学前の教師教育制度をテーマとする博士論文を執筆している。そこでは、社会主義中国における幼稚園（原語「幼児園」）教員養成・研修の史的展開を、建国から文化大革命まで、1980年代の改革開放期、1993年「中華人民共和国教師法」以降に時期区分して整理しており、参照に値する。

　教師のライフストーリー研究に関しては、東洋教育史分野では書籍としてまとまった成果が十分に出されていない。ただし、前述のとおり、植民地教育や女性教師研究などにすでに口述史に着手している研究者があり、そのような蓄積の中での萌芽的な研究としては、孫暁英（2018）が挙げられよう。同書は、早稲田大学大学院に提出された博士論文に基づくもので、日中国交回復後に対

中国ODAを初めて実施した大平正芳と国際交流基金によるいわゆる「大平学校」における中国人日本語教員の再教育をめぐる調査研究成果である。そこでは研修を担当した日本人講師と中国人研修生の双方にインタビューを試み、教師たちの異文化交流を通じた成長を含むライフストーリーに迫っている。

　教員団体に関する成果としては、民国期中国における各地の教育会と同連合会が学制改革にもたらした影響に着目した今井（2010）も、正面からの教員史・教員養成史とはいえないが、教育改革を志す教員の社会活動が国家の制度変革に結びつく過程に着目した研究として捉え返すことができよう。

　なお、齊藤（2013）は、フランス植民地下ベトナムの村落の初等教育教員の担った活動を捉えたモノグラフである。宗主国による文明化の使者としてではなく村落の第三勢力として活動した現地教員の姿が捉えられており、近年の歴史学研究の動向を反映した成果として注目される。

　以上からも明らかなように、総じて、東洋教育史における教員史・教員養成史研究は、いくつかのめぼしい事例研究などの成果がみられるものの、全体としては発展途上であり、ほとんどすべてに"本邦初"という形容詞がついてしまうようなピンポイントでの地ならし段階であることは否めない。

　20世紀になってアジアにも及んだ進歩主義教育思想（新教育）が教員の実践や教師教育に与えた影響も今後研究テーマとなりうるだろうし、その際にはナショナリズムの問題ほか多くの問題とともに複合的に解き明かされる必要があろう。また国家権力や伝統的な権威のもとで教員団体、教員ネットワークはどのように機能したのかなど、着手されながらも未開拓の領域は多い。

　地域研究的には、日本とアジア太平洋地域との教育協力・研究協力関係構築の中で（近年では日本とアフリカも）、対応する拠点大学を中心とした地域開発・国際協力を含んだ比較国際教育の研究者養成も行われ、研究対象地域の広がりがみられる。こうした動向とあわせて、東洋教育史研究における教員史・教員養成史研究もしくはそれに連なる動向研究は、国際的・学際的な対話を通して深まることが、次の十年に期待されるのではないだろうか。

●第2節 文献一覧

赤井ひさ子（2012）「インドの初等教育と初等教員養成」古垣光一編『アジア教育史学の開拓』アジア教育史学会　pp.429-450

新井淑子（2001）「植民地台湾の女教員史――初期の女子教育と女教員」『埼玉大学紀要［教育学部］教育科学』50（2）pp.55-71（以下新井は同紀要に2006年まで女教員史を連載）

池田充裕・山田千明編著（2006）『アジアの就学前教育――幼児教育の制度・カリキュラム・実践』明石書店

稲葉継雄（2001）『旧韓国・朝鮮の日本人教員』九州大学出版会

今井航（2010）『中国近代における六・三・三制の導入過程』九州大学出版会

岩田康之（2016）「東アジア、主に中国メインランドの教師教育カリキュラムから」『教育史学会第59回大会シンポジウムの記録　教育史研究と教師の教養形成』宮城教育大学　pp.9-14

小川佳万・服部美奈編著（2012）『アジアの教員――変貌する役割と専門職への挑戦』ジアース教育新社

何京玉（2010）『現代中国の幼稚園教師教育制度に関する研究』広島大学大学院教育学研究科博士学位請求論文

蔭山雅博（2011）『清末日本教習与中国教育近代化』雄山社（中国語）

蔭山雅博（2016）『明治日本与中国留学生教育』雄山社（中国語）

加藤恭子（2015）「20世紀初頭における日本人女子教員の中国派遣」『ジェンダー研究』18　お茶の水女子大学　pp.73-85

近代アジア教育史研究会編（2002）『近代日本のアジア教育認識――明治後期教育雑誌所収中国・韓国・台湾関係記事〈中国篇〉』全22巻　龍溪書舎

黒沢惟昭・張梅（2000）『現代中国と教師教育――日中比較教育研究序説』明石書店

経志江（2005）『近代中国における中等教員養成史研究』学文社

齊藤若菜（2013）「フランス植民地化ベトナムにおける初等教育――仏越学校現地人教員の活動を中心に」『待兼山論叢　文化動態論篇』47　pp.1-20

荘明水（2001）「師範教育の改革」小島麗逸・鄭新培編著『中国教育の発展と矛盾』御茶の水書房　pp.121-157

孫曉英（2018）『「大平学校」と戦後日中教育文化交流――日本語教師のライフストーリーを手がかりに』日本僑報社

張梅（2000）「中国の社会主義市場経済と教育――教師の資質向上のための政策を中心として」黒沢惟昭・佐久間孝正編『世界の教育改革の思想と現状』理想社　pp.191-211

陳永明（1994）『中国と日本の教師教育制度に関する比較研究』ぎょうせい

東京学芸大学教員養成カリキュラム開発研究センター編（2008）『東アジアの教師はどう育つか――韓国・中国・台湾と日本の教育実習と教員研修』東京学芸大学出版会

西野節男・服部美奈編（2007）『変貌するインドネシア・イスラーム教育』東洋大学アジア文化研究所・アジア地域研究センター

西野節男編著（2009）『現代カンボジア教育の諸相』東洋大学アジア文化研究所・アジア地域研究センター
日本教育大学協会編著（2005）『世界の教員養成Ⅰ（アジア編）』学文社
東アジア教員養成国際共同研究プロジェクト編（2015）『「東アジア的教師」の今』東京学芸大学出版会
船寄俊雄（2016）「教育の教養形成の視角から教える教育史研究の課題（資料）」『教育史学会第59回大会シンポジウムの記録――教育史研究と教師の教養形成』宮城教育大学、pp.3-8
二見剛史（2106）『日中の道、天命なり――松本亀次郎研究』学文社
牧貴愛（2012）『タイの教師教育改革――現職者のエンパワメント』広島大学出版会
李紅衛（2009）『清水安三と北京崇貞学園――近代における日中教育文化交流史の一断面』不二出版
劉占富（2010）『現代中国における教員評価政策に関する研究――国の教育法制・政策の地方受容要因と問題』時潮社
山下達也（2011）『植民地朝鮮の学校教員』九州大学出版会
山本一生（2012）『青島の近代学校　教員ネットワークの連続と断絶』皓星社

（一見真理子）

第3節
西洋教育史における教員養成史・教員史研究

　本節では西洋の教員養成史と教員史に関する研究動向を概観し、その傾向と課題を述べる。対象とする研究は2000年以降に刊行された著書および論文である。以下ではまず、おおまかな研究方法論の分類にしたがって教員養成史と教員史の研究動向をまとめ、最後に研究動向全体を通じて確認できる特徴と課題について論じたい。

1. 教員養成史

(1) 制度史研究の再開

　制度史の視点からの教員養成史研究については、アメリカを中心に1970年代に三好信浩『教師教育の成立と展開――米国教師教育制度史論』(1972)によ

って先鞭が付けられて以降、1980年代から1990年代にかけては研究の進展があまりみられなかった。そうした状況において2000年代に入り、1970年代からアメリカの師範学校の研究を続けてきた研究者によってまとまった研究が2つ発表された。

一つは小野次男『オーバニー州立師範学校の成立と発展』(2000)である。小野はこれまで著書『アメリカ教師養成史序説』(1976)や『アメリカ州立師範学校史――マサチューセッツ州を主とする史的展開』(1987)において、マサチューセッツ州を中心にアメリカの教員養成制度を研究してきた。ニューヨーク州はコモン・スクール制度の法制化(1798)をはじめアメリカ教育史においてさまざまな先駆的な試みを行ってきたが、教員養成に対して公的基金を充てて助成した最初の州とされる。本書ではニューヨーク州のオーバニ師範学校を取り上げ、同校の成立と展開、さらにノーマル・カレッジへの移行というプロセスを発展史的に明らかにした。

もう一つは村山英雄『米国教師教育制度史研究――オーバニ州立師範学校の教師教育の歴史・政策的側面からの考察』(2012)である。『オスウィーゴー運動の研究』(1978)で知られる村山もまた、小野と同じく「アメリカ初等教員養成に不滅の足跡を残した」オーバニ州立師範学校を対象にして、同校の「成立発展過程」を明らかにしている。徹底した一次史料の収集と分析に基づいて、同校設立に向けての州議会の議論、同校のカリキュラムや教員組織、新校舎の設計図等、同校の内実をより詳細に実証的に解明している。同校に学んだ日本人、神津専三郎の視点からも同校の教員組織やカリキュラムの分析をしている点や、全米の教員養成制度における同校の評価について分析している点にも、研究の深化を確認することができる。

おなじくアメリカの個別・具体的な教員養成機関を取り上げたもので、とくに教員養成カリキュラムに注目した研究として、コロンビア大学ティーチャーズ・カレッジにおける創設期のカリキュラムを分析した金子知恵(2006)、同校創設期における幼稚園教員養成の実態をカリキュラム面から分析した遠座知恵(2015)、1930年代ソビエトの教員養成における児童学のカリキュラムを分析した山口喬(2007)等がある。

フランスについても、1970年代に神山栄治や志村鏡一郎によって教員養成

制度の成立過程に関する研究が開始されて以降、研究の進展は低調であった。2000年代に入り、尾上雅信が第三共和政期の教員養成改革について一連の論文を発表している（2007a,b,c、2008a,b、2009a,b）。尾上（2007d）は、第三共和政初期における初等教員養成改革に関する法制的整備過程とそれに関わった改革の立案・推進主体の言説とを整理・分析することを通して、当時の教員養成制度においては師範学校での狭義の養成に限定することなく、任用ないし採用の仕組みと密接に結びつける意図が存在した点を明らかにした。教職生活全体のなかに養成段階を位置づけるというアクチュアルな課題につながる歴史研究といえる。なお、教員採用後の研修を主題にした単著として牛渡淳（2002）がある。

(2) ジェンダーの視点

　教育史学会編『教育史研究の最前線』（2007）の「欧米の教員史研究」において、「この間、最も活発に成果が生み出されていると思われるのは、女性教員史の分野である」（吉岡2007：p.125）と書かれている。ジェンダーの視点から教員養成史に切り込む研究は2000年以降も継続している。その代表的なものは、佐久間亜紀『アメリカ教師教育史――教職の女性化と専門職化の相克』（2017）である。佐久間は、州立師範学校の歴史を設立前・初期・発展期の3つの時期に区分し、各期に教師の養成に携わった7人の女性の思想と実践の分析を通じて、19世紀アメリカにおける教職の女性化と専門職化の史的展開を明らかにした。ここでいう教職の女性化とは教師像の女性化と教職従事者の女性化という2つの意味を持つが、そうした教職の女性化が、教職の専門職化を目指して設立された州立師範学校の歴史にどのような影響をもたらしたのかが解明される。研究方法としては、7人の女性の思想と実践の具体を解明するにあたり、伝記的研究の手法により各人の事例を深く掘り下げ、そうした個人史の積み重ねによって全体像を描出している。史料として、出版物はもとより対象女性の直筆原稿、未刊行の史料、写真、日記等が縦横に活用される。州立師範学校で教鞭をとった女性の視座を採用することによって、彼女らがどのようなジレンマに直面していたのかを明らかにする。それは、三好、小野、村山らが単線的で発展史的な歴史として描いてきた州立師範学校の歴史を再検討することにつながる。

　他に教職の女性化を主題にした研究として、尾上雅信（2014）は、フェリー

期における女子師範学校の法制化を目指した政策立案・推進主体の論議と実際の政策を題材に、女性教員に期待された資質・能力について検討した。諏訪佳代（2008）もまたヴィルヘルム帝政期ドイツにおけるペスタロッチー・フレーベルハウスにおける幼稚園教員養成に事業内容や幼稚園教員間の変化から、「女性の職業」としての幼稚園教員像の固定化について論じた。

長谷部圭彦（2016）は、1870年にオスマン帝国で設立された女子師範学校の特徴を、男子のための高等師範学校と初等師範学校の比較を通して描いている。

(3) 新教育期の教員養成

2000年以降の教員養成史に関する研究動向を眺めたときに、いまひとつの特徴的な点は、新教育との関連で教員養成について論じた研究が一群を形成していることである。新教育とは19世紀末から20世紀初頭にかけて先進諸国を中心に国際的・共時的に生起した教育改革の理論と実践の総称であるが、「新しい教育」の在り方が模索される時、それに対応可能な「新しい教員」をどのように養成するかが課題となった。こうした新教育と教員養成とのいわば必然的な結合をめぐる研究が、アメリカ、イギリス、ドイツ等の新教育の盛り上がった国を対象に数多く発表された。

アメリカについては、小柳正司『デューイ実験学校と教師教育の展開――シカゴ大学時代の書簡の分析』（2010）が、デューイの実験学校運営が師範教育から新時代への教師教育への転換を見据えたものであったことに着目し、デューイが学部長として就任したシカゴ大学教育学部では、初等教員養成学部から初等・中等教員養成学部への転換が図られたこと、その間の内部対立の実情等を、一次史料を用いて明らかにした。宮本健市郎（2006）は20世紀初頭における教員養成の状況を整理したうえで、1930年代のウィネトカ教員大学院大学の設立経緯、教育課程、評価等を検討している。教育長ウォッシュバーンが既存の師範学校や大学ではなく、独自の大学院において進歩主義教育の実践家を養成しようとした意図とともに、学校教育実践を基盤にした教員養成プログラムの特徴を具体的に明らかにしている。イギリスについては、山﨑洋子（2016）が、18世紀末から20世紀末までの教員養成の展開を概観するなかで、新教育から進歩主義教育へとつらなる思想において、具体的な子ども理解とそれに基づく

カリキュラム編成能力によって教師の自律性が担保され、そのことが教員養成の自律性をもたらす一方で、画一性を避けた教育方法が逆に教職の多義性を顕在化させ、教職を複雑にしたことを指摘した。ドイツについては、渡邊隆信(2005)が、ワイマール期の代表的な教員養成機関である教育アカデミーを取り上げ、教員人事構成の分析から、青年運動あるいは新教育の学校実践の経験を有した教員が数多く教育アカデミーの教員養成に携わっていたことを明らかにした。さらにオーストリアについては、伊藤実歩子が『戦間期オーストリアの学校改革——労作教育の理論と実践』(2010)のなかで、学校改革における3つの問題領域の1つであった教員養成改革について論究している。伊藤はとくに教員養成改革機関のウィーン教育研究所に注目し、実践を重視した教育が可能となったこと、1925年に教員養成コースが設置され、履修時間およそ半分が教育学関連の科目であり、その大部分が教育方法、教材研究、教育実習にあてられたこと、附属学校の設置によって理論と実践を有効に盛り込むことができたことなどを明らかにした。

　総じていえば、新教育の時代には、新しい教育内容や方法の意味を理解し実践できる教員の養成が求められたが、そのための手だてとして設置された附属学校に着眼し、そこでなされた理論と実践の統合の試みを分析した研究が多いといえよう。

(4) 思想史と実践史の動向

　思想史や実践史の立場から教員養成を論じた研究は少ないが、特定の教育思想家の教員養成思想を深く論じた研究、各時代における教員養成思想の変遷を俯瞰的に整理した研究、学校種や教科を特化した研究がいくつか発表された。

　特定の思想家を取り上げた研究として、西村正登『シュプランガーの教員養成論と教師教育の課題』(2008)が、これまで日本において直接研究テーマとされることのなかったシュプランガーの教員養成論を取り上げ、彼が生涯を通してドイツ教員養成とどのように関わり、今日の教員養成にどのような影響と功罪を残したのかについて検証している。公刊された著書・論文に加えて、彼が生涯にわたって書き残した多数の書簡類を資料として活用し、公私の両面から彼の教員養成論を解釈し分析しているところに特色がある。また、冨永光昭が

『ハインリッヒ・ハンゼルマンにおける治療教育思想の研究——スイス障害児教育の巨星の生涯とその思想』(2012) において、ドイツ語圏の治療教育（障害児教育）の理論と実践に多大な影響を与えながら、これまでほとんど紹介されることのなかったハンゼルマンの思想と実践の全体像の解明を目指すとともに、治療教育の教員養成思想とそれが養成機関（チューリッヒ治療教育セミナー）に与えた影響についても論じている。より広く教員養成思想の変遷を論じた研究として渡邊隆信（2005）がある。渡邊は、20世紀初頭から今日に至るドイツにおける教員養成の思想的展開を3期に区分し、それぞれの時期に「理論—実践問題」と「教職の専門性」がどのように理解されていたのか、その特質を明らかにした。

実践史と銘打った教員養成の研究もまたごくわずかである。田中喜美・木下龍『アメリカ合衆国技術教育教員養成実践史論——技術教育のための「大学における教員養成」の形成』(2010)が、技術教育について「大学における教員養成」を世界で最初に開始したアメリカにおける技術教育の教員養成の歴史を丹念に辿ることを通して、大学において教員養成を行うことの歴史的意義とその実質を成り立たせていった内的諸要因を明らかにしている。とりわけ産業科教育教員養成の認証評価基準の策定過程を踏まえて認証評価基準の内容と性格を検討している箇所は、技術教育を超えて教員養成一般に対する示唆を含むものとして読むことができる。

2. 教員史

(1) 社会史、ライフヒストリー、ジェンダー

教員史研究の数は教員養成史研究に比べると、かなり少ない。それは一方で研究者の課題意識の置き方によるところが大きいが、他方で研究を進めるための史料の制約にもよる。インターネットの普及によって海外の図書・雑誌へのアクセスが一昔まえに比べると格段に容易になったが、一つの時代状況を生きた教員たちの行動や心性を深く探るには、現地での一次史料の調査と収集が不可欠である。

そうしたなかで、社会史の視点から教員の日常に接近した重厚な研究として、松塚俊三（2001）『歴史のなかの教師——近代イギリスの国家と民衆文化』があ

る。松塚は書簡資料等の分析から、自由主義国家が教員を保護しない原則のもと、初等公教育の担い手である教師志望者と支援者の意識や行為に着目し、多様な経験や信頼を拠とする民衆の教師像および初等学校教員の頻繁な移動＝転勤の実態を明らかにした。デイム・スクールの教師と公教育学校教師は、民衆の生活と文化に根ざす教育の在り方を底辺で共有していたと指摘した。同じく松塚が安原義仁とともに編者を務めた『国家・共同体・教師の戦略──教師の比較社会史』(2006) は、「叢書・比較教育社会史」シリーズの第4巻として出版されたもので、全3部14章からなる。第1部では国家と共同体のはざまで生きた教師の姿を描く。第2部では教師の日常生活と心性を主題とする。第3部では「教師」のカテゴリーに収まらない人びとや事柄を取り上げ教育の役割を広い視野から問題にする。いずれも時代は国民国家が形成され確立していく18世紀後半から20世紀前半である。本書の特色として、ドイツ、イングランド、フランス、イタリア、日本に加え、ロシア領ポーランド、アイルランド、メキシコといった従来あまり研究されてこなかった国や地域を対象としている点、さまざまな環境や状況において活動した教師の日常世界や心性に注目している点、独学の文化にまで視野を広げている点等を挙げることができよう。

　教員養成史とおなじく教員史においても、ジェンダーの視点をふまえた興味深い女性教員史が発表された。先に挙げた佐久間 (2017) は19世紀アメリカの女性教員の行動と心性を微視的に描き出しているが、それ以外にも19世紀後半から20世紀初頭にかけてのイギリスの女性教員のライフヒストリーに迫る研究として、本多みどりの研究 (2001、2006) がある。他にジェンダーの視点からの教員史研究として、滝内大三は『女性・仕事・教育──イギリス女性教育の近現代史』(2008) のなかで、19世紀後半の統計資料や職業案内パンフレット類の分析を通して、女性の職業実態とキャリア形成について考察している。堀内真由美『大英帝国の女教師──イギリス女子教育と植民地』(2008) は、女性たちがフェミニズムの後押しを受け、ミドルクラスの女子中等教育を経た女性が進学し教員となり、次世代の中等教育を担うようになった過程を描いた。さらに植民地の中等教育の担い手として女教師が派遣され、女教師は植民地に拡大された中等教育市場に国内の雇用の困難な状況を打開する道を求めた構図を明らかにした。

(2) 教員運動史の新展開

　　第二次大戦後盛んであった教員運動・組合史の研究は、20世紀終盤以降めっきり少なくなった。2000年以降では、フランスの公立初等教員を中心に教職員組合運動の組織化と教育政策との相関関係について検討した片山政造（2001）と、第一次大戦から1930年代までの時期に、今日まで引き継がれるフランス公立学校教員組合運動の基本的な路線が形成されたことを明らかにした同著者（2004）が目にとまる程度である。しかし、従来の政治や労働に基づく組織的な教員運動とは異なって、教育内容や方法の刷新という共通の教育理念や目的に基づく教員のネットワーク組織の活動をも教員運動とみなすならば、2000年以降新しいタイプの教員運動史研究の展開を確認することができる。

　　たとえば岩間浩『ユネスコ創設の源流を訪ねて──新教育連盟と神智学協会』（2008）は、1921年にエンソアを中心として、世界各国の新教育の実践家、理論家によって「新教育連盟」が設立されるプロセスを明らかにした。山﨑洋子（2000、2001）は、「新教育連盟」の設立母体となったイギリスの「教育の新理想」運動に注目し、それを推進した教育家たちの思想と活動を跡付けた。さらに、小峰総一郎は『ベルリン新教育の研究』（2002）のなかでシュミットに依拠しながら、ドイツ・ワイマール期の人とメディアを通したネットワークによって、新教育が国内的・国際的な教育改革の一大潮流となったことを指摘している。

3. 全体的傾向と課題

　　本節で取り上げた研究は、著書約15冊、論文約25本である。2000年から2017年までという期間を考えると決して多い数ではないが、教員養成史・教員史ともに着実に研究が積み重ねられているといえる。以下ではこうした個別の研究状況を踏まえて、教員養成史および教員史の研究成果の全体的傾向を4点にまとめるとともに、今後の課題を提示したい。

　　第一に、教員養成史と教員史では、圧倒的に教員養成史の著書・論文が多い。研究対象の時期は、教育史学会編『教育史研究の最前線』（2007）で確認されたのと同様に、公教育制度の成立期以降、18世紀の国民教育制度の成立期以降のものに限られる。とりわけ今回は新教育研究の進展にともない、19～20世

紀転換期の教員養成史・教員史の研究が多くみられた。

　第二に、学校種と教科でみると、教員養成史については初等教員養成の研究が多く、教員史については中等教員が目立つ傾向にある。教員養成史に関しては、従来から存在した幼稚園教員の養成に加えて、特別支援教育や技術教育の教員養成に特化した研究もみられた。今後は、個別の学校種や教科に特化した教員養成史研究が増加することが予想されるが、その場合も、学校種や教科に限定されない教員養成一般の問題につながるような課題意識が求められる。

　第三に、国別でみると、教員養成史も教員史も従来の西洋教育史研究が主要対象としてきたイギリス、フランス、ドイツ、アメリカの研究が大部分を占めており、オーストリア、スイス、ロシア、トルコの研究がわずかながら存在する。いずれにしても一国史的叙述の研究が大半で、比較史的な研究は松塚・安原（2006）に限られる。近代の教員養成や教員の在り方が国民国家の形成・展開と不可分であったことを考えると必然的な結果かもしれないが、教員養成の制度や思想をめぐる国家間の影響関係を明らかにすることは、各国の独自性と共通性をより明確化するのに不可欠である。

　第四に、研究方法の点では、従来主流をしめてきた制度史の研究に加え、思想史や社会史等、研究方法の多様化がいっそう進んだといえる。教員養成史については、制度史の再開が確認できたと同時に、思想史や実践史の研究もいくつかみられたがその数は少ない。とくに思想史研究は、教員養成の制度や実践を成立させ駆動させてきた思想それ自体を歴史的に相対化し批判的に吟味するものであり、今後いっそうの進展が望まれる。一方、教員史については、社会史やライフヒストリーの手法によって教員の「日常」に迫る研究が増加している。一定の制度下で教員が何を経験・知覚・行為したのかを解明するこれらの研究を進展させるには、地道で手間ひまのかかる一次史料の調査と収集が今後も一つの鍵を握るであろう。また、教員養成史と教員史に共通する傾向として、ジェンダーの視点を取り込んだ研究の進展がめざましいのも特筆すべき点である。学校種や教科によって女性教員の置かれる位置や役割は異なるが、佐久間（2017）が述べているように、「男性史としての中心的叙述に「女教師」や「婦人部」の叙述をつけ足すという叙述枠組み」を超えて、女性教員を主題にすることで教員養成史や教員史の中心的課題を解明するという枠組みをもった研究が

今後も求められる。

●第3節 文献一覧

伊藤実歩子（2010）『戦間期オーストリアの学校改革——労作教育の理論と実践』東信堂
岩間浩（2008）『ユネスコ創設の源流を訪ねて——新教育連盟と神智学協会』学苑社
牛渡淳（2002）『現代米国教員研修改革の研究——教員センター運動を中心に』風間書房
遠座知恵（2015）「コロンビア大学ティーチャーズ・カレッジにおける幼稚園教員養成——創設期におけるカリキュラム改革を中心に」アメリカ教育学会編『アメリカ教育学会紀要』(26), pp.52-64
小野次男（2000）『オーバニー州立師範学校の成立と発展』学芸図書
尾上雅信（2007a,b,c）「フランス第三共和政初期の教員養成改革に関する考察 (1)〜(3)」『岡山大学教育学部研究集録』(134)〜(136)
尾上雅信（2007d）「第三共和政期の初等教員養成改革に関する一考察」フランス教育学会編『フランス教育学会紀要』(19), pp.5-18
尾上雅信（2008a,b、2009a,b）「フランス第三共和政初期の教員養成改革に関する考察 (4)〜(7)」『岡山大学大学院教育学研究科研究集録』(138)〜(141)
尾上雅信（2014）「歴史のなかの女子教員——女性として求められたもの（フランスにおける女性と教育）」フランス教育学会編『フランス教育学会紀要』(26), pp.7-16
片山政造（2001）「第三共和制前半期における公立初等学校教員たちの組合運動」フランス教育学会編『フランス教育学会紀要』(13), pp.5-18
片山政造（2004）「フランス教員組合運動史——組織と運動の確立過程を中心として」教育制度学会編『教育制度学研究』(11), pp.274-288
金子知恵（2006）「コロンビア大学ティーチャーズ・カレッジにおける創設期のカリキュラム——20世紀初頭におけるアメリカ教員養成の課題」東京学芸大学教育学教室編『教育学研究年報』25, pp.23-33
小峰総一郎（2002）『ベルリン新教育の研究』風間書房
小柳正司（2010）『デューイ実験学校と教師教育の展開——シカゴ大学時代の書簡の分析』学術出版会
佐久間亜紀（2017）『アメリカ教師教育史——教職の女性化と専門職化の相克』東京大学出版会
諏訪佳代（2008）「ヴィルヘルム帝政期ドイツにおける幼稚園教員養成に関する一考察——ペスタロッチー・フレーベルハウスを中心に」教育哲学会編『教育哲学研究』(97), pp.69-85
滝内大三（2008）『女性・仕事・教育——イギリス女性教育の近現代史』晃洋書房
田中喜美・木下龍（2010）『アメリカ合衆国技術教育教員養成実践史論——技術教育のための「大学における教員養成」の形成』学文社
冨永光昭（2012）『ハインリッヒ・ハンゼルマンにおける治療教育思想の研究——スイス障害

児教育の巨星の生涯とその思想』福村出版

中嶋一恵（2000）「1920年代イギリスにおける保育学校教員養成カリキュラムの特質と意義」教育行政学会編『教育行政学研究』(21)，pp.23-32

西村正登（2008）『シュプランガーの教員養成論と教師教育の課題』風間書房

長谷部圭彦（2016）「オスマン帝国の女性と教育──女子師範学校の試み」永井万里子他編『女性から描く世界史──17〜20世紀への新しいアプローチ』勉誠出版

堀内真由美（2008）『大英帝国の女教師──イギリス女子教育と植民地』白澤社

本多みどり（2001）「世紀末ロンドン、一女性教師のライフヒストリー」『岩国短期大学紀要』(30)，pp.73-87

本多みどり（2006）「ヴィクトリア後期イギリス中等教員養成史断章──ペイン、バス、ドレック、3校長のライフヒストリーを手がかりとして」『岩国短期大学文化教育研究報告』(24)，pp.1-13

松塚俊三（2001）『歴史のなかの教師──近代イギリスの国家と民衆文化』山川出版社

松塚俊三・安原義仁編（2006）『国家・共同体・教師の戦略──教師の比較社会史』昭和堂

宮本健市郎（2006）「ウィネトカ教員大学院大学設立の意義──アメリカ進歩主義教育における教師教育の実践」『神戸女子大学文学部紀要』(39)，pp.123-137

村山英雄（2012）『米国教師教育制度史研究──オーバニ州立師範学校の教師教育の歴史・政策的側面からの考察』風間書房

山口喬（2007）「1930年代ソビエトの教員養成における児童学教育について──児童学プログラム、児童学教科書の分析をとおして」『福岡教育大学紀要（第4分冊）』(56)，pp.39-52

山﨑洋子（2000）「イギリス新教育における「教育の新理想」運動に関する研究（Ⅰ）──揺籃期・興隆期・発展期を中心に」『鳴門教育大学研究紀要（教育科学編）』(15)，pp.181-195

山﨑洋子（2001）「イギリス新教育における「教育の新理想」運動に関する研究（Ⅱ）──低迷期・衰退期を中心に」『鳴門教育大学研究紀要（教育科学編）』(16)，pp.199-209

山﨑洋子（2016）「イギリス教員養成の歴史から何を学ぶか──教職の複雑さと進歩主義教育の時代」教育思想史学会編『近代教育フォーラム』(23)，pp.145-161

渡邊隆信（2005）「ワイマール期における教員養成と新教育運動──アルトナ教育アカデミーを中心として」兵庫教育大学学校教育研究会編『教育研究論叢』(6)，pp.1-21

渡邊隆信（2014）「理論─実践問題と教職の専門性──〈教員養成の思想史〉に向けて」教育思想史学会編『近代教育フォーラム』(23)，pp.163-176

（渡邊隆信）

おわりに

　教員史・教員養成史の2000〜2017年時点での成果を、日本、東洋、西洋教育史の研究動向に即して概観した。なお、日本の植民教育史研究や日本とアジアの教育文化交流史研究は、日本教育史の一部でもあるが、双方の重なる部分については研究件数のバランスをとるうえで東洋教育史のほうで扱わせていただいた。それぞれの概観から得られた結果は、各節の末尾をご覧いただきたい。

　通覧して地域間の、得意とするテーマや手法の違い、研究者の密度差、研究自体の発展段階の違いなどはありながらも、おのおのがこれまでの研究に比べて領域的・地域的・方法的な、また担い手の広がりや深まりが確認された。

　学会では、教員史・教員養成史研究としてのテーマ別分科会やコロキウム的な相互の対話が今後なされていくと良い刺激が得られることであろう。また教員をとりまくジェンダー、マイノリティ、エスニシティなど、文化多様性とインクルージョンの問題も、個々の教師にとっての成長とキャリア形成、教員集団としての専門性向上さらには働き方改善などのメカニズム形成、についても国際的に今行われている教員指導環境調査（OECD TALIS, 2009, 2014）などの結果ともあわせて教育史研究者からの深みと洞察を含んだ発言のあることも期待されよう。

（一見真理子）

第10章 ナショナリズムと教育

はじめに

「ナショナリズムと教育」に関わる歴史研究という場合、対象文献の選択そのものが1つの困難に直面する。「ナショナリズム」という用語を冠した研究書が少ないという事実だけでなく、対象の射程をどの範囲で捉えるか、またその内実をどこに定めるかによって対象が変わってくるからである。ここではごく常識的な意味で、「近代国民国家における公教育」をひとつの前提として据えつつ、これに関わる「公共性」「公と私」「国民」「共同性」「民族」「文化」「国民統合」「言語」「道徳」「宗教」「指導者崇拝」等々の概念を論点としつつ、それらがそれぞれの時代や国家・地域においてどのように問題とされてきたかを明らかにしたい。

対象は2000年代以降の文献を中心としつつ、それらが以前の研究とどのような関係にあるのかを問う視点から論述することとした。便宜上、日本・東洋・西洋という区分に基づいて執筆しているが、他章で取り上げたものと重複する場合があることをお断りしておきたい。

(清水康幸)

第1節
日本におけるナショナリズムと教育

近現代日本史という対象に即して「ナショナリズムと教育」の関係を問う作業は、一般的でありふれた課題設定であるようにも思えるし、きわめてまれで野心的な試みでもあるように思える。

一般的というのは、日本の場合にかぎらず、近代的な国民国家における公教育の形成過程は、なんらかの形でナショナリズムによって方向づけられているからである。特定の地域の学校の歴史、あるいは特定の教科にかかわる内容・方法についても、ナショナリズムとの関係を問うことは不可能ではない。他方で、「ナショナリズムと教育」の関係構造それ自体が主題的に考察されること

は少ない。「臣民」「国民」「民族」「国体」「帝国」のような用語が史料上の用語として登場するのに対して、「ナショナリズム」という言葉は史料上の用語としてはあまり登場しない上に、その評価も単純ではありえないからであろう。

　本書における「戦後日本教育史」や「東アジア植民地教育史」という章立てがそれ自体として対象を限定するのに対して、「ナショナリズムと教育」はひとつの観点であり、かならずしも対象を限定しない。本節では既往の代表的な研究動向を確認した上で、「天皇制と教育」「民族／民俗的多元性と教育」という軸に即して検討することとする。日本の場合、「ナショナリズムと教育」という問題系は「天皇制と教育」を抜きにして語り得ないが、「天皇制と教育」に還元されるものでもない。「日本人」「日本語」「日本文化」をこれ以上分割できない統一体とみなし、「日本人」ならば「日本語」を話して「日本文化」を身につけているのを当然と思わせるような文化的装置・イデオロギーとしてさしあたりナショナリズムを定義するならば、「民族／民俗的多元性」という観点がこのような事態を批判的に相対化するための着眼点として有効と考えられる。

　「民俗」という言葉は、一般的には一国一民族内部での次元の風俗習慣や生活様式の差異を示すものと解される。だが、何が「民俗」の違いであり、何が「民族」の次元の違いとされるのかということは、実は客観的に確定できるものではない。たとえば、沖縄諸島に暮らす人びとの呼称について、今日の行政区分に照らして「沖縄県民」や「沖縄県出身者」と呼ぶことが一般的だが、沖縄の自己決定権にかかわる意識の高まりの中で「琉球（沖縄）民族」が自称として用いられることもある。小稿では「沖縄県民」でもあり「琉球民族」でもありうる人びとの呼称としてさしあたり「沖縄人」を用いるが、どの呼称が一義的に「正しい」というわけではない。「日本人」であって「沖縄人」であり、「先島の住民」でもあるというように、アイデンティティがひとりの人物のなかに重層的に存在することもありうる。「民族／民俗的多元性」という言葉で表現しようとしているのは、そのような事態である。「民族／民俗的多元性」をめぐる問題は、戦前・戦中期の台湾、朝鮮、南洋群島、「満洲」など旧植民地・占領地においてもさまざまな形で顕在化していたと考えられるが、これについては本書第4章「東アジア植民地教育史」でとりあげられるので、本節では必要な範囲内での言及にとどめる。

1. 2000年以前の内外における研究動向

(1) 丸山思想史学と講座派マルクス主義の影響

「ナショナリズムと教育」にかかわる2000年以前の代表的な研究動向として、まず久保義三、佐藤秀夫、中内敏夫の論文に着目することにしたい。ここで着目する三編は、森川輝紀・増井三夫編『論集現代日本の教育史5　公共性・ナショナリズムと教育』(2014)に収録されたものでもある。

久保義三 (1969) は、フランス革命およびアメリカ革命におけるナショナリズムは「人民主権」の原則と結合しているがゆえに、「国旗、国歌、国民的英雄」のような象徴を幼児の段階から感覚的に認識させることを含めて「ナショナリズムと教育の幸福的結合」がみられるとする一方、日本ナショナリズムは「国家権力のイデオロギー的表現」にほかならず、容易にファシズムに転化すると指摘した。欧米——それも理念的にモデル化された欧米——との落差において日本の「特殊性」を弁証しようとする久保の論は、丸山真男による思想史学と講座派マルクス主義史学が圧倒的な影響力をもっていた時代を象徴している。丸山の標的はナショナリズムそれ自体ではなく、そこからの逸脱としての超国家主義 ultra-nationalism であった。講座派マルクス主義史学は天皇制を「封建遺制」としてみなしていた。日本ナショナリズムの「特殊性」を強調する傾向は久保個人の問題ではなく、欧米との対比において日本の変則性を強調する丸山史学と講座派史学の問題でもあった。

これに対して、中内敏夫 (1969) は、『近代日本教育論集1　ナショナリズムと教育』の解題において、「民間公共」の世界の慣行や「母国語教育」(バナキュラー)を重視する議論を、近代日本のナショナリズムの「原型」と定位した上で、その可能性を潰すようにして「国権的ナショナリズム（官製ナショナリズム）」の「装置」が制作され、さらにこれが異民族蔑視と結びついて植民地・占領地における日本語普及など「膨張主義ナショナリズム」へと「展開」したと指摘している。他方、野村芳兵衞、村山俊太郎ら生活綴方運動関係者が自前の言葉、自前の教育を追及した試みの中に「国権的ナショナリズム」を内側から食い破る「転生」の契機を見出そうとしている。この解題に加筆修正をほどこした中内 (1985) では「転生」の契機を「民衆ナショナリズム」という言葉で表現している（中内 1985：

p.184）。実証的な妥当性については別に検討しなければならないとしても、「民間公共」の世界や「バナキュラー」なものに着目しながら、ナショナリズムをめぐる多様な潮流を浮き彫りにした論は、今日でも斬新といえる。

　佐藤秀夫による著名な論文「天皇制公教育の形成史序説」は初出が1975年、若干補訂を経て没後に刊行された著作集に収録されている。佐藤（2004）の研究の特徴は、中内のいうところの「国権的ナショナリズム」に狙いを定めながら、その「人為性」を徹底的に明るみに出したことにある。すなわち、天皇制を批判しようとする側が「絶対的」な支配力を強調することでかえってその「絶対性」を高めてしまうアポリアに陥りがちな状況をふまえながら、佐藤は、近代天皇制が時々の政治的社会的状況の中で権力者たちによる、たぶんに行き当たりばったりの選択の結果として「創作」されたものであり、虚構の理念に基礎を置いているがために絶えず「動揺」と「補強」を繰り返さざるをえなかったことを、豊富な引証に基づいて論述している。同時にまた、単にその虚構性・人為性を指摘するにとどまらず、なぜ虚構の理念が人びとの心情を大きく作用する現実的効果をもちえたのかという問題を、「神秘的」で「厳粛」な学校儀式のありようなどに即して解明する糸口を開いたといえる。

(2) ナショナリズム論をめぐるパラダイム転換

　1980年代から90年代にかけて丸山思想史学や講座派マルクス主義史学への批判が高まる一方、ナショナリズム論をめぐるパラダイム転換が生じたといえる。代表的な著作として、ベネディクト・アンダーソン『想像の共同体　ナショナリズムの起源と流行』（原著刊行1983年、日本語訳刊行1987年、増補版日本語訳刊行1997年）や、アンダーソンと同じコーネル大学に籍を置く酒井直樹『死産される日本語・日本人』（1996）を挙げることができよう。そうした研究動向を確認しておくことで、佐藤秀夫や中内敏夫の論の先駆性もいっそう明確となるように思われる。

　アンダーソンの論の新しさは、筆者の理解するところ、第1に、「〇〇人」というようなナショナリティにかかわる想像が超歴史的な実体ではなく、近代における文化的人造物であるという非本質主義的アプローチを徹底した点にあり、第2に、それにもかかわらずナショナリズムが現実的に人びとの愛着

attachment を喚起してきた要因を宗教の果たしてきた役割との関連で説明した点にある。第3に、ナショナリズムの起源の多様性に着目すると同時に、それがいったん成立するや異なる社会に移植可能な、規格化された「モジュール」となったとする比喩が重要である。起源については、①俗語の出版語への「組み立て」に基づいた俗語ナショナリズム、②植民地支配下の「巡礼圏」の限定性を基盤とする反植民地主義的ナショナリズム、③権力集団の側が俗語ナショナリズムへの「応戦」として展開した公定ナショナリズムというように整理しながら、先行するモデルの翻案と流用により、さまざまな政治体制やイデオロギーと結合していったと論ずる。それぞれの地域におけるナショナリズムが「ユニーク」と見える相貌をそなえながらも、他方でその「ユニーク」らしさそれ自体を含めて、画一的様相を備えていたことを巧みに説明している。

　酒井直樹は、英語圏におけるナショナリズム論のパラダイム転換を背景としながら、天皇制について次のように論じる。「文化」も「言語」も閉じた体系ではなく、ひとりの人間の中に異なった言語や文化が同時共存することもある。しかし、近代においてお互いが「日本人」であれば同情同感できるはずだとみなす「共感の共同体」が生まれ、この国民共同体に自己同一化しようとする身振りが支配的な行動様式となっていく。他方で、その裏返しとして、国民共同体の外にある人間とは社会関係を結べないという強迫観念が生まれ、「共同体の敵」とみなした人びとに対して気軽に残酷になることができるようになる。近代という時代において天皇はこうした「共感の共同体」の「想像的保証者」として表象されるのであり、天皇制をめぐる歴史的言説は、「日本人」「日本文化」「日本語」の存在を自明なものとする実定性（常識）に依存すると同時に、この実定性を安定的なものとして再生産していく。「天皇制のおかげで日本はいつまで経ってもだめなのだ」という立場と、「天皇制のおかげで日本は他の国には例を見ない成功を収めた」という立場には、共通のナルシシズムが働いている（酒井 1996：pp.127-145）。

　こうした研究をふまえてあらためて佐藤秀夫の研究を省みるならば、天皇制にかかわる「人為性」、絶えざる「動揺」と「補強」のプロセスに着目したことは、天皇制を批判しながら、しかもその実定性を再生産してしまうのではない批判のあり方を模索した跡と見ることができる。また、アンダーソンは「巡礼」と

いう宗教的比喩を用いてナショナリズムの特質を説明したが、佐藤の着目した学校儀式もある種の宗教性を備えた行為である。しかも、佐藤は著作集構想段階 (1993) で30年前に執筆した「小学校における祝日大祭日学校儀式の形成過程」(1963) を組み込む際に「その儀式は総体としては、欧米におけるキリスト教礼拝儀式、とくに荘重さが強調されるカソリック系儀式をモデルにしたものであったと考えられる」(佐藤 2004：p.200) という「補注」を挿入している。天皇制にかかわる学校儀式の「特殊性」を指摘することはいくらでも可能なわけだが、あえてキリスト教儀式との共通性を見出すことにより、学校儀式の本質を浮き彫りにできると考えたと思われる。

中内敏夫の場合、近代日本の国家機構と民間公共の世界との落差を「国内植民地」(中内 1976：p.28) という言葉で強調しながら生活綴方運動における自前の言葉・自前の表現の追及に「民衆ナショナリズム」を見出そうとした。アンダーソンもまた、反植民地主義という歴史的脈絡でナショナリズムがたちあらわれる場合のポジティブな可能性を捉えようとしていた。そのことに着目するならば、中内の論と重なるところがあるとみることもできる。ただし、アンダーソンの場合は政治的・経済的中心に向けての「ラセンの上昇路」が開かれているか否かをめぐって文字通りの植民地（たとえばインド）と、相似した状況にはあるものの植民地とはいいがたい地域（たとえばスコットランド）の違いが生ずるメカニズムを見出したのに対して、中内の場合には「国内植民地」という言葉を無限定に拡大しているところがある。こうした問題点を含めて、近代日本における「民衆ナショナリズム」の可能性という中内の論は重要な問題提起であり続けている。

2.「天皇制と教育」をめぐる研究動向

「天皇制と教育」をめぐる研究動向は、基本的には佐藤秀夫による研究の枠組みを受けとめ、発展させながら、なぜ、またいかにして、人びとは天皇制を受容／拒絶したのかという問いを深める方向に向かっている。以下、「教育勅語と国民道徳」「帝国議会と不敬事件」「天皇崇拝の道具立て」「戦後改革と教育勅語」というポイントに即して検討していくことにしたい。

(1) 教育勅語と国民道徳

　すでに研究され尽くされた感があるためだろうか、2000年代以降において思想史的なアプローチによる教育勅語研究は決して多数とはいえない。その中で、大学の教職課程にかかわる教科書であるものの、高橋陽一・伊東毅 (2017) は教育勅語解釈のポイントを逐条的に示したものとして重要である。また、森川輝紀は、『教育勅語への道』(1990) の増補版を2011年に刊行したほか、2003年に『国民道徳論の道』を刊行した。森川 (2011) では主に田中不二麿と森有礼に焦点をあてて近代化と風俗習慣（伝統）のあいだの葛藤と統合という問題構成の内に教育勅語の歴史的性格を定位したのに対して、森川 (2003) では、「国民道徳」をキーワードとして元田永孚、井上哲次郎、吉田熊次に着目している。

　明治天皇の側近として教育勅語草案の起草に携わった元田永孚は、仁義忠孝の教えを説いた「保守主義者」として知られる。だが、森川はその「保守主義者」の懐にあえて飛び込みながら、教育勅語を核とする「国民道徳論」が日本社会の「草の根」において一定の支持を獲得しえた理由を、近代という時代における不安感との相関関係において読み解こうとする。森川によれば、元田は競争原理を根幹とする西洋社会で軍備増強と戦争が絶えないことを認識しながら、「近代が持つ功利・利欲の解放性」に対して「道心」の形成による「中正」な対応の必要を説いたという（森川 2003：p.66-68）。また、元田は、天祖天照大神の「訓(おしえ)」の継承という「自然」な「事実」を天皇の権威性の根本に据えると同時に、「皇祖皇宗ノ遺訓」を標榜することでこの「自然」な「事実」を「孝の実践としての祖先崇拝」という方法と結びつけて可視化し、儒教的合理主義を保ちながら「生活世界のリアリティ＝民俗的宗教観念」との接点をつくりだそうとしたと論じる（同前：p.114）。

　元田が没したのち、1910年には井上哲次郎、穂積八束、吉田熊次が著名な講演会をおこなった。その後の国民道徳論の展開について、森川は次のように論ずる。もはや祖先崇拝という慣行が自明ではなくなった時代状況において、井上哲次郎は個別の宗教・宗派を超越した「倫理的宗教」に疑似宗教的な動機づけを求めた。一方、吉田熊次は宗教には向かわず、「自然淘汰を経て現存する価値を強調する社会ダーヴィニズム」を援用して、国民道徳の正当性を説いた。吉田はまた、教育勅語第1段後半で語られた個々の徳目は「普遍的」であり、

ただその諸徳目の組み合わせ方と「皇運扶翼」への結びつけ方が「特殊」なのだと説いてカント的な個人主義・理想主義に代表される西洋倫理学との統合を試みたが、天皇機関説事件以後は諸徳目も「皇祖皇宗ノ遺訓」という「特殊」に貫かれたものとして解釈するようになった（同前：pp.183-188、p.218）。

　こうした森川の論は総じて説得力に富んでいる。ただし、「風俗習慣」あるいは「伝統」がやや単純化されて捉えられているきらいはないか、気にかかるところもある。たとえばファンステーンパール（2017）が近世社会における「孝子」表象をめぐる政治性を解明した研究をふまえた場合、「孝の実践としての祖先崇拝」にかかわる元田の論をどのように評価すべきか。それは本当に「生活世界のリアリティ＝民俗的宗教観念」と響き合う側面をそなえていたのか。その場合の「民俗」は一枚岩のものだったのか。森川は、日本社会の基層に流れる「執拗低音」という丸山真男の著名な比喩を引用しているが、そこには多様な倍音やら不協和音が混在していたとみなすべきなのではないだろうか。

　なお、吉田熊次は長期間にわたって東京帝国大学教育学講座の主任教授の位置にあったことから、教育学説史研究という観点からも着目されてきた。『吉田熊次著作集』（全7巻、2007、樺松かおる解説）が刊行されているほか、戦時下の学問統制について論じた駒込・川村・奈須編（2011）でも吉田熊次の役割に着目している。同書中の山本敏子論文では吉田熊次の教育学説に焦点をあてて、教育による知識が「人格の内部に徹する深き真知」とはならないことなど「近代の学校知が孕む病理」ともいうべき問題を的確に把握しながらも、日本の「国体」を所与の「理想」として前提とするがゆえに教育における「忠孝の道」を体得することこそが「人格を養ふ鍵」だとする結論に落ち込んでいくことを、クリティカルに分析している（山本2011：pp.342-343）。

　森田尚人（2014）も、吉田熊次の社会的教育学と国民道徳論について論じている。「国民道徳」という言葉は元田の論よりも西村茂樹『日本道徳論』（1887）を引き継いだとみるべきという指摘や、宗教ぬきの道徳教育という点についてドイツの倫理修養運動に影響を受けていたという指摘など、示唆的な知見もみられる。ただし、方法論にかかわる「外在的」「内在的」という評価に疑問が残る。森田は、森川（2003）について「日本教育史の研究分野に根強い外在的アプローチに依然としてとらわれている」と評している。また、敗戦直後に田中耕太郎

が教育勅語の徳目は「自然法に適う」普遍的なものだと述べたことにからめて「吉田の国民道徳論は知識人の間で決して孤立した思想ではなかった」と評価した上で、「かつての時代状況に即して」「内在的」にテキストを解釈すべきと結んでいる（森田 2014：p.29, p.110）。吉田の論が当時の多くの知識人の間で「孤立」していなかったのは確かだとしても、そうした知識人サークルによる「時代状況」のとらえ方の狭さそれ自体を相対化しなければ、「時代状況」の捉え方も一面的なものとなってしまうと思われる。

(2) 帝国議会と不敬事件

　森川輝紀と同様な思想史的なアプローチを基盤としつつ、さらに政治史的なアプローチを交えながら「天皇制と教育」をめぐる問題群を追究してきたものとして、小股憲明の研究がある。

　小股憲明（2005）は修士論文執筆以降に書きためてきた論文を「近代日本の国民像と天皇像」というテーマに即して選択し、一部加筆修正の上で一書にまとめている。このうち、「徳富蘇峰のナショナリズム」では、西洋世界の「合理的拡大」に着目して、拡大を押しつけられる側ではこれに抵抗せねばならなかったが、抵抗のためには伝統に安住することはできず、「自己に向けての西洋世界の拡大を、まさに合理的なものと見なし得る西洋的合理主義」を身につけねばならなかったと表現している（小股 2005：p.334、傍点原著）。この指摘は、森有礼のような「開明的」とされる官僚も、元田永孚のように「守旧的」とされる人物も、共通に直面していたディレンマを的確に表現している。小股はまた天皇制の問題は前近代性ではなく近代性にあるとして、君主制一般、さらには近代国家一般をめぐる問題と通底するものとして分析すべきと主張している。たとえば大日本帝国憲法における「天皇ハ神聖ニシテ侵スヘカラス」という規定について、大臣責任制・大臣副署制とセットであることを含めて、ノルウェイ王国憲法、プロシア王国憲法、タイ王国憲法などと共通することを明らかにしている（同前：p.410、pp.475-477）。君主の神聖不可侵という規定は、まさにアンダーソンいうところの「モジュール」のひとつということになろう。

　この見慣れぬはずの「モジュール」がいかにして「伝統的」な意匠をまといながら、人びとの想像力を限定し、感情を動員していくことになるのか。小股

(2005) は、帝国議会という政治的・党派的な利害関係の渦巻く場に着目することにより、この利害関係を超越したものとして天皇・教育勅語の権威性が高められていったプロセスを解明してもいる。日清戦争までは教育勅語を直接問題とした案件はほとんどなかったが、日清・日露戦間期には教育勅語の趣旨徹底に務めるべきだという建議が出され、政府・文部官僚を攻撃する武器として利用された。当時、西園寺公望文相は時代の趨勢をふまえて新しい教育勅語の起草を企図していたが、教育勅語「撤回」の「風説」がまた政府攻撃の材料とされたために、「教育勅語批判は官民を通じてタブー化」していった（同前：p.70）。

　小股憲明（2010）では、このアプローチを発展させて「明治期における不敬事件の研究」としてまとめている。「第二次教育勅語」計画などの不敬事件について詳細なケース・スタディをおこなうとともに、228件の事例について「不敬の対象」「社会的場」などに即して分類を試み、たとえば、教育勅語謄本や「御真影」の焼失・盗難・紛失が不敬事件の引き金となるケースが増大する状況を指摘している。また、「不敬」として摘発する者と、摘発される者との関係について、「上→下」、すなわち社会的に上位にある者が下位にある者を摘発する場合や公権力の担い手が民間人を摘発する場合、その逆の「下→上」の場合、「対等」の場合と分類した上で、明治憲法・教育勅語の制定を契機として、下位にある者、弱い立場にある者が上位の者を攻撃する武器として不敬事件を利用する事態が増大したことを指摘し、次のように解釈している。社会的に弱い立場にある者は「天皇の直接の「臣民」として、かつては許されなかった「忠君」の主体にみずからなりうることに、身分的解放感や誇りを感じ、みずから「忠君」を実践できることにひとつの快感を覚えていたのではないか」（小股2010：p.330）。この「快感」は、近代という時代において「日本人」がいかなるものとして構築されたかを考える上で、重要な問題の所在を指し示している。

(3) 天皇崇拝の道具立て

　教育慣行史的アプローチと呼べばよいだろうか、モノを介した儀式的行為にかかわる佐藤秀夫の着眼をさらに具体的に掘り下げた研究として、小野雅章の研究を挙げることができる。

　小野（2014）は、明治初期から戦後教育改革期までという長期的なスパンで

御真影下付状況と管理の方法を検討することで、天皇制の変容を実態レベルで解明している。すなわち、学校儀式に「御真影」が組み込まれた当初は特別に「基礎堅固」「成績優良」な学校に対してのみ「下賜」される仕組みだったのに対して、大正期の下付申請資格の撤廃（1918）、昭和天皇代替わりに際しての一斉下付（1928）、さらに天皇機関説事件（1935）を契機としての強制的下付というように対象を拡大していく、この間に「奉護」のあり方も変化、1907年の長野県の事例では学校の「格」の維持のために受け入れるにしても管理は二の次としていたのに対して、1920年代には火災の際の学校長「殉職」事件などを契機として学校側の「自己防衛」のためにしだいに奉安殿が普及、1930年代半ばになると文部省が「黴」「白蟻」などによる被害を免れるための統一的基準を設けるとともに、神殿型鉄筋コンクリート造り奉安殿普及への圧力を高め、御真影を天皇の「化身」とみなす「神格化」が完成した（小野 2014：p.91、p.169、p.222、p.288）。

戦後の天皇制批判はともすれば天皇機関説事件以後の「ファッショ的」な状況をそれ以前の時代に投影してしまいがちだったが、小野は、微細ともみえる変化の積み重ねの上に巨大な転換が生じ、ついには児童生徒の生命よりも1枚の写真を重んじるという倒錯的事態にいたるプロセスを説得的に解明している。

植民地における天皇崇拝をめぐる問題についても、教育勅語謄本や御真影というモノの下付をめぐる経緯や、神社参拝という装置に着目した研究が積み重ねられつつある。山本和行（2015）は、伊沢修二を社長とする国家教育社が1890年前後においては地域間格差を克服するための国庫負担の必要という意味で「国家教育」を求めていたにもかかわらず、日清戦争時には従軍者・戦死者の子どもの授業料減免を求める方向に活動を限定し、台湾の学務行政という場ではもっぱら教育勅語の趣旨徹底を「国家教育」の内実と考えて教育勅語謄本の下付申請、学校儀式の挙行にいたることを解明した。

樋浦郷子（2013）は、御真影が植民地朝鮮の初等学校にはほとんど下付されなかった事実をふまえ、そうであればこそ、学校教育を通じた神社参拝をはじめ、地域神祠・学校内神社・大麻奉斎殿など「神秘」を感じさせる仕掛けがいっそう精緻に構築されたことを解明した。また、朝鮮神宮「参拝証」における押印などさまざまな「小道具」が児童を引き寄せる仕組みとしてつくられたこ

とに着目、「参拝証」にハンコのない児童は神社では神職に咎められた上に、学校では教師から「罰」を受けた。かくして、「神秘」の仕掛けは期待された「効果」は発揮しえないままに身体的規律が強化される矛盾が増大していったと論じる（樋浦 2013：p.137）。樋浦の研究に特徴的なのは、朝鮮人児童・生徒への着目である。児童・生徒の思いがそれとして表明された資料はまず残らないものの、苛立つ支配者が「小道具」を次々と積み重ねていった事実の論証を通じて、朝鮮人児童・生徒が無言のサボタージュともいうべき「壁」を形作っていた事態をあぶり出している。

　駒込武（2015）は、台湾のケースに即してやはり神社参拝に過大な比重がかけられたと論じている。すなわち、1920 年代の台湾で学校を通じた神社参拝の必要性がいち早く法令上で明文化されたことを指摘すると同時に、神社参拝を拒否した台湾人キリスト教徒が 1930 年代に暴力的な排撃運動にさらされた経緯を解明した。また、戦後に GHQ/SCAP が定めた神道指令について、その起草過程で重要な影響力を行使した神道学者ホルトムが植民地支配下の朝鮮における神社神道を「政治的規律化」の手段と批判していた事実や、戦後に東京大学総長に就任する矢内原忠雄が神道指令について「神社参拝の強要は、日本国内におけるよりも、朝鮮台湾外地においていっそう甚だしく、またいっそう深刻なる結果を引き起こした」と述べた事実を参照しながら、本来ならば「国家神道」解体には植民地における政治的迫害への反省という意味が込められていたにもかかわらず、アメリカ政府の天皇制温存政策のためにこの点が忘却されたと論じている（駒込 2015：p.656）。

（4）戦後改革と教育勅語

　戦後教育改革において、大日本帝国憲法と表裏一体のものである教育勅語が日本国憲法と矛盾することは明白であり、1948 年には国会において失効・排除確認の決議もなされた。ただし、参議院での失効決議が「教育の真の権威の確立と国民道徳の振興のため」と宣言していることを考えても、「日本人」観念を核としたナショナリズムと、これに基づいた「国民道徳」という発想は、アメリカ政府の保護下に温存され、むしろ強化されたところがある。

　貝塚茂樹（2001）は、アメリカ政府と GHQ が占領コスト節約のために天皇制

を戦略的に利用する方針を選択していたので、CIEは教育勅語そのものの是非には言及せず、ただ「神格的な扱い方」を問題視していたことを指摘している。また、田中耕太郎が教育刷新委員会で教育勅語について、これを「唯一の教育の淵源」とみなしてきたのは誤りとする一方、「抽象的な徳目の列挙」は「活かしもつと掘り下げねばならぬ」と発言したことなどを捉えながら、当時の教育理念の策定にあたっていた日本側知識人（前田多門、安倍能成、天野貞祐、南原繁、務台理作、森戸辰男など）の論は、総じて教育勅語の「否定」ではなく「相対化」であったとまとめている（貝塚2001：p.41、pp.175-179）。

　貝塚の論は総じて説得的である。ただし、そこであえて論じ残されている問題があるように思われる。田中耕太郎の指摘する通り、「教育の淵源」を万世一系の「国体」に求めた部分を改変し、神格化をとりやめたとして、実際にどのようなものでありえたのだろうか。教育勅語は、もともと学校儀式の一部に組み込まれることではじめて聖性を帯びたものであった。仰々しく着飾り、厚化粧をしていたからこそ「威厳」を感じさせていた存在を、いわば素っ裸の状態においたとして、それでも期待される機能を果たしうると考えていたのか。徳目を列挙した部分は本当に「普遍的」なのか。たとえば「夫婦相和シ」は、教育勅語にかかわる解釈の積み重ねにおいて、家父長制原理を根幹とする家族国家観と結びつけられてきた。そうした解釈の積み重ねをふまえてなお、「普遍的」といいうると考えていたのか。

　このように当然に思い浮かぶ疑問について、貝塚は、天野貞祐らの論を掘り下げて検証しようとはしない。先の森田尚人（2014）にも通底する問題であるが、当時の知識人としてはそれが当たり前だったと指摘するにとどまっている。だが、神道指令をめぐる矢内原の論にみられるように植民地における政治的迫害への痛切な反省を「戦後」と呼ばれる時代の出発点としようとする議論も存在した。アメリカによる天皇制温存政策のもとで存続する「（日本）国民」意識、植民地支配と侵略戦争にかわる責任を棚上げにしたところで語られる「道徳」とはなにか。その独善性を相対化する論が誰により、どこで、どのように語られていたかを検証する作業の中で、知識人の論それ自体を「相対化」する作業が必要と求められている。

3.「民族／民俗的多元性と教育」をめぐる研究

　すでに指摘したように、「ナショナリズムと教育」をめぐる問題系は「天皇制と教育」という問題系に還元できるものではない。天皇・皇族にかかわる語彙やモノが登場しない場合でも、ナショナリズムは「民族／民俗的多元性」を掘り崩しながら言語・文化・歴史意識を均質化していく装置として機能する。かくして、「不敬」として他者を糾弾することをめぐる「快感」や、ありがたい写真のおかげで学校の「格」が上がることへの「誇り」を通じて一定の広さと深さで共有されることになり、起源における人為性も不可視化されて「日本人」「日本語」「日本文化」への偏執を再生産していく。そうした事態において「民族／民俗的多元性」はどのように抑圧され、あるいは活性化されたのか。ここでは、「アイヌにとっての日本」「沖縄人意識の行方」「民俗という裂け目」という柱に即して検討する。

(1) アイヌにとっての日本

　北海道、およびサハリン（樺太）などこれに連なる北方諸島の先住民族たるアイヌについては、早世した竹ヶ原幸朗の「研究集成」全2巻が刊行された。
　竹ヶ原（2010a）は、近代アイヌ教育史にかかわる通史的論文や、明治期の国定教科書や今日の社会科教科書におけるアイヌ関係記述を分析した論文を収める。竹ヶ原（2010b）は、明治政府が同じ時期に作成した『北海道用尋常小学読本』および『沖縄県用尋常小学読本』の編纂意図を考察した論文や、アイヌの青少年が主体となって設立した「解平社」にかかわる論文などを収録する。竹ヶ原は通史的な叙述の中で「旧土人」小学校の「和人」教師吉田巌の重要性を見出し、次のような事実を指摘している。吉田は三大節の学校儀式をおこなったばかりでなく、毎朝始業前に「私共ハ天皇陛下ノ御大教ヘヲ克ク守ツテヨキ日本人トナル覚悟デゴザイマス」という「誓詞」を唱和させた。吉田はアイヌ語・アイヌ文化研究者でもあったが、決して日本語を使用しなかったという（竹ヶ原 2010a：p.45）。
　竹ヶ原はこうした吉田巌の実践を「同化」主義的と評している。確かにそのように評しうる実践である。ただし、小川正人（1996）が明らかにしたように、

そもそもアイヌ児童の教育を軽視し、学校儀式などいい加減にしかおこなわない教員もいた。アイヌの側では生き延びるために「日本人トナル覚悟」が必要だと自分に言い聞かせていた児童もいたかもしれない。だが、「天皇陛下ノ御大教ヘ」とはいったい何なのか。「祖先ノ遺風」もまったく異なる子どもたちにとって、「生活世界のリアリティ」とはまったく縁遠いことだっただろう。そうした事態もふまえるならば、吉田の「熱心さ」をどのように評価すべきか、難しい。吉田はアイヌ児童の異民族性を否定し抑圧しようとしていたが、いかに「異」なるかという点にかかわるリアルな認識は少なくとも持っていた。そこから別な方向に教育実践が向かう余地はなかったのか、なかったとしたならばなぜなのか、という問いが浮かびあがる。

なお、小川（2008）には詳細な「吉田巌著作目録」「吉田巌関係文献目録」が収録されている。吉田によるアイヌ語・アイヌ文化研究が教員の片手間という次元のものではなく、「膨大かつ濃密な記録資料」(p.1) であったことがわかる。

(2) 沖縄人意識の行方

沖縄については、藤澤健一（2000、2005、2014、2016）、近藤健一郎（2006）、照屋信治（2014）、小林茂子（2010）らによる研究が積み重ねられている。

近代沖縄の教育を「国民統合」という観点から分析した近藤（2006）は、「琉球処分」直後の学校が「大和屋」と呼ばれて学校通学者が地域住民による嘲りの対象とされたことなどを指摘し、「大和化」の一環として標準語の奨励が図られたことを強調している。

藤澤（2000）は主に沖縄史をめぐる方法論的な問題について論じ、藤澤（2005）は戦後における日教組主導の「本土復帰」運動について「教育権力」という角度から批判的に俎上に載せている。近藤や照屋も寄稿している藤澤編（2014）では1870年代末から1930年代までの教員を対象として統計的分析、教員組織、個々の教員にかかわる事例研究をおこない、藤澤編（2016）では戦争をまたぐ時期について同様の分析を展開している。両書における教員の属性（出身地、性別、在職地域、年齢、資格など）にかかわる事実関係の整理はそれ自体として貴重である。ただし、分析の観点をめぐって、それ以前の著述との整合性が気にかかる。

藤澤（2000）では、「民族」という言葉が近代的な国民国家における主要な構成員として理解されてきた以上、「沖縄人」は「主観的共同帰属意識」を核とする「エスニシティ」として把握すべきであるとして、次のように記す。「エスニシティとしての沖縄人は、その反照項としてある「ヤマトンチュ（大和人）」を必然的に立ち上げることによって、あたかも先験的であるかのようにある「日本人」概念の自明性を鋭く問い直す」（藤澤2000：p.52）。だが、藤澤（2014）では沖縄内部における状況について論じる場合でも、「沖縄人」ではなく「沖縄県出身者」という用語を用いている。また、教育政策との関係で、教員の対応について政策を「さきどりする姿勢」「迎合する姿勢」「批判する姿勢」と類型化した上で「個人の内面にはこうした分類が混在」していただろうと注記しながら、沖縄人を含む教員の「最大多数」は「迎合する姿勢」であり、「批判する姿勢」は「一般的な波及性をともなわない限定的な動き」であったと評価している（藤澤2014：p.364）。本文ではなく注での記述であるものの、安易な概括と感じざるをえない。「沖縄人」としての「主観的共同帰属意識」を見出すことをモチーフとしているならば、潜在的な可能性の次元を含めて、「混在」の態様を浮かび上がらせることこそが重要なのではないか。

　このように考えるのは、照屋信治の研究において、「迎合」とも「批判」とも区分しがたい教員の姿が描かれているからである。照屋（2014）は、雑誌『沖縄教育』を通覧する作業の中で、1910年代前半に編集主任を務めた親泊朝擢に着目、親泊は標準語奨励には反対しなかったものの、「沖縄民族」の前途を悲観し、「過去の沖縄」を知って「民族的自覚」を養うべきとの論を展開したという。その親泊が1915年に自らの意に反して編集主任を「辞職」させられた経緯もふまえながら、近代教育にかける親泊の思いは「植民地ナショナリズムともいいがたいが、地域的アイデンティティに解消しえるものでもない」と評価している（照屋2014：p.160）。穏当な評価であろう。近藤（2006）との関係でいえば、親泊において教育政策との対抗関係の焦点は言語よりも、歴史認識であったことが着目される。藤澤（2014）との関係でいえば、親泊の試みが「一般的な波及性」をともなわなかったとして、それは編集主任から退かされた圧力を抜きにしては考えられないという事実が重要であろう。

　沖縄の歴史を考える際に、1920年代の「ソテツ地獄」と呼ばれる経済破綻と、

そのもとで推進された海外移民という問題を逸することはできない。小林（2010）では、近藤（2006）でも着目していた沖縄県初等教育研究会編『島の教育』（1928）に即して沖縄における移民教育について論じると同時に、実際にフィリピン・ダバオに移民した沖縄人社会についてフィールドワークを交えて詳細で緻密な分析を展開している。小林は、移民した人びとにとってのアイデンティティには、他人から与えられた「沖縄人」、互いに集団内で確認される「沖縄人」、それとかかわりながら自らを規定する「沖縄人」という次元があるとしながら、他者から規定された「沖縄人」意識は生活上の現実的な必要もあって容易に「日本人意識」に転化していったと解釈し、基層部分における「沖縄人」アイデンティティと、表層部分における「日本人意識」という複合的な意識構造の所在を指摘している（小林2010：pp.17-19）。ここで照屋（2014）をあらためて想起するならば、親泊はその後内地を経て植民地支配下の台湾に移住したという「沖縄人」意識の顕著な郷土教育を実践した豊川善曄もまた朝鮮に移住したと指摘されている。そこで「沖縄人」アイデンティティと「日本人意識」はどのように交錯していたのか。また、日本の植民地だった台湾や朝鮮における沖縄人と、フィリピンにおける沖縄人のあり方にどのような異同を見出せるのか、今後の検討課題であろう。

　沖縄について、しばしば「南島文化圏」「琉球弧」という言葉で一括されがちな奄美諸島との関係も重要である。地理的あるいは文化的・民俗的な近接性にもかかわらず、奄美諸島は、沖縄諸島とは異なる独自の歴史を刻んできた。15世紀以来、琉球王国の支配下にあったが、1609年の薩摩の奄美・琉球侵攻以後、琉球王国から割譲されて薩摩の蔵入地（直轄地）となり、明治国家の形成に際しては鹿児島県大島郡に編入された。戦後、沖縄諸島と同様に米軍の統治下におかれたが、1953年に「本土復帰」を果たした。

　奄美諸島の歴史に焦点化した教育史研究はきわめて乏しいものの、国語教育史の領域で吉田（2010）が敗戦直後の沖縄におけるガリ版印刷教科書編集と対比する形で、奄美では「密航」により当時の「本土」における新制教科書を入手したことを記している。この「教科書密航」についてはルポルタージュ的作品である佐竹（2003）でも取り上げられている。社会運動史ともいうべき領域では、森（2010）が奄美共産党や奄美連合教職員会を中心とする「祖国復帰」運動につ

いて、同時期の沖縄の状況との連関に着目しながら論じている。「祖国復帰」は「あるべき日本人」を目指した運動という側面をそなえていたが、実際のところは「沖縄人、日本人、奄美人、アメリカ人などの民族的主体を横断する連帯運動」が次々と生み出されたとして、ナショナリズム原理とは異なる連帯が目指されてきたことを森は強調している（森 2010：p.53）。

(3) 民俗という裂け目

　近代日本に即して「民族／民俗的多元性」を検討する場合、台湾や朝鮮などの植民地支配に加えて、アイヌと沖縄人を加えることはある意味でステレオタイプな認識枠組みともなっている。一定の地域を「多元性」の空間として指示することは、それ以外の地域——主に一般に日本「本土」と呼ばれる空間——を実際にそうである以上に、単純化・均質化して捉えることにつながりかねない。「民俗」を切り口として、こうした陥穽の克服を試みてきたのが小国喜弘である。

　小国（2001）は、柳田国男を中心として 1935 年に創設された「民間伝承の会」の会員に多数の小学校教師が含まれていた事実を出発点とした上で、民俗学に関心を持った教師たちが民俗調査を通じて「日本文化」を再確認しようとしながら、図らずも村落共同体意識の裂け目に直面したことに着目している。たとえば、のちに著名な民俗学者となる宮本常一は、大阪府の小学校における郷土教育の実践において「日本文化」が複数の文化の混淆であったり、海外への出稼ぎにともなって民俗それ自体もまた国民国家を越えて「旅」したりすることを発見する。あるいは、青森県で方言詩の実践をおこなった三上斎太郎は、民俗学と接近することにより、地域差ばかりでなく性差や職種により錯綜した「生活感情」を浮かび上がらせようとした。こうした試みはかならずしもナショナリズムの裂け目を見出すものではなかったが、一定地域の内部における文化を均質なものとみなす「画地主義」を突きくずす潜在的な可能性をそなえていたと小国は論じる。

　戦後教育を焦点とした小国（2007）では、1950 年代の「国民的歴史学運動」にかかわる実践において在日朝鮮人の姿が射程に収められていたことなど「地域に根差す」ことによりナショナリズムの裂け目と出会っていく可能性に着目し

ながらも、全体としてナショナリズムが戦前よりもいっそう強められる傾向にあったことを明らかにしている。

　1950年代は、歴史学者・上原専禄や中国文学者・竹内好らを中心として、従来の所与のものとしての民族観とは異なる形で、歴史における責任を引き受ける主体としての「(日本)民族」を形成するという課題が追求された時代でもあった。生活綴方における「民衆的ナショナリズム」への志向という中内敏夫の着眼も、上原や竹内の問題提起を引き取る形でなされたものであった（中内 1976：pp.18-19）。はたして戦前・戦後を跨いで継続する「日本人」中心主義を批判的に克服していく契機が1950年代の教育実践に存在しえたのか、萌芽的であれ存在したとすればどのような試みにおいてであったのか、今後の研究課題のひとつであろう。

4. 残された課題

　限られた紙面の中で残された課題も多い。最後に、人の移動と宗教というテーマに即して若干の補足をしておきたい。

　移民・出稼ぎ・留学など国境を跨いだ人の移動は、自明なものであったはずのナショナル・アイデンティティが揺らぎ、重層化していく契機として重要な意味を持つ。アメリカへの移民にかかわる吉田亮の一連の研究（吉田 2005、2008、2012）で論じられる「アメリカ化」「アメリカ人意識」の獲得は、小稿で見てきたような「日本人化」「日本人意識」の獲得とどのような点で重なり、どのような点でずれるのか。他方、アジア諸地域から日本への留学生は、日本ナショナリズムやアジア蔑視の感情に具体的に接することで、どのように自らのナショナリティを見出していくのか。学校沿革史編纂事業とも結びつきながら大学文書を利用した留学生史研究（坂口 2002、紀 2012、李・劉 2015、奈良女子大学アジア・ジェンダー文化学研究センター編 2016）も進展しつつあるだけに、今後いっそう重要な意味を持つことになろう。

　宗教は、既成の国権的ナショナリズムに対抗的なコスモロジーを提供しうる可能性をはらんでいる点で重要である。だが、戦時下において天皇崇拝が独自の宗教的様相を強めれば強めるほど、他宗教・宗派は国家への忠誠を標榜しな

がら、かろうじて自らの存在基盤を確保するような状態に追い込まれていったと考えられる。この点で、戦時下の立教学院について学院文書を用いながら論じた老川・前田編（2008）、戦時下のキリスト教主義学校について包括的にとりあげた榑松他編（2017）が着目される。また、南原繁らにおける無教会派の信仰、田中耕太郎におけるカトリックの信仰は、「国民道徳」という発想を相対化する契機とはなりえなかったのか、という観点からの検討も必要だろう。

　2017年に道徳教育の教材として教育勅語の使用を認めるかのような閣議決定が出されたことを契機として、教育史学会編（2017）が出版された。なぜ教育勅語の復活を求める動きが生じてくるのか、戦後教育におけるナショナリズムの分析を含めてさらに詳細な研究が求められている。

　なお、「愛国心」をキーワードとして「ナショナリズムと教育」をめぐる問題群を戦前・戦後を通してコンパクトにまとめたものとして藤田（2008）がある。碩学による熟練の仕事という趣であるものの、ナショナリズムの相対化という点ではなお不徹底な部分もあるように思われる。今後の議論の深化の触媒としたい。

●第1節 文献一覧

アンダーソン，ベネディクト（1997）『増補　想像の共同体——ナショナリズムの起源と流行』NTT出版

老川慶喜・前田一男編（2008）『ミッション・スクールと戦争——立教学院のディレンマ』東信堂

小川正人（1996）『近代アイヌ教育制度史研究』北海道大学出版会

小川正人（2008）『北海道立アイヌ民族文化研究センター調査研究報告書4　吉田巖書誌』北海道立アイヌ民族文化研究センター

小野雅章（2014）『御真影と学校——「奉護」の変容』東京大学出版会

小股憲明（2005）『近代日本の国民像と天皇像』大阪公立大学共同出版会

小股憲明（2010）『明治期における不敬事件の研究』思文閣出版

甲斐雄一郎（2008）『国語科の成立』東洋館出版社

貝塚茂樹（2001）『戦後教育改革と道徳教育問題』日本図書センター

紀旭峰（2012）『大正期台湾人の「日本留学」研究』龍渓書舎

教育史学会編（2017）『教育勅語の何が問題か』岩波書店

久保義三（1969）『日本ファシズム教育政策史』明治図書

榑松かおる解説（2007）『吉田熊次著作集』学術出版会

樽松かほる・大島宏・高瀬幸恵編（2017）『戦時下のキリスト教主義学校』教文館
小国喜弘（2001）『民俗学運動と学校教育――民俗の発見とその国民化』東京大学出版会
小国喜弘（2007）『戦後教育のなかの〈国民〉――乱反射するナショナリズム』吉川弘文館
小林茂子（2010）『「国民国家」日本と移民の軌跡――沖縄・フィリピン移民教育史』学文社
駒込武・川村肇・奈須恵子編（2011）『戦時下学問の統制と動員――日本諸学振興委員会の研究』東京大学出版会
駒込武（2015）『世界史のなかの台湾植民地支配――台南長老教中学校からの視座』岩波書店
近藤健一郎（2006）『近代沖縄における教育と国民統合』北海道大学出版会
酒井直樹（1996）『死産される日本語・日本人――「日本」の歴史――地政的配置』新曜社
坂口直紀（2002）『戦前同志社の台湾留学生――キリスト教国際主義の源流をたどる』白帝社
佐竹京子編著（2003）『軍政下奄美の密航・密貿易』南方新社
佐藤秀夫（2004）『教育の文化史1　学校の構造』阿吽社
高橋陽一・伊東毅（2017）『道徳科教育講義』武蔵野美術大学出版局
竹ヶ原幸朗（2010a）『教育のなかのアイヌ民族――近代日本アイヌ教育史』社会評論社
竹ヶ原幸朗（2010b）『近代北海道史をとらえなおす――教育史・アイヌ史からの視座』社会評論社
照屋信治（2014）『近代沖縄教育と「沖縄人」意識の行方――沖縄県教育会雑誌『琉球教育』『沖縄教育』の研究』渓水社
中内敏夫編（1969）『近代日本教育論集1　ナショナリズムと教育』国土社
中内敏夫（1976）『生活綴方』国土社
中内敏夫（1985）『日本教育のナショナリズム』第三文明社
奈良女子大学アジア・ジェンダー文化学研究センター編（2016）『奈良女子高等師範学校とアジアの留学生』敬文舎
樋浦郷子（2013）『神社・学校・植民地――逆機能する朝鮮支配』京都大学学術出版会
ファンステーンパール、ニールス（2017）『〈孝子〉という表象――近世日本道徳文化史の試み』ぺりかん社
藤澤健一（2000）『近代沖縄教育史の視角――問題史的再構成の試み』社会評論社
藤澤健一（2005）『沖縄／教育権力の現代史』社会評論社
藤澤健一編（2014）『沖縄の教師像――数量・組織・個体の近代史』榕樹書林
藤澤健一編（2016）『移行する沖縄の教員世界――戦時体制から米軍占領下へ』不二出版
藤田昌士（2008）『学校教育と愛国心――戦前・戦後の「愛国心」教育の軌跡』学習の友社
森宣雄（2010）『地（つち）のなかの革命――沖縄戦後史における存在の解放』現代企画室
森川輝紀（2003）『国民道徳論の道――「伝統」と「近代化」の相克』三元社
森川輝紀（2011）『増補　教育勅語への道――教育の政治史』三元社
森川輝紀・増井三夫編（2014）『論集現代日本の教育史5　公共性・ナショナリズムと教育』日本図書センター
森田尚人（2014）「若き日の吉田熊次――社会的教育学と国民道徳論と」小笠原道雄・田中毎実・森田尚人・矢野智司『日本教育学の系譜――吉田熊次・篠原助市・長田新・森昭』勁

草書房

山本和行（2015）『自由・平等・植民地性——台湾における植民地教育制度の形成』国立台湾大学出版中心

山本敏子（2011）「日本諸学振興委員会教育学会と教育学の再編」駒込武・川村肇・奈須恵子編『戦時下学問の統制と動員——日本諸学振興委員会の研究』東京大学出版会

吉田裕久（2010）『占領下沖縄・奄美国語教科書研究』風間書房

吉田亮編著（2005）『アメリカ日本人移民の越境教育史』日本図書センター

吉田亮（2008）『ハワイ日系2世とキリスト教移民教育——戦間期ハワイアン・ボードのアメリカ化教育活動』学術出版会

吉田亮編著（2012）『アメリカ日系二世と越境教育——1930年代を主にして』不二出版

李成市・劉傑編著（2015）『留学生の早稲田——近代日本の知の接触領域』早稲田大学出版部

（駒込武）

第2節　東洋（中国）におけるナショナリズムと教育

　「東洋」が広漠とした地域概念であるため、筆者が研究対象としている中国に地域的対象を絞ったことを予め断っておきたい。

1. 学堂楽歌運動とナショナリズム

　清朝末期、義和団事件の終結後、西太后等によって新政と呼ばれる改革が進められた。その新政は、教育改革に重点がおかれたことが特徴であり、1904年、奏定学堂章程が発せられ、国民教育制度の確立に向けた取組が開始された。ナショナリズムと教育という問題が発生したのは、その頃であったと考えられる。

　ところで、奏定学堂章程では、当初、高等小学堂と中学堂の「学科（＝教科）」に「図画」が設けられたものの、音楽関係の「学科」は設けられなかった。その後、1907年に発せられた「奏定女学堂章程」では「音楽」が設けられたが、「学ぶことが難しい生徒に課さないことができる」と記されていた。しかしながら、創立後日の浅い学堂では、唱歌教育に対する教師独自の取組が開始され、それ

が学堂楽歌運動の源流となった。高娟（2010）によれば、「学堂楽歌の父」と呼ばれた沈心工という人物がその運動の創始者であった。

沈の教育活動は、1895年、上海のキリスト教学校であった聖約翰書院において教鞭を執ったことから始まった。1900年、南洋公学に附属小学校が創設されると、そちらに転職した。ところが、日本で弘文師範学堂が開校されることを聞き、音楽教育を学ぶため、日本留学を決意した。沈心工が渡日したのは、1902年5月であったが、さまざまな理由により、留学を中断し、1903年3月に帰国した。しかし、同士数人を集め、鈴木米次郎を講師として、清国留学生会館で唱歌の講習会を開き、ドレミや歌い方などの初歩を学んだ。帰国後、南洋公学附属小学に復職し、子どもに唱歌を教え、務本女塾など上海の各地で教師向けの講習会を開き、唱歌教育運動を展開した。また、『学校唱歌初集』等の私家版唱歌教材集を編集し、清末の学堂に唱歌教育を広めた。

辛亥革命によって清朝が倒れ、中華民国が建国され、国民教育制度確立の事業は、民国の教育部に引き継がれた。しかし、民国建国当初、教育部の暫定教育課程では、「唱歌」が設けられたものの、学校選択科目の位置づけにとどまった。その半年後に公布された「小学校令」において、唱歌は、必修教科に準ずる取扱いを受けた。一方、沈心工は、清末の私家版教材集を改訂して『重編学校唱歌集』を刊行した。同書は、教育部の「審定教科用図書規程」にもとづく教科書審定に合格した教科書であったが、「『重編学校唱歌集』は、唱歌を必修科目に昇格するための準備作業として理解されよう」（高2010：p.217）と指摘されている。

さて、高によれば、沈の唱歌教育は歌詞に重点がおかれ、その平易さよりも、そこに盛り込まれている精神性・思想性が最重視され、その中核をなすものは国民性の育成であった。沈による清末の「揺籃」という唱歌の歌詞を高の日本語訳に依拠して検討する（高2010：p.268）。

　　ゆらゆらゆら、団団はもうゆれることに慣れている
　　団団は航海に出たら風が強くても波が大きくても怖くない
　　父ちゃん母ちゃんは、団団が忠孝になるようにとお祈り
　　兵船を率いて出兵したら、凱旋して帰ってこい

上記は、軍事教育的な意味内容が色濃く書き込まれた歌詞であるが、「揺籃」

の原作は、鈴木米次郎『日本遊戯唱歌初編』(1901)に収録された「守り歌」であり、その歌詞は軍事教育的な色彩をまったく帯びていない。なお、沈による替え歌の歌詞中「団団」とは、子どもを意味する「上海方言」である。ここでとくに注目したいのは、「父ちゃん母ちゃんは、団団が忠孝になるようにとお祈り」と歌われている点であり、忠と孝とが同一的な価値としてとらえられている点である。このような忠孝のとらえ方は、儒教本来の発想というよりも、「教育勅語」的な忠孝観に近いといえるのではないだろうか。そうであるならば、沈の清末の唱歌集にみられるナショナリズムに直輸入的な特質を認めることができるはずである。

「揺籃」は、『重編学校唱歌集』に「揺床」と題名を変更して収録され、上に掲げた歌詞は、以下のように大幅に改作された（高 2010：pp.282-283、一部改訳）。

　　ゆらゆらゆら、弟弟はもう揺れることになれている
　　将来航海に出たら風が強くても波が大きくても怖くない
　　弟弟が大きくなったらきっと走れるし飛べるのだ
　　ブランコにも乗れるし、誘導円木も渡れるし、本当に愉快だ

「航海に出たら……」と綴られたところに、「揺籃」の歌詞における軍事教育的な色彩の余韻を認めることもできるかもしれないが、清末の直輸入的なナショナリズムは払拭され、子どもの日常生活を描いた歌詞に変えられたといえるだろう。

一方、『重編学校唱歌集』のために書き下ろされた「五色旗」という唱歌が収録されているが、その歌詞は次のとおりである（高 2010：p.275）。

　　我が国の国旗が五色で本当に綺麗
　　綺麗、綺麗、どこの家でも掛けられている
　　吾が共和万歳万歳万万歳
　　吾が民国万歳万歳万万歳

「五色旗」という旗は、「五族共和」を表すとされ、1912年6月、臨時参議院の議決によって国旗と定められた。五族は漢族、満洲族、モンゴル族、回族、チベット族を指すが、辛亥革命のスローガンであった「滅満興漢」が否定された点に意義があった。したがって、この唱歌は、中華民国の成立にともなって生じた新たなナショナリズムの可能性が反映されたものであった。そのナショ

ナリズムの内実をより深く検討することが求められている。

　ところで、現在、中国の国歌は、「義勇軍行進曲」であるが（1982年中華人民共和国憲法第136条第2項）、この歌は、1935年、電通影片公司によって制作された映画「風雲児女」の主題歌であり、作詞者は田漢、作曲者は聶耳であった。筆者は、天安門広場で見知らぬ人が口ずさんでいるのを聞いたことがあり、学校で徹底的に教え込まれていることもあるだろうが、親しみやすいメロディーであるように思われた。沈心工を始めとする教師によって展開された学童楽歌運動は、学校の音楽教育にとどまらず、中国における西洋音楽受容の一翼を担うものでもあったとされる。そのような歴史的状況において「義勇軍行進曲」が誕生したのであり、その誕生と中国社会への定着の過程を描き出した教育史研究の成果が待たれるのではないだろうか。ちなみに、聶耳は、この歌を作曲した年に来日し、あろうことか藤沢の海岸で溺死している。

　また、田漢の歌詞は、「中華民族に最大の危機が訪れた」と、抗日戦争への参加を呼びかけるものであった。「中華民族」とは、漢族、満洲族、モンゴル族、回族、チベット族を融合して新たに作りあげられる民族集団のことであり、清末、楊度等民間人によって提起された用語であった（小野寺2017）。「義勇軍行進曲」の歌詞の場合、日本によって満蒙の独立を口実に、「満洲国」が建国され、華北分離工作が進められたことに対抗して謳われたのであった。21世紀、中華人民共和国の国歌においても、このフレーズは、歌い継がれている。

2. 1920年代におけるナショナリズムの高揚とキリスト教学校

　アヘン戦争後に締結された外交条約において、キリスト教の布教や学校の開設が認められ、キリスト教学校が、近代的な教育制度が未整備であった中国各地に開設されたのであった。しかし、清朝によって国民教育制度の創設に向けた取組が開始された直後にあたる1906年、外国人が内地に設けた学校は登録に及ばないという通令が、清朝学部から各省に発せられた。当該通令について、佐藤尚子は、「清朝政府としてはキリスト教学校を公認しないことを表明したもので、ナショナリズムの一つの表現とも見られるが、しかし結果的には、キリスト教学校はこの規定によって、かえって中国の教育行政制度の枠外での自

由な活動が認められるところとなり、政府から何らの干渉を受けることなく、多数の中国人子弟に対する教育活動を、キリスト教布教という目的に支えられて、自由に展開することができることとなるのである」(佐藤 2010：p.54) と評している。

なお、佐藤 (2010) の書名は、『中国ミッションスクールの研究』であるが、本文では、「ミッションスクール」はほとんど使われず、「キリスト教学校」が使われている。そのため、本稿は、「キリスト教学校」を用いた。

1919年から1921年にかけて、デューイが訪中し各地で講演し、その教育思想が脚光を浴びたのであるが、ちょうどその頃、キリスト教学校は、「特権的発展」と呼ばれる段階に達した。ところが、1920年代半ば、その状況が一変し、キリスト教学校は、「教育権回収運動」と呼ばれる教育の分野におけるナショナリズムの高揚に翻弄されることになった。教育権回収運動とは、佐藤によれば、新文化運動における非宗教思想、共産党主導による反キリスト教学生運動、国家主義派による教育権回収の言論などの要素があり、教育権回収という発想自体は、国家主義派に起源するものであるが、運動全体を見通した場合、これらの要素が一つになって大きなナショナリズムの運動として機能したものであった。そして1920年代末に成立した南京国民政府によって、キリスト教学校など外国人の経営する学校を管理するシステムが法的に整備され、そのことによって教育権回収運動はその役割を終えたのであった。

共産党系の学生運動と国家主義派の言論は、相容れぬ関係にあったはずであるが、それらが共鳴することによって教育権回収運動が展開したという見解であり、傾聴すべきものであるが、国家主義派の教育権回収に関する言論など、分析が不十分なところもあると思われる。しかし、キリスト教学校など外国人の経営する学校を、中国の教育制度に位置づけるための法令の整備に着手したのは、南京国民政府でなく段祺瑞政権下の北京政府であったこと、その北京政府と対峙していた広東国民政府においても、同様の整備が行われたこと、また、南京国民政府の場合、中央教育行政機関として、当初、大学院が置かれたのであるが、一年足らずで教育部に改組されたことはよく知られているが、大学院によって制定された当該管理システムに関わる法令が、教育部によって廃止され、教育部によって改めて制定された法令によってキリスト教学校に対する中

国政府の管理が進められたことなど、教育権回収運動の掲げた主張が、中央政府による教育法令の整備によって達成されたことについて、ある程度克明に解明されたところに、佐藤の研究のより重要な意義が認められるのではないだろうか。

ところで、段祺瑞政権下、1925年11月、部令ではなく教育部布告第16号をもって「外人捐資設立学校請求認可辦法」が布告され、そのことが教育権回収運動の影響のもとに進められたキリスト教学校に対する国家管理の嚆矢となったのであった。しかし、当時、段祺瑞は、大総統としてではなく、臨時執政として政権を担ったのであり、北京政府が総体的に弱体化したことは明らかであった。ところが、国立学校や中国人の経営する認可を受けた私立学校に対する教育部の影響力が強化される方向にあったことが、最近、明らかにされている。したがって、そのような文脈において、当該布告を再検討することが求められているだろう。また、南京国民政府の場合、三民主義による教育に対する全面的な統制が進められたのであり、佐藤の研究においても触れられているが、この点をよりいっそう踏まえて研究を深化させることが必要であろう。

3. 教育救国から愛国主義教育へ

およそ19世紀半ばから20世紀半ばにかけて、中国において「教育救国」と呼ばれる教育上の思想や実践が展開されたことが知られている。小林（2016）は、教育救国の思想や実践と深く関わったとされる14人の教育史上の人物に関する評伝を集めたオムニバス作品である。「中国近現代の歴史の中に埋もれてしまうかもしれない教育家たちを表舞台に登場させ、かれらの貢献を正当に評価することは、真の中国近現代教育史を著すために欠かせない取り組みである」（小林2016：p.353）と記されているが、その意図は、従来、ほとんど取り上げられることのなかった史料や現代中国における研究成果が、克明に分析されることによって、相当に達成されたといえるだろう。しかし、教育救国について、「明確な語彙規定がないという批判があるかもしれない」（小林2016：p.353）とあるように、小林自身の見解は、ほとんど記されていない。教育救国の思想や実践が、ナショナリズムと教育の問題と深く関連していたことは間違いないこと

であるから、教育救国に関する見解が、今後、提示されることによって、この問題に対しても有意義な知見が提供されることになるだろう。

　ところで、小林によって取り上げられた教育救国の思想や実践と密接な関係の認められる14人に含まれていないが、毛沢東も、少年期から青年期にかけて、その影響を深く受けた人物の一人であった。しかし、「1920年末から1921年初めにかけて毛沢東は、教育の効果だけを頼りにした救国思想では中国を根本から改造することはできないと認識し、教育救国思想を捨てて暴力革命に転向した」（鄭2008：pp.9-10）のであった。「暴力革命に転向した」というのは、中国共産党に創立当初から入党し、共産党軍の建軍に関わり、長征を経て中国共産党の最高指導者としての地位を確立し、抗日戦争から第2次国共内戦にかけて、その軍事活動を指導し、中華人民共和国の建国を導いたことを念頭に置いた表現であろう。鄭（2008）は、中国共産党と関わり始める以前の毛沢東による教育救国思想の受容過程やその集大成として行われた教育活動が克明に解明された研究業績である。具体的には、前者は、1907年から約2年間、湖南省湘潭県韶山の生家で鄭観応の『盛世危言』などの読書によって独学し、教育救国意識に目覚めたこと、1913年4月、湖南省立第四師範学校に入学し、翌年4月、同校が同第一師範学校と合併したことにより、1918年6月、第一師範を卒業したのであるが、同校は、有名な楊昌済を始めとする教育救国の思想を抱く教員が多く教育救国的な雰囲気が漂い、そのなかで学んだことなどであり、後者は、1921年8月、蔡元培によって注目されたことでも知られる湖南自修大学が、毛によって独自に計画され開校されたことなどである。

　しかし、毛沢東研究の場合、少年期から青年期を取り上げただけでは、やや物足りないように思われる。たとえば、1938年、中国共産党第6期中央委員会第6回大会において、「国際主義者である共産党員が、同時にまた愛国主義者でありうるか、われわれは、ありうるばかりでなく、またそうあるべきだと思う」「愛国主義とは、民族解放戦争における国際主義の実践である」と発言した。この発言は、当時、共産党内部で国際主義と愛国主義の関係について論争があり、その論争に対する毛の見解が表明されたものであろう。この見解が毛自身の思想に根ざしたものであるとすれば、前掲のように「教育救国思想を捨て」と断定することは、いささか無理があるように思われる。少年期から青年

期にかけて形成された教育救国思想が、その後の毛沢東の思想遍歴においてどのように引き継がれたか、問い直す必要があるだろう。このことは、抗日戦争期から文化大革命の終結までのナショナリズムと教育の問題の解明にもつながるはずである。

　1976年、毛沢東が死去し、その直後、江青ら「四人組」が逮捕され、文化大革命が終結した。文革後、実権を掌握した鄧小平の下、改革開放政策が開始された。改革は市場経済への移行を進める経済体制の改革であり、開放は対外開放政策であった。1997年、鄧小平は死去したが、当該政策は、当時の江沢民政権によって継承され、中国は飛躍的な経済発展を遂げた。しかし、官僚の腐敗、貧富の格差増大という弊害も顕著になった。現在の習近平政権は、そのような弊害の是正に取り組んでいるが、その政策は、基本的に改革開放政策の延長線上にあるだろう。そうであるならば、1970年代末に打ち出された政策が、40年以上にわたり堅持されたことになり、そのような安定した政治状況は、同時期に取り組まれた国民教育制度の確立という課題の達成にも、きわめて有利に作用したはずである。

　武（2013）によれば、改革開放政策が堅持された時代において、「救国」はもはや強力なスローガンではなくなり、それに入れ代わるようにして「愛国主義教育」が登場してきたのであり、その場合の「愛国主義」とは、「改革開放政策への支持とその促進」（武2013：p.31）を内実とするものであった。

　同書は、1970年代末から2010年頃までに中国共産党中央と国家の教育行政機関によって作成された愛国主義教育に関わる政策文書の分析、同時期に刊行された初級中学と高級中学の「思想政治」「語文」「中国歴史」3教科の教科書における関連記述の分析、2008年から2009年にかけて武自身によって行われた中国国内の中等教育機関10校における愛国主義教育の実施状況調査報告とその考察などから構成され、文化大革命終結直後から胡錦涛政権期までの「愛国主義教育」の展開に関する包括的な研究書である。

　その際、「中国の愛国主義教育で主に育てようとするものは、政府への盲目的な追従でもなく、政府に対するシニカルな感覚でもなく、さらに排外的なナショナリズムでもなく、むしろ、まず立ち遅れた社会の現状を改善し、国の近代化に貢献する意欲と中華民族共同体への帰属意識だと言える」（武2013：

pp.318-319）と結論的に指摘されている。しかし、これは、中国共産党と中国政府の公式見解を要約した指摘に過ぎず、「愛国主義教育」に対するより客観的な分析が求められているのではないだろうか。また、改革開放の時代、党と政府によって国民教育制度の確立が強力に推進されたのであったが、同書はこの点に関する問題意識が希薄である。けれども、前述した客観的な分析がなされるのであれば、この点も、不可避的に視野に含まれてくるものと思われる。

　2000年頃から今日に至る期間、中国ナショナリズムと教育に関する研究成果として刊行された著書は少数であったが、それらを繋ぎ合わせると、この問題の発生から現時点における動向が、ある程度通史的に解明された。そこで何より注目されるのは、たとえば、「中華民族」ということばの使われ方の変遷に見られるように、中国ナショナリズム自体の内実が歴史的に変容していることであり、そのために本格的な研究成果の蓄積も困難に直面しているということであろう。

●第2節　文献一覧

小野寺史郎（2011）『国旗・国歌・国慶──ナショナリズムとシンボルの中国近代史』東京大学出版会
小野寺史郎（2017）『中国ナショナリズム──民族と愛国の近現代史』中央公論新社
高婷（2010）『近代中国における音楽教育思想の成立──留日知識人と日本の唱歌』慶應義塾大学出版会
小林善文（2016）『中国の教育救国──近現代教育家評伝』汲古書院
佐藤尚子著・阿部洋編（2010）『中国ミッションスクールの研究──増補改訂米中教育交流史研究序説』龍渓書舎
鄭萍（2008）『早期毛沢東の教育思想と実践──その形成過程を中心に』日本僑報社
武小燕（2013）『改革開放後中国の愛国主義教育──社会の近代化と徳育の機能をめぐって』大学教育出版

（世良正浩）

第3節

西洋におけるナショナリズムと教育

　20世紀末から今世紀にかけての世界は、冷戦体制の終焉とグローバリズムの急速な進展、他方では旧ユーゴスラヴィア紛争に代表されるように、宗教も密接に絡んだ民族運動や地域紛争の多発化、そして自国や自民族中心主義と排外主義の台頭という、相互に関連かつ矛盾しあうきわめて複雑な様相を呈してきた。こうした混迷を深める国際情勢を反映して、歴史学・国際政治学・社会学等の多様な学問分野では、国民国家・ナショナリズム・民族・エスニティ等への研究関心が高まってきた。塩川伸明『民族とネイション——ナショナリズムという難問』(2008) は、こうした研究動向を反映した著書と言えるだろう。

　とりわけ、歴史学研究の分野においては、すでに19世紀から20世紀にかけての西洋各国におけるナショナリズムに関する分厚い研究の蓄積があるが、2000年代の顕著な特徴として、国民国家形成を学校教育の側面から分析する研究成果が生み出されてきたことを指摘することができる。こうした歴史学研究と比べると、教育史研究分野ではナショナリズムと教育を中心テーマに据えた研究は必ずしも多くはないが、注目すべき研究成果も著されるようになった。本節では、西洋における「ナショナリズムと教育」に関連した2000年代の研究動向を、(1) 国民国家形成と学校教育の関わりに関する研究、(2) 国内少数民族のナショナリズムと教育に関する研究、(3) ナチズムと教育に関する研究、この3つの観点に類型化して検討することとする。

1. 国民国家形成と学校教育の関わりに関する研究

　19世紀以降の近代国家は、それまで政治とは無縁であった一般民衆を、名目的ではあれ国家の政治「主体」として位置づけると同時に、国家への帰属意識と忠誠心を有する「国民」として国家に統合していった。この国民国家としての近代国家形成過程では、学校教育は「国民」形成というきわめて重要なナ

ショナルな政治的役割を担うことになった。19世紀以降の近代国家とナショナリズムの本質解明を目指して重厚な成果を残してきた歴史学研究は、近年の国民国家の揺らぎや民族ナショナリズム等を背景とする社会問題や国際紛争の現状にも刺激されつつ、西欧近代の国民国家の形成過程における学校教育や教会・宗教の役割・機能の側面にまで視野を拡大することとなった。

谷川稔『十字架と三色旗——もうひとつの近代フランス』(1997)は、こうした歴史学研究の新たな動向の嚆矢といえる著書である。本書は、すでに『フランス社会運動史——アソシアシオンとサンディカリスム』(1983)、『国民国家とナショナリズム』(1999)を著している著者が、フランス革命以降の共和派（革命派）とカトリック教会勢力の抗争の歴史を、学校教育の世俗性（ライシテ）を分析視点として考察したものである。本書は丹念な史実の掘り起こしに基づく複眼的考察の必要性を示すとともに、国家主導の「国民教育」と教育の「世俗化」に抗う教会勢力の歴史的役割を無意識的に捨象することがなかったのか否か、従来の教育史研究の在り方を問うものとなっている。この点では、ナショナリズムとの関連は薄く、歴史学研究の成果でもあるが、修道院や学校に眠っていた史料を掘り起こし、19世紀フランスの新たな中等学校像を提示した、前田更子『私立学校からみた近代フランス——19世紀リヨンのエリート教育』(2009)からも学ぶ必要があるだろう。

同じく歴史学研究の成果として、渡辺和之『近代フランスの歴史学と歴史家——クリオとナショナリズム』(2009)が挙げられる。本書は、共和派の立場からのナショナリズム高揚期であるフランス第三共和政前期に焦点を当てて、歴史学の科学化と制度化（歴史学の国民化）の過程と、学校における歴史教育が国民形成の手段として動員されていた実態を分析したものである。

さらに、伊藤定良・平田雅博編『近代ヨーロッパを読み解く——帝国・国民国家・地域』(2008)は、近代ヨーロッパの国民国家の内部にあって複雑な民族的・地域的アイデンティティを抱える「地域」を切り口として、自明視されてきた「国民国家」やナショナリズムを再検討することを意図した論文集である。ここでは、ドイツ帝国成立後の「国民化」教育政策と民族ナショナリズムの展開を主題として、「国民国家やナショナリズムの問題の再考」(p.257)を意図した第7章「国民国家と地域形成——オーバーシュレージェンを中心に」（著者は

伊藤定良）に言及しておきたい。1871年のドイツ帝国成立後に展開されたドイツ・ナショナリズムを基調とする「国民化」教育政策は、ポーランド系住民が多く居住するドイツ東部のシュレージェン地方では、ポーランド系住民の民族的ナショナリズムを高揚させた。注目したいのは、本論文では、シュレージェン地方におけるドイツ・ナショナリズムとポーランド・ナショナリズムの二極化以上に、「シュロンザーケン」（Schulonsaken）と呼ばれた第三の住民運動の存在に視線が注がれていることである。「シュロンザーケン」は、文化的にはポーランド語ともドイツ語とも異なるスラブ的文法に基づく独自の文章語を創出する動きであり、政治的にはドイツとポーランド双方のナショナリズムの妥協を模索する住民運動だったという。ただし本論文は、この「シュロンザーケン」については、フィリップ・テールの研究成果に依拠した言及にとどまり、より掘り下げた考察にまでは至っていない。国内の少数民族とその教育をめぐる今日的課題を考える上でも、また「国民国家形成史の観点」（p.281）を乗り越える点からも、「シュロンザーケン」およびそれに類似した第三の解決方策に関する史実に即した本格的研究が期待される。なお、教育との関連は薄いが、国内少数民族との関連からドイツの国民国家形成を検討した著作として、伊藤定良『ドイツの長い一九世紀——ドイツ人・ポーランド人・ユダヤ人』（2002）があることを付言しておく。

　以上のような歴史学研究の動向に学びつつ、かつ歴史研究者とも連携・共同しながら、ナショナリズムと教育、とくに国民国家形成における学校教育の役割を再考しようとする意欲的な論文集が刊行された。望田幸男・橋本伸也編『ネイションとナショナリズムの教育社会史』（2004）である。本書には、編者の一人橋本による序章に続き、ドイツ、フランス、ロシア、イングランドおよびスコットランド、スイスにおける19世紀後半から20世紀までのナショナリズムと学校教育・歴史教育・政治教育をテーマとする論文11編が収録されている。橋本による序章は、ナショナリズムおよび国民国家形成との関連から学校教育の機能を問い直そうとする歴史研究全般の活発な研究動向を踏まえた時、それとの対比でこうしたテーマに関する教育史研究が「意外に乏しい水準にとどまっている」と指摘している。その上で、このテーマに関する教育史研究として、さしあたり、①「国民化」の道具としての学校、②民族少数者教育

への政策、③民族少数者のストラテジー、④ネイションに超越する支配秩序の問題の4つの問題群が措定されるとしている。本書に収録された論文の大半は、橋本が指摘する4つの問題群のいずれかと関連するものであり、しかもそのいくつかは数年後にそれぞれのテーマに即した単著として刊行されている。ナショナリズムと教育に関する教育史研究を促進した点からも、本書は重要な役割を果たしたといえるだろう。

　教育史研究の分野からの単著としては、橋本伸也『帝国・身分・学校　帝制期ロシアにおける教育の社会文化史』(2010) が特筆される。本書は、17世紀から20世紀初頭に至る巨大な多民族帝国ロシアの教育構造およびその特質を論述した労作であり、ロシア教育史研究の現時点での到達点といえる。ナショナリズムとの関係から本書でとくに注目されるのは、19世紀以降の教育システムの帝国的再編と民族問題を扱った第Ⅲ部の4章である。本書によれば、19世紀後半の「帝国の時代」にあって、ロシア帝国でも大ロシア的なナショナリズムが台頭し、全ロシアをカバーする「国民国家」の形成を志向した「ロシア化」政策が遂行された。この第Ⅲ部では、帝国の辺境諸地域（主に現在のポーランド西部、ウクライナ、バルト海沿岸地域など）において、それまでの地域的・民族的多様性に配慮した「分権的」な教育システムが、ロシア・ナショナリズムにより再編されるプロセスと、その「ロシア化」政策が帝国内の諸民族にもたらした帰結が豊富な資料の分析により考察されている。

　著者の橋本は、学校教育を通したロシア化政策は、「明らかに『失敗した実践』であった」(p.311) と結論づけている。押し付けられたロシア的学校が諸民族からの忌避や民族性の覚醒を助長したことで、むしろ諸民族のナショナリズムを高揚させ、結果的には諸身分と諸地域・諸民族を基盤とする帝国秩序を衰退させたからであるという。本書は、西欧的な国民国家形成を志向した「ロシア化」教育政策が、ロシア帝国では、「体制護持にとって躓きの石ともなった」(p.311) との知見を提示した。この知見については、さらに踏み込んだ個別事例に即した研究や比較教育史的作業を通して、その有効性・妥当性を含め検証を加えていくことが必要だろう。なお、ロシア帝国領ポーランド（その中枢はワルシャワ）におけるロシア化政策とポーランド人地下学校の設置の動きに関しては、塚本智宏「地下学校の教師──19世紀後半～20世紀初頭ロシア帝国領

ポーランドの教育」(松塚俊三・安原義仁編『国家・共同体・教師の戦略』昭和堂、2006、所収)がある。

　イタリアにおけるナショナリズムおよびファシズムと教育に関しては、藤澤房俊『ムッソリーニの子どもたち——近現代イタリアの少国民形成』(2016) が著された。本書は、1861年のイタリアの国家統一からムッソリーニ独裁体制の崩壊までの約1世紀間のナショナリズム教育政策、とりわけ少国民形成政策の内容と特質について、当時使用された教科書を主たる分析素材として検討したもので、このテーマに関しては本邦初の研究書として注目される。

　本書によれば、ムッソリーニ政権以前から、イタリア初代国王ヴィットーリオ・エマヌエーレ2世が「祖国の父」として神格化され、サヴォイア家を統合原理とする国民形成が実施され、20世紀初頭の時期には、「国を象徴する国旗を前面に押し出した、軍国主義による少国民育成」(p.143) が本格的に展開されていた。1925年にムッソリーニがファシズム政権を樹立すると、「ファシズムの真の学校」と位置づけられた青少年組織「バニッラ」の創設（1926年、1939年から加入義務化）、小学校への国定教科書の導入（1930）等を通じて、ファシズム的少国民形成が実施されたという。本書巻末の参考文献一覧を見る限り、我が国ではイタリアの少国民形成に関する研究が論文も含めて欠落していることが知れる。イタリアと同様に青少年組織を含めた教育再編を行ったナチズムや我が国の総力戦体制下の教育との比較教育史的考察も含め、圧倒的に遅れているイタリアのファシズム教育の本格的研究が本書を契機に展開されることに期待したい。

2. 国内少数民族のナショナリズムと教育に関する研究

　ナショナリズムと同様に、「民族」とは何かの定義づけは難しいが、それが言語・文化、歴史、宗教といった一定の精神的基盤に根ざすものである以上、それぞれの民族が共有する精神的基盤を学習することを通して、子どもたちが自らのアイデンティティを確立することは、民族の維持・発展にとっても、また個々人の人間形成にとってもきわめて重要な意味を持つ。その意味では、民族をめぐる対立や紛争は、国際政治学や歴史学のみならず、教育学研究にとっ

ても固有の研究対象となるはずである。前述のとおり、国内少数民族のナショナリズムと教育に関しては、歴史学研究の観点からも徐々に論究されてきたが、2000年代の特筆すべき動向として、この未開拓の領域に関する教育史研究の成果が著されたことである。すなわち、小峰総一郎による『ドイツの中の《デンマーク人》ニュダールとデンマーク系少数者教育』(2007)と『ポーランドの中の《ドイツ人》第一次世界大戦後ポーランドにおけるドイツ系少数者教育』(2014)の二つの著書である。どちらの著書も、大きな戦争の戦後処理の結果として、国内に取り残されてしまった少数民族の民族的ナショナリズム運動の高揚と教育をめぐる問題を研究対象とするものである。

　まず、『ドイツの中の《デンマーク人》ニュダールとデンマーク系少数者教育』から確認する。デンマークと国境を接するドイツ北部地域のシュレスヴィヒ・ホルシュタイン地方は、デンマーク語とドイツ語を母語とする住民が混在し、長年にわたってその帰属や使用言語をめぐる争いの地であった。1860年代の戦争の結果、シュレスヴィヒ・ホルシュタイン全域がプロイセン領に編入されると、プロイセン政府は、19世紀後半のナショナリズム政策の一環として、教会用語から学校用語に至るまで強力なドイツ語化政策を推進した。第一次世界大戦でドイツが敗北し、シュレスヴィヒ北部はデンマーク領となったが、シュレスヴィヒ南部とホルシュタインはドイツ領に留まった。さらに、第二次世界大戦後になると、イギリス占領下のシュレスヴィヒ・ホルシュタインでは、少数民族デンマーク系住民が本国政府からの支援も受け、その権利拡大を要求する「新デンマーク運動」が高まった。こうした国内少数民族デンマーク人のナショナリズム運動と向き合い、困難な交渉と合意形成に尽力した人物が、ワイマール期にベルリン市長として「ベルリン新教育」を牽引したイェンス・ニュダール（北シュレスヴィヒ生れ）であった。「ベルリン新教育」の研究書（『ベルリン新教育の研究』2002）をすでに著していた小峰は、この元ベルリン市長ニュダールの戦後の足跡を調査する過程で、ドイツ北限の地における少数民族デンマーク人の問題という新しい研究に着手することとなった。

　本書は、公文書館等での地道な資料探索を通して得られた一次資料の分析を踏まえ、国内少数民族デンマーク人の権利保障をめぐる協議の過程を、州政府長官としてのニュダールの活動を軸に克明に跡付けた。本書で最も注目すべき

点は、「新デンマーク運動」がドイツからの分離・独立や国境線の変更といった運動へと過激化することなく、最終的には「キール宣言」(1949年9月)として平和裏に合意形成が図られた点である。「キール宣言」のポイントは、民族所属の基準として使用言語などの「客観基準」ではなく、少数派デンマーク住民が要求していた「主観基準」(自由表明主義)を認めたことにあった。この「主観基準」の認定により、デンマーク少数者は日常的に使用する言語に関係なく、デンマーク民族学校を含めて、子どもが就学する学校を自由意志で決定する権利と自由を保障された。本書の最後には、1951年に退任したニュダールが、「ドイツ国境州平和活動同盟」という民間団体を設置して、「ヨーロッパ精神」に基づきドイツ・デンマーク間の文化的・教育的交流に尽力した事実も指摘されている。本書は、国家としてのナショナリズムと国内少数民族のナショナリズムの対立状況をいかにして平和的に解決したのか、豊かな知見を提示している。同時に、ナチズム時代の国内少数民族の教育状況、ナチス占領下のデンマークにおける抵抗運動との関連、デンマーク民族学校の教育内容等々、本書を土台にすることにより浮上してくる新たな研究課題も多い。

次に、『ドイツの中の《デンマーク人》』の発展的成果としてまとめられた『ポーランドの中の《ドイツ人》第一次世界大戦後ポーランドにおけるドイツ系少数者教育』(2014) に移ろう。本書は、「キール宣言」の歴史的・思想的背景、とりわけ民族性を認定する基準としての「主観基準」のルーツを探ること、より具体的には第一次世界大戦後の新生ポーランド領内に残されたドイツ系少数民族の教育紛争の経過を多角的に考察したものである。

第一次世界大戦の結果として、敗戦国ドイツと再興されたポーランドの境界線にあったシュレジェン地方は、ポーランド領「シロンスク県」とドイツ領「上シュレジェン州」に分断され、それぞれにドイツ系少数者とポーランド系少数者が内包されることとなった。ドイツ第二帝政期におけるシュレジェン地方では、ドイツ政府によって強力な「ドイツ化政策」が推進されていたが、ポーランド領となった「シロンスク県」では、今度は反対にポーランドによるナショナリズムを背景に、ドイツ系住民への締め付け的教育政策が展開され、学校紛争へと発展した。この学校紛争は、国際司法の場に持ち込まれ、最終的には1928年4月に常設国際司法裁判所の判決が出された。

本書では、この判決が、民族の帰属認定基準として個人の自由な意志表明、いわゆる「主観基準」を部分的にではあれ容認したことを重要視し、この判決が「追い風」(p.205)となって、プロイセン（ドイツ）において「主観基準」に基づく少数民族の教育権を保障した法令の制定（1928年12月）が実現したと推定されている。その上で、著者は「ポーランドの中の《ドイツ人》」の問題の一つの帰結として、ドイツ（プロイセン）の東部と北部の言語混交地帯で制定された教育法令とその思想に、19世紀以来の国民国家と民族ナショナリズムの象徴である「言語による国民統合」を乗り越え、「多民族的な国民的アイデンティティー」を形成する可能性を見ている(p.277)。

　以上のように、小峰の二つの著作により、国家のナショナリズムと少数民族のナショナリズムが交錯・対立する局面での教育（言語）問題が教育史研究として本格的に取り組まれた。同時に、国内少数民族の教育・文化問題を平和的に解決する一つの知恵としての「主観基準」が、教育史研究の文脈の中に位置づけられたことも明記しておきたい。

3. ナチズムと教育に関する研究

　ナチズムが、19世紀以降の多様なナショナリズム運動の一つの窮極的形態と見ることが許されるのであれば、本節の最後として、ナチズムと教育に関する研究動向を確認することは決して恣意的なことではないだろう。ナチズムの構造や本質に関しては、1980年代後半の「歴史家論争」に象徴されるように、ナチズム以前および以後の時代との《連続》・《非連続（断絶）》という歴史認識を中心命題としながら、数多くの研究成果が蓄積されてきた。2000年代の教育史研究の動向として特質すべきは、歴史的事実の綿密な分析を土台として、ナチズムへの抵抗運動を人間形成論の視点から読み解くことから、ナチズムと戦後を《連続》か《断絶》かの二項対立的見方ではなく、《統合》という独自の歴史認識に立脚した研究成果が刊行されたことである。對馬達雄『ナチズム・抵抗運動・戦後教育──「過去の克服」の原風景』(2006)がそれである。本書に先だって、まずは本書以外の研究成果についても簡単に確認しておきたい。

　まず、これまで教育史研究の対象として取り組まれることがなかった田園都

市運動の歴史的経過を素材として、新教育運動とナチズムの関係に迫る試みとして、山名淳『夢幻のドイツ田園都市――教育共同体ヘレラウの挑戦』(2006)を取り上げたい。本書は、ドイツ東部のドレスデン近郊に設置された田園都市ヘレラウの繁栄と変質・崩壊までの歴史的展開を、そこでの教育活動の方向性をめぐる人間関係を軸に跡付けたものである。本書によれば、田園都市構想は、「近代」への危機意識から「オールタナティヴな近代」(p.10)を志向した生活改革運動の一つであり、新教育運動とも出自を同一にする。実際、ヘレラウに設置された学校では、リトミック音楽教育を考案したダルクローズや後にイギリスでサマーヒルスクールを開設するA・S・ニイルも教師として活動していた。

　田園都市の実践が、もう一つの「オールタナティヴな近代」運動でもあるナチズムと如何なる関係性を有したのかという論点に関して、ナチズムとの親和性や連続性を指摘する先行研究がある中で、本書は「ナショナリズムの質的転換」(p.266)という立場を提示した。本書によれば、田園都市ヘレラウの思想的系譜には、「ナウマン的ナショナリズム」と、ナチズムとは地続きの反ユダヤ主義を基調とする「フリッチェ的民族主義的ナショナリズム」の二つがあった。当初の田園都市ヘレラウは、フルードリヒ・ナウマンのナショナリズム芸術論に立脚するものであり、テオドール・フリッチェに代表される民族主義的ナショナリズムとは距離を取っていたが、徐々に変質を遂げた結果として「フリッチェ的民族主義的ナショナリズム」へと接近していったという。では、なぜに「ナウマン的ナショナリズム」はナチズムと同質の「フリッチェ的ナショナリズム」へと「質的転換」をしたのか？　本書によれば、「『血と土』の思想にもとづいて思慕される牧歌的な風景を持つ空間」に魅せられて、ブルーノ・タンツマンを初めとする民族主義者がしだいに移り住み、民族主義思想を広める活動を展開していった。こうした民族主義者たちの活動は、「田園都市ヘレラウ全体の計画にはそれほど直接的な影響を与えなかったが故に抵抗にあうことはなかったが、時代の変遷とともにドイツ全体の動向と合流して、最終的にはヘレラウ計画の基底にあったナショナリズムの質的転換をもたらした」(p.266)、と結論づけられている。

　本書は、新教育運動とナチズムの関係に関して、「ナショナリズムの質的転換」という新たな見方を提示した。ただし、田園都市ヘレラウの内部における

「ナウマン的ナショナリズム」と「フリッチュ的ナショナリズム」との対立ないし協力関係の内実、つまり「ナショナリズムの質的転換」の実相にどこまで迫れたのかは評価が分かれるところであろう。なお、新教育運動とナチズムとの関係については、教育思想（教育哲学）研究の成果ではあるが、坂越正樹『ヘルマン・ノールの教育学の研究──ドイツ改革教育運動からナチズムへの軌跡』（2001）が刊行されている。そこでは、「ノールの両極性に基づく教育学は、改革教育運動が有していたアンビバレントを理論において一般化し、しかも時代状況の中で子ども固有の権利という極から、民族、国家の極への転換を選択することによって、ナチズムへの接近を意図せず準備していた」（p.180、傍点は引用者のもの）こと、端的には「ノール教育学は、『非連続的連続』の結節点として位置づけられる」（p.185）との見方が提示されている。今後は、ノール教育学のナチズムの極への「転換」という見方、さらには戦後ドイツまでを見通した「《統合》という視点」（後述）も踏まえながら、「ナショナリズムの質的転換」の内実を、丹念な史実の分析を通して吟味することが課題として残されている。

　新教育運動とナチズムの関係を主たるテーマとした著作ではないが、この時期の成果として、小峰総一郎『ベルリン新教育の研究』（2002）と渡邊隆信『ドイツ自由学校共同体の研究──オーデンヴァルト校の日常生活史』（2016）にも簡単に触れておくべきだろう。『ベルリン新教育の研究』は、ワイマール期にベルリン市で展開された新教育の実践に関する詳細な研究書である。本書の最後に、「ベルリン新教育」の後史として、1933年1月以降のナチズム期の状況が触れられている。それによれば、「ベルリン新教育」はナチ第三帝国下で完全に終息した訳ではなく、治療教育やユダヤ人教育などの実践として部分的には存続していた事実が指摘されている。ただし、この側面は本書の目的からの制約により「素描することに限定」（p.516）されており、ナチズム体制下において「ベルリン新教育」が如何なる実態となっていたのか、今後の研究の深化が期待されるところである。

　同様のことは、渡邊『ドイツ自由学校共同体の研究──オーデンヴァルト校の日常生活史』（2016）でも指摘できる。本書は、1910年創設の田園教育舎オーデンヴァルト校において、創設者ゲヘープの標榜する「自由学校共同体」理念が、実際の学校の日常生活の中でどのように具体化され実践されていたのか、その

実態に迫ることを目的とした研究書である。その意味で、本書も『ベルリン新教育の研究』と同様に、ナショナリズムないしナチズムとの関連が主たる目的として設定されている訳ではない。本書の終章として「ナチス期における自由学校共同体の変容」が設定され、1933年3月からナチ当局からオーデンヴァルト校への具体的な干渉が開始されたこと、約1年後にはゲヘープがスイスへと移住したこと、オーデンヴァルト校は1934年3月からナチス教育に適合した「オーデンヴァルト校共同体」へと改編されたことなどの事実が概括的に指摘されている。

　オーデンヴァルト校を含む他の田園教育舎、「ベルリン新教育」、さらにはヴァルドルフ学校（シュタイナー学校）といった、いわゆる改革教育（新教育）系列学校が、12年間のナチズム体制といかに対峙し、いかなる対応を強いられたのか、その本格的な研究はいまだ課題として残されていることを指摘しておきたい。

　では、西洋におけるナショナリズムと教育に関する研究動向の最後として、對馬達雄『ナチズム・抵抗運動・戦後教育——「過去の克服」の原風景』（2006）を確認することとしたい。本書は、ワイマール共和制からナチズム、そして戦後ドイツに至る激動の20世紀ドイツの《教育の現代史》を、「《連続》か《断絶》かではなく、これに先立つ抵抗運動を媒介項にした《統合》という視点によって……見直す」(p.vi)という、壮大な研究構想に基づく成果である。この構想の背景には、戦後教育をドイツの敗戦、つまりナチズムとは断絶したものとして位置づけ、占領政策や東西冷戦構造などの外的条件から説明しようとする、余りに粗雑な従来の教育史叙述への痛烈な批判意識がある。

　その際に、本書がとくに留意したことは、ナチズムとの厳しい対峙の中で展開された《抵抗》に内包された理念ないし思想性、「ナチズムへの明瞭な対抗思想」(p.6)を丹念に読み解くことであった。端的には、《クライザウ・グループ》等の市民的抵抗グループが残した文書の綿密な分析を通して、「人間形成に関わる論理と特質」(p.8)を含めた「明瞭な対抗思想」を検証することだった。より具体的には、まず、アドルフ・ライヒヴァインの農村学校における教育活動が、当時のナチズム教育の展開過程との対比で詳細に検討され、それが単に改革教育（新教育）運動の継承という次元を超えて、「ナチス独裁制に無批判的に

順応するという安易な《適応力》に代わる《内面的な自己形成力》の育成」(p.84)を目指した《教育的抵抗》であり、「実践内在的な反ナチズムの論理と人間の内面からのナチズム克服の意図を貫徹させた活動」(p.7)であったことが解明されている。

さらに、《クライザウ・グループ》や《白バラ・グループ》、《フライブルク・グループ》といった市民的抵抗グループには、キリスト教信仰に基づく宗教倫理的意識という共通する思想傾向があり、彼らがキリスト教倫理に基づいた《精神的覚醒》と戦後社会の構築までも視野に入れた構想づくりに尽力していた事実が析出される。ライヒヴァインが重要メンバーとして参画した《クライザウ・グループ》による戦後構想は、ヒトラー排除後の「戦後理念を『人間像』の『復元』という新たな《人間形成》の問題に焦点づけて構想」(p.127)する内容と特質を有するものであったという。周知のように、戦後ドイツの国家理念を表明したボン基本法 (1949) は、この憲法が「神と人間に対する責任を自覚」することから制定されたものであることを前文で謳い、宗教科を公立学校の正規教科とすることを規定している (第 7 条)。本書により、このボン基本法に象徴される戦後ドイツ再生の理念とされた「キリスト教的西欧」という思考が、「キリスト教の復権」とそれに基づく「人間像」の「復元」というナチズムへの《抵抗》思想によって準備され、媒介されたものであったことが明らかにされた。この史実に照らせば、戦後ドイツにおける宗教教育の復活を、ワイマール時代への単なる「復古」と理解することも、ましてや教育の「世俗主義」(世俗性)を近代教育の「普遍的」な原理として概括することも、もはや許されないであろう。

以上のように、本書により、政治史や宗教史等の歴史研究の対象であったナチズムへの抵抗運動が、人間形成論として解読されることを通して初めて教育研究の固有の対象として措定されるとともに、ナチズムへの抵抗運動を媒介項として、20 世紀の《教育の現代史》を「《統合》という視点」から統一的に理解する教育史認識が提示された。今後、本書がいわば学的な「橋頭堡」として活用されることにより、教育史研究、とくにナショナリズムと教育に関する研究がさらに深化・発展することを期待したい。なお、本書の続編として、對馬達雄編『ドイツ　過去の克服と人間形成』(2011) と對馬達雄『ヒトラーに抵抗した人々　反ナチ市民の勇気とは何か』(2015) が刊行されていることを付言しておく。

● 第3節 文献一覧

伊藤定良（2002）『ドイツの長い一九世紀——ドイツ人・ポーランド人・ユダヤ人』青木書店
伊藤定良・平田雅博編（2008）『近代ヨーロッパを読み解く——帝国・国民国家・地域』ミネルヴァ書房
小峰総一郎（2002）『ベルリン新教育の研究』風間書房
小峰総一郎（2007）『ドイツの中の《デンマーク人》ニュダールとデンマーク系少数者教育』学文社
小峰総一郎（2014）『ポーランドの中の《ドイツ人》第一次世界大戦後ポーランドにおけるドイツ系少数者教育』学文社
坂越正樹（2001）『ヘルマン・ノールの教育学の研究——ドイツ改革教育運動からナチズムへの軌跡』風間書房
塩川伸明（2008）『民族とネイション——ナショナリズムという難問』岩波新書
谷川稔（1983）『フランス社会運動史——アソシアシオンとサンディカリスム』山川出版社
谷川稔（1997）『十字架と三色旗——もうひとつの近代フランス』山川出版社
谷川稔（1999）『国民国家とナショナリズム』山川出版社
對馬達雄（2006）『ナチズム・抵抗運動・戦後教育——「過去の克服」の原風景』昭和堂
對馬達雄編（2011）『ドイツ——過去の克服と人間形成』昭和堂
對馬達雄（2015）『ヒトラーに抵抗した人々　反ナチ市民の勇気とは何か』中央公論新社
橋本伸也（2010）『帝国・身分・学校　帝制期ロシアにおける教育の社会文化史』名古屋大学出版会
藤澤房俊（2016）『ムッソリーニの子どもたち——近現代イタリアの少国民形成』ミネルヴァ書房
前田更子（2009）『私立学校からみた近代フランス——19世紀リヨンのエリート教育』昭和堂
松塚俊三・安原義仁編（2006）『国家・共同体・教師の戦略　教師の比較社会史』昭和堂
望田幸男・橋本伸也編（2004）『ネイションとナショナリズムの教育社会史』昭和堂
山名淳（2006）『夢幻のドイツ田園都市——教育共同体ヘレラウの挑戦』ミネルヴァ書房
渡辺和之（2009）『近代フランスの歴史学と歴史家——クリオとナショナリズム』ミネルヴァ書房
渡邊隆信（2016）『ドイツ自由学校共同体の研究——オーデンヴァルト校の日常生活史』風間書房

（遠藤孝夫）

おわりに

　日本・東洋・西洋という3つの節から、「ナショナリズムと教育」研究の動向を明らかにしてきた。世界のグローバル化が取りざたされる中で、日本・東洋・西洋という区分がいかにも時代遅れにみえるのも無理はないが、歴史研究の特質からやはりそれぞれの歴史的文脈には独自のものがあることを無視はできない。問題は、それぞれの特質を越えた研究的交流がどれだけ行われてきたかにあるだろう。その意味では、第4章（東アジア植民地教育史）や第6章（欧米の新教育）と本章とは密接な関連を持つことは明らかである。そこから「ナショナリズムと教育」に関連する共通の研究枠組みの構築や諸概念の再吟味がどこまで進んだかが問われているといえよう。

（清水康幸）

執筆者一覧

- 第1章
  - 第1節　鈴木　理恵（広島大学）
  - 第2節　木村　政伸（九州大学）
  - 第3節　川村　　肇（獨協大学）
- 第2章
  - 第1節　柏木　　敦（大阪市立大学）
  - 第2節　坂本　紀子（北海道教育大学）
  - 第3節　宮坂　朋幸（大阪商業大学）
  - 第4節　清水　康幸（青山学院女子短期大学）
- 第3章　　　　　　米田　俊彦（お茶の水女子大学）
- 第4章
  - 第1節　北村　嘉恵（北海道大学）
  - 第2節　佐野　通夫（こども教育宝仙大学）
  - 第3節　新保　敦子（早稲田大学）
- 第5章　　　　　　山名　　淳（東京大学）
- 第6章　　　　　　宮本健市郎（関西学院大学）
- 第7章
  - 第1節　井上惠美子（フェリス女学院大学）
  - 第2節　李　　正連（東京大学）
  - 第3節　野々村淑子（九州大学）
- 第8章
  - 第1節　松浦　良充（慶應義塾大学）
  - 第2節　吉川　卓治（名古屋大学）
  - 第3節　今井　　航（別府大学）
- 第9章
  - 第1節　山田　恵吾（埼玉大学）
  - 第2節　一見真理子（国立教育政策研究所）
  - 第3節　渡邊　隆信（神戸大学）
- 第10章
  - 第1節　駒込　　武（京都大学）
  - 第2節　世良　正浩（明治学院大学）
  - 第3節　遠藤　孝夫（岩手大学）

教育史学会60周年記念出版編集委員会

- 委員長　米田　俊彦（お茶の水女子大学）　第3章担当
- 委　員　大戸　安弘（放送大学）　第1章担当
  - 清水　康幸（青山学院女子短期大学）　第2・10章担当
  - 新保　敦子（早稲田大学）　第4・8章担当
  - 山﨑　洋子（福山平成大学）　第5・6章担当
  - 小玉　亮子（お茶の水女子大学）　第7章担当
  - 一見真理子（国立教育政策研究所）　第9章担当

教育史研究の最前線Ⅱ──創立60周年記念

編著	教育史学会
	教育史学会60周年記念出版編集委員会
定価	本体2,500円＋税
発行日	2018年5月3日　初版第一刷
発行者	山本有紀乃
発行所	六花出版
	〒101-0051　東京都千代田区神田神保町1-28　電話03-3293-8787　振替00120-9-322526
組版	公和図書デザイン室
装丁	臼井弘志
印刷・製本所	モリモト印刷

ISBN978-4-86617-042-8　Printed in Japan